KB274736

박근혜 현상

◆**일러두기:** 글의 전개를 위해 박근혜 의원을 박근혜로 축약 사용한다.

박근혜 현상

진보 논객, 대중 속의
박근혜를 해명하다

김종욱 · 김헌태 · 안병진 · 이철희 · 정한울

위즈덤하우스

대중 속의 현상, '박근혜'를 해명하다

●박근혜 현상은 엄연한 현실이다. 그 원인이나 파급효과에 대해서는 의견이 분분할지 모르나 그런 현상이 존재한다는 사실에 대해선 대부분이 동의하고 있다. '박근혜'라는 정치인은 과거의 3김과 달리 어느 날 갑자기 등장했다. 별다른 고난도 겪지 않았다. 그럼에도 불구하고 대중의 사랑을 독차지하고, 정치권 내에서도 압도적인 힘을 자랑하고 있다. 이를 지칭하는 것이 박근혜 현상이다.

이 책이 주목하는 것은 '박근혜'라는 정치인 개인이 아니다. 그 현상 phenomenon이다. 도대체 어떤 사정이 있기에 '별 것 없는' 여성 정치인이 그토록 많은 인기를 누리고 있는지 따져보자는 것이다. 박근혜에 대한 호불호好不好를 떠나 객관적으로 짚어보자는 것이다. 따라서 이 책은 박근혜에 대한 찬성이나 반대, 칭송이나 폄훼를 목적으로 하는 것이 아니다. 하나의 정치현상이나 문화현상, 그도 아니라면 시대현상으로서 박근혜 현상을 해명해보고자 하는 것이다.

사실 이 책의 저자들 대부분은 진영으로 치면 박근혜의 옆이라기보다는 그 맞은편에 서 있는 사람들이다. 어느 편도 되기 싫어 아예 먼발치에 서

있는 필자도 있지만, 대개는 같은 편이라고 하기 힘들다는 말이다. 이쯤
되면 오해받기 딱 좋다. 그럼에도 불구하고 이런 모험에 굳이 나선 이유
는 같은 편이 아니라는 사실, 그 자체에 있다. 다시 말해, 일체의 다른 고
려考慮 없이 현상을 있는 그대로 볼 수 있다는 장점이 있기 때문이다. 따
라서 있는 것을 제대로 보려는 하나의 시선으로 이해해주면 좋겠다.

오해를 무릅쓰고 객관적인 현상으로 박근혜 현상에 주목하는 이유가
또 하나 있다. 박근혜 현상을 통해 대중의 이해와 요구, 리더십 형성의
메커니즘, 정치 흐름, 여론, 선거선략 등을 이해하고 논의해볼 수 있기
때문이다. 정치는 현실에 발을 디디고 미래를 바라보는 것이라는 문제
의식도 한몫하고 있다. 즉, 진보를 표방하는 세력이 대중을 이해하고,
대중과 호흡하는 '소통과 공감' 없이는 승리할 수 없다는 절박함의 발
로라는 뜻이다.

박근혜 현상에 대해 불편해하는 사람들이야말로 이 책의 소구대상이
다. 상대편과 내 편으로 갈라 상대편은 우습게 보고, 내 편은 온정적으
로 대하는 것은 우습다. 촌스러운 진영논리다. 성패를 염두에 두고 있

다면 상대에게는 관대하고 자신에게는 인색해야 하는 것이 옳은 태도다. 그람시Antonio Gramsci가 말한 '지성의 비관주의, 의지의 낙관주의' 명제가 던지는 메시지도 이런 것이다.

손자는 지피知彼와 지기知己를 말했다. 상대를 아는 것과 나를 아는 것이 모두 중요하다고 했다. 지피와 지기는 동전의 양면과 같다. 상대를 약하게 보면 마음이 느긋해져 자신에게 관대해질 것이고, 상대를 강하게 보면 긴장해서 자신에게 엄격해질 것이기 때문이다. 반대로, 내가 강하다고 생각되면 상대를 쉽다고 간주하게 되고, 내가 약하다고 판단하게 되면 상대를 실제보다 어렵다고 여기게 마련이다.

박근혜 현상에 대해 흐뭇해하는 사람이라면 지기知己의 차원에서, 불편해하는 사람이라면 지피知彼의 차원에서 이 책을 읽어줬으면 좋겠다. 그리고 좀 더 객관적인 지기와 지피로 나아가는 계기가 되었으면 하는 바람이다. 우리의 시도는 정답을 찾아 제시하자는 것이 아니다. 회피하지 말고 설명을 시도해보자는 것이다. 이 책을 계기로 정치현상을 해명해보려는 시도가 더 많아졌으면 좋겠다는 것이 간절한 바람이다.

이 책의 필자들은 정치권이나 공론권, 또는 그 언저리에서 논객polemicist이나 전략가strategist로 평가받고 있는 젊은 사람들이다. 모두 공식·비공식적으로 정치평론이나 비평을 하고 있다. 강의도 하고, 칼럼도 쓰면서 정치시장에서는 나름대로 내공을 인정받은 사람들이다. 그럼에도 불구하고 현실 속에 존재하는 하나의 현상, 즉 수많은 마니아와 안티를 거느린 '박근혜'라는 인물과 관련된 현상을 해명해보자는 이번 시도는 심한 스트레스가 동반되었다. 그런 스트레스 속에서 쓰인 책이라는 말씀을 끝으로 드린다.

고개 드니, 가야 할 먼 길이 눈에 꽉 찬다.

2010년 겨울 초입, 필자들의 생각을 모아

이철희 | 정치전략가

박근혜의 힘을 낳는 정치구도와 전략

1

2010년 10월, 한 신문에 '최근 선거에서 대선 2년 전 지지율 1위 후보front runner가 대선의 승자가 된 적이 없다'는 기사가 실렸다. 이 내용의 수용 여부를 떠나 대선게임이 이제 본격화되고 있다. 그 게임에서 가장 돋보이는 존재가 한나라당 전 대표인 박근혜다. 지난 월드컵에 출전한 축구선수 메시나 호날두에 비유할 만하다.

차기 대선에 나설 잠재적 후보에 대한 지지율에서 박근혜는 부동의 1위를 지키고 있다. 대중의 사랑도 엄청나다. 특별히 사랑을 많이 받는 사람을 뜻하는 북한말이 '사랑받이'인데, 여기에 딱 적합한 정치인이다. 이처럼 '박근혜'라는 이름 석 자는 대선게임에서 부동의 상수常數다. 절대강자의 위상은 어디에서 비롯된 것일까? 이 글은 구도와 전략의 관점에서 이른바 '근혜 파워'의 이유를 탐색하고자 한다.

'근혜 파워'를 낳는 구도 중 하나는 보수의 압도적 우위, 한나라당의 과반 의석에서 박근혜가 차지하는 비중이다. 박근혜를 따르는 인물들을 뭉뚱그려 '친박親朴'이라고 하는데, 이들이 협조하지 않으면 아무리 많은 의석을 차지하고 있더라도 무용지물이 되고 만다. 야당은 대선과 총선에서 대패한 뒤 위축될 대로 위축된 마당이라 의미 있는 거부자 veto player(거부권 행사자, 정책의 변화를 위해 동의를 얻어야 하는 모든 행위자)를 여권 내에서 찾을 수밖에 없는 정치구도라는 말이다. 따라서 당내 경선에서 이명박과 경합했던 박근혜의 움직임이 성패를 가름하는 요인이 되는 것이다.

지난 대선 이후 이명박 대통령과 박근혜와의 관계는 경쟁자에서 승자와 패자로 바뀌었다. 정권 교체 후 상황이 전개된 것을 보면 둘의 관계는 단순히 승자와 패자의 차원을 넘어 강자와 약자, 심지어 가해자와 피해자의 구도로 인식될 정도로 악화됐다. 핍박받는 '콩쥐'와 학대하는 '팥쥐'의 구도 역시 박근혜에 대한 대중의 성원을 낳는 구도로 작용했다. 약자를 응원하는 것이 인지상정 아니던가.

이명박 대통령은 취임하자마자 촛불국면에 봉착해 심각한 위기를 맞았다. 대선에서 취했던 중도 스탠스Stance를 버리고 강경보수로 탈바꿈했다. 이명박 대통령이 이념과 정책에서 보수의 틀 안에 갇히자 보수의 적자인 박근혜의 눈치를 보지 않을 수 없게 됐다. 그럼에도 불구하고 이명박 대통령은 이런 현실을 인정하지 않는 듯했다. 이명박-박근혜 불화로 인한 데미지damage는 고스란히 이명박 대통령에게 전가됐다. 2009년에 있었던 두 번의 재·보궐 선거와 6·2지방선거에서 여권이 패배한 것이 대표적인 사례다.

박근혜의 정치적 근거지는 영남이다. TK(대구·경북)지역은 지역구를 두고 있는 곳이고, PK(부산·경남)지역은 친박세력이 다수인 곳이다. 연고나 힘에서 영남은 누가 뭐래도 박근혜의 텃밭이다. 이명박이 아무리 수도권에서 대승했기 때문에 대통령에 당선됐다고는 하지만 현 여권의 전략적 근거지는 영남이다. 심리적으로나, 전략적으로 영남이 갖고 있는 가치 비중은 거의 절대적이다. 영남이 무너지는데 수도권에서 선전한다는 것은 불가능하기 때문이다.

영남정권인데 지역맹주는 따로 있는 구도 역시 박근혜에게 유리하다. 박근혜의 정치적 기반이 영남만 아니었더라도 여권 내에서 박근혜의 위상은 지금보다 낮았을 것이다. 좁게는 TK인맥, 넓게는 영남인맥이 우리 사회 엘리트 구성에서 차지하는 비중을 감안하면 박근혜의 힘이 구조적으로 과잉 대표되는 것은 당연하다. 예컨대, 박근혜가 뭐를 해도 보수언론이 좋게 해석해 전해주는 '공주 프레임', 작은 것에도 호응해주는 '박수효과' 등을 통해 이런 점을 확인할 수 있다.

'근혜 파워'의 또 다른 이유는 박정희 모델이다. 산업화 세력이 IMF 국난을 초래한 탓에 쫓겨나고 대신 민주화 세력이 정권을 교체했다. 국민이 민주화 세력에게 두 번이나 정권을 맡긴 것은 단순히 민주화 또는 정권교체에 대한 열망 때문만은 아니었다. '새로운' 사람에게 '다른' 해법을 기대했기 때문이다. 삶이 고단하고 서글퍼지는 터였으니 달라질 것에 대한 기대가 얼마나 컸으랴.

그러나 민주화 세력은 만족스럽지 못했다. 물론 성과도 없지 않았다. 외환위기를 넘기고, 나라 경제를 되살리는 데는 성공했다. 민주화를 성숙시키는 데에도 크게 기여했다. 하지만 양극화 심화 등 경제민주화를 실현하는 데는 실패했다. 경제민주화는 "이 땅의 모든 기업들이 한 점 부끄러움 없이 투명경영을 하고, 그에 따른 세금을 양심적으로 내고, 그리하여 소비자로서 줄기차게 기업들을 키워 온 우리 모두에게 그 혜택이 고루 퍼지고, 또한 튼튼한 복지사회가 구축되어 우리나라가 사람이 진정 사람답게 사는 세상이 되는"이다. 작가 조정래가 《허수아비 춤》에서 한 말이다.

그렇다 보니 과거의 성공 사례에 대한 향수가 되살아나는 건 당연했다. 체감만큼 설득력 있는 수단은 없다. 경험만큼 확신을 주는 근거도 없다. 보수층과 나이 든 세대를 중심으로 박정희 모델을 호명하는 분위기가 생겨났다. 박정희 모델이 다시 부각되면서 박근혜의 위상도 덩달아 올라갔다. 민주화 세력이 무능으로 상징되는 인식perception구도 역시 박근혜에게는 튼튼한 가치기반이 되었다고 하겠다.

박근혜는 보수의 총아다. 보수의 대표성을 거의 독점하다시피 하고 있다. 그의 전략도 보수를 강화하는 것이었다. 그러나 그 강한 보수성 때문에 2007년 당내 경선에서 중도 성향인 이명박에게 패했다. 중도 성향의 지지를 받고 있던 고건의 사퇴로 그 표들은 이명박에게로 갔다. 그나마 당내에서 중도 표를 붙잡고 있던 손학규마저 떠나자 그 표 역시 이명박에게 가버렸다. 이로써 박근혜는 대세를 놓쳐버렸다.

최근 박근혜의 전략이 바뀌었다. 후하게 보면 중도전략, 박하게 보면 개혁적 보수로 터닝했다. 복지를 말하고, 지난 대선에서 내걸었던 줄·푸·세(세금을 줄이고, 각종 규제를 풀며, 법질서를 바로 세우자)는 접은 것으로 보인다. '공동체에서 소외된 사회적 약자'를 보듬어야 한다는 주장도 하고 있다. 확연한 변화다. 지난 대선에서 패배한 경험에 비추어보면 불가피한 선택이다. 더욱이 사회 분위기가 전체적으로 '좌클릭' 하고 있는 사정 때문에서라도 왼쪽으로 움직여야 할 것이다.

여권 내 대권게임은 여러 명이 각축하는 수평적 우열구도가 아니다. 박근혜라는 상수를 놓고 그로 갈 것인지, 그를 거부할 것인지 하는 수직적 찬반구도다. 따라서 박근혜 없는 대권게임을 상상하기란 쉽지 않다. 그가 야권 후보와의 대결에서 이기는 지지율 구도를 유지한다면 그의 당내 위상은 요지부동일 것이다. 다만, 본인이 보수라는 구각을 탈피하지 못하고, 그럼으로써 본선 경쟁력이 흔들린다면 상황은 달라질 것이다. 그런 점에서 '박근혜의 적은 박근혜'라고 하겠다.

지난 월드컵에서 대회 전에 슈퍼스타로 주목받았던 메시나 호날두는 기대에 못 미쳤다. 우승은 다른 팀이 했고, MVP도 다른 이가 탔다. 그래서 흔히 축구공은 둥글다고 한다. 승부는 해봐야 아는 것이기 때문이다. 사실 그것이 승부의 매력이다. 정치를 그에 빗대어 이렇게 말할 수 있지 않을까. 정치는 움직이고, 선거는 열려 있다.

'박근혜 파워'의 원천은 무엇인가

◆

사람을 움직이는 것은 뭘까? 논의가 분분하지만, 마키아벨리의 통찰에서 도움을 얻을 수 있다. "사람들은 주로 두 가지에 의해 움직이는데, 그것은 바로 사랑과 두려움이다." 그가 《로마사 논고》에서 한 지적이다. 이 말을 선거게임에도 적용할 수 있다. 대중이 리더를 선택할 때에도 사랑과 두려움이 크게 작용한다.

무릇 누군가에 대해 느끼는 호감이나 애정만큼 무서운 것은 없다. 일단 좋은 감정을 삿게 되면, 그에 대한 '나쁜 사실facts'은 다 거부하게 된다. 기왕에 갖고 있던 애정에 부합하는 정보만 선택적으로 수용하게 selective updating 되는 것이다. 심리학자 수잔 피스크Susan Fiske가 고안해낸 '인지적 구두쇠cognitive misers'라는 개념도 이런 점을 묘사한 것이다. 철학자 베이컨Francis Bacon의 다음 지적도 같은 맥락이다.

"인간의 지성은 일단 어떤 의견을 채택한 뒤에는 (…) 모든 얘기를 끌어들여 그 견해를 뒷받침하거나 동의해버린다. 설사 정반대를 가리키는 중요한 증거가 훨씬 더 많다고 해도 이를 무시하거나 간과해버리며 (…)

미리 결정한 내용에 죽어라고 매달려 이미 내린 결론의 정당성을 지키려 한다."[1]

미국의 클린턴 전 대통령은 재임 시절 인턴 여직원과 부적절한 관계를 맺었다. 그로 인해 공화당이 탄핵을 시도했다. 이에 대해 일반인들이 어떻게 판단하는지 실험해보았다. 그 결과, 사실 관계에 대한 정보가 미치는 영향은 미미했다. 대부분 이미 갖고 있던 감정에 따라 탄핵에 대한 입장을 정리했다. 클린턴이 속한 민주당 지지자들은 탄핵에 반대하고, 공화당 지지자들은 찬성하는 식이다. '이성은 감정(열정)의 노예'라는 데이비드 흄David Hume의 지적이 맞긴 맞는 모양이다.

그래서 드루 웨스턴Drew Western의 결론은 이렇다. 사람들이 일생 동안 내리는 중대한 정치적 결정 중에서 18세기 철학자들이 주장한 것처럼 중립적이고 객관적인 사고를 바탕으로 예측 가능한 범위는 0.5~3%에 불과하다. 하지만 정치에 적극 참여하며 당파심이 강해 감정적 편견에 치우치기 십상인 사람의 경우 이 정도도 과대평가다. 요컨대, 감성은 생각과 행동을 이끄는 나침반이다.

그런데 사랑과 두려움이 선거에서 작동하는 방식은 각기 다르다. 사랑은 리더에 대해 직접 느끼는 감정이다. 두려움은 리더에 대한 직접적인 감정이 아니라 어떤 리더를 선택하게끔 추동하는 간접적인 감정이다. 누군가를 리더로 뽑아야 하는 선거에서 사람들은 좋은 후보를 택할 수는 있어도 두려운 후보를 택하진 않을 것이다. 그러나 어떤 것에 대한 두려움 때문에 덜 좋은 후보를 선택할 수는 있다. 예컨대, 경제위기

---

1 Francis Bacon (1620), 《Novum Oranum》

에 대한 두려움 때문에 별로 좋아하지 않는 경제전문가를 리더로 선택하는 경우다. 전략적 투표도 좋은 예다.

사랑을 받으려면 인간적인 매력이 있어야 한다. 말로 잘 설명할 수 없는 것이 인간적인 매력이다. 잘생기거나 말을 잘한다고 해서 인기가 높은 것은 아니다. 돈이 많다고 해서, 혹은 힘이 세다고 해서 사랑받는 것도 아니다. 아무리 신언서판(身言書判, 신수, 말씨, 문필, 판단력)이 뛰어나도 비호감을 사는 사람은 많다. 이렇듯 사랑은 합리를 초월한다. 그런데 두려움은 다르다. 인간적인 매력과 달리 두려움을 통해 이득을 얻는 것에 대해서는 설명이 가능하다. 다시 마키아벨리의 도움을 받을 수 있다.

"무엇인가 성취하고 싶은 자는 그것이 큰 사업일수록 자기가 살고 있는 시대와 자기가 그 속에서 일해야 하는 상황을 숙지하여 스스로를 그것에 맞추지 않으면 안 된다. 시대와 상황에 합치시키기를 게을리하거나 타고난 성격 탓으로 아무리 해도 그런 일이 서툰 사람은 평생을 불행 속에 보내야 하며 완수하고자 한 일도 이룩하지 못하고 끝나기 마련이다. 이와는 반대로, 상황을 철저히 알고 시대의 흐름을 탈 수 있는 사람은 바라는 일도 달성할 수 있다."[2]

인간적인 호감을 떠나 무엇에 대한 두려움 때문에 선택받으려면 시대 과제를 온전하게 체현하고 상징해야 한다. 사람들이 지금 필요로 하는 것은 시대적 과제다. 시대 과제와 불화를 겪는 사람이 선택될 수는 없

---

2 니콜로 마키아벨리, 황문수 역 (2007), 《정략론》, 서울; 동서문화사

다. 2007년 이명박 대통령이 선택된 것도 그의 인격 때문이 아니다. 호감 때문도 아니다. 단지 경제위기라는 시대적 과제가 던지는 두려움이 그를 선택하도록 만든 것이다.

박근혜의 최대 무기는 사랑이다. 박정희 모델에 대한 지지든, 비극적 최후를 맞이한 그의 부모에 대한 연민이든 박근혜는 많은 사람들에게 사랑받고 있다. 유세장에 나타나면 사람들이 구름처럼 몰려든다. 먼발치에서 어렴풋이 얼굴이라도 보려고 까치발을 하는 모습을 보면 박근혜에 대한 대중의 사랑이 얼마나 대단한지 알 수 있다.

인간을 행동하도록 만드는 것은 정서 내지 감정이다. 대학자 로버트 달Robert Dahl도 동의하는 바다. 그렇다면 박근혜의 힘 또는 박근혜 현상은 과연 대중의 사랑에서 비롯된 것일까?

박근혜의 힘을 낳는 구도 I :
정치

◆

현재의 정치권에서 박근혜가 누리는 힘은 압도적이다. 세종시 수정 논란에서 보았듯이 박근혜가 반대하면 그 어떤 법안도 통과되기 힘들다. 다시 묻지 않을 수 없다. 도대체 '근혜 파워'는 어떻게 생겨난 것일까? 그것은 한마디로 구도효과다. 인간적인 매력에 의한 대중의 사랑 때문이 아니다. 박근혜가 힘을 발휘할 수밖에 없도록 하는 구도 때문이라는 것이다.

쉽게 보면 이렇다. 18대 총선 결과 한나라당의 의석은 과반수를 넘었다. 153석을 얻었다. 여권에 우호적인 타 정당과 무소속 의원까지 고려하면 한나라당의 실질 의석은 과반수를 훨씬 넘는다. 한나라당이 마음먹기에 따라선 어떤 법안이든 통과시킬 수 있게 됐다. 그러나 박근혜가 그 법에 동의하는 것이 전제다. 친박親朴그룹, 즉 당내에서 박근혜를 따르는 의원이 70~80명에 이르기 때문에 박근혜가 반대하면 법을 통과시킬 수 없는 것이다. 이러니 박근혜의 힘이 생겨나지 않을 수 없다.

득표 순서	후보	여론조사		선거인단 투표 (당원+대의원+국민)		합계	
		득표 수	득표율(%)	득표 수	득표율(%)	득표 수	득표율(%)
1	이명박	16,868	51.55	64,216	49.06	81,084	49.56
2	박근혜	13,984	42.73	64,648	49.39	78,632	48.06
3	원희룡	1,079	3.3	1,319	1.01	2,398	1.47
4	홍준표	793	2.42	710	0.54	1,503	0.92

* 선거인단 총 유효투표 수: 13만893명, 여론조사 샘플 수: 5,490명

구도효과의 또 다른 측면은 박근혜가 약자라는 사실이다. 박근혜는 한나라당 경선에서 이명박에게 근소한 차이로 패배했다. 선거인단 투표에서는 이겼으나 여론조사에서 패배한 것이다. 경선 결과, 박근혜는 48.06%, 이명박은 49.56%였다. 1.5%P라는 근소한 차이였다. 당 대표로서 누릴 수 있는 프리미엄을 포기한 상태에서 치른 선거인 데다, 경선 결과에 깨끗하게 승복하는 자세를 보여준 박근혜는 측은한 약자로 비추어지기에 충분했다.

그뿐인가. 대선 후 한나라당 내에서 박근혜는 핍박받는 '콩쥐' 신세였다. 18대 총선 공천에서 친박 인사들은 대거 낙천했다. 물론 그들 중 대부분이 '친박연대'라는 새로운 당을 만들어 생환하기는 했다. 하지만 당시 분위기는 '박근혜 죽이기'로 불리기에 충분했다. 게다가 승자인 이명박 대통령조차 박근혜를 존중하거나 파트너로 대우하는 정치력, 아니 심지어 쇼맨십을 연출하는 시늉조차 하지 않았다. 강자보다는 약자를 동정하고 응원하는 것이 인간의 심리다. '승자 독식·약자 핍박'의 구도는 박근혜에게 여론이 쏠리는 효과를 낳았다.

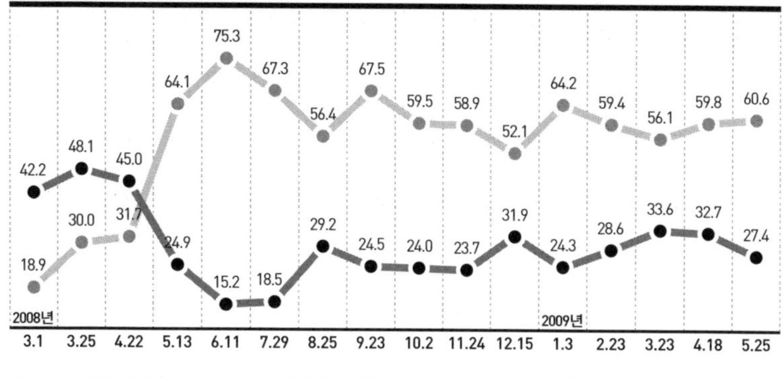

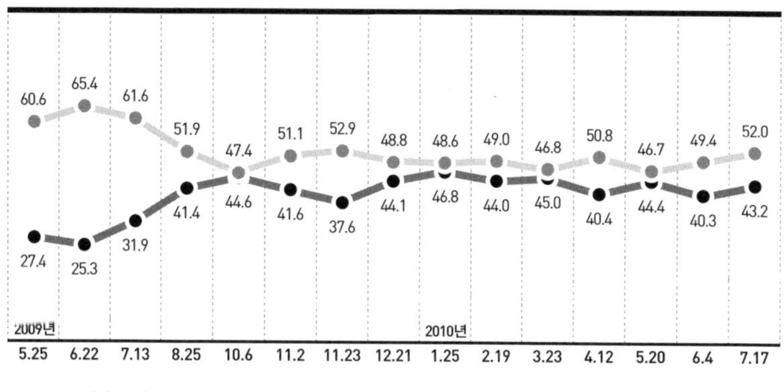

게다가 금상첨화랄까. 이명박 대통령이 처음부터 헛발질을 해댔다. 쇠
고기 수입 파동으로 이명박 대통령의 인기는 급락했다. 이백李白이 노래
한 '비류직하삼천척(飛流直下三千尺, 물줄기가 나는 듯이 떨어지니 그 길이가 삼천
척)'이 생각날 정도의 대폭락이었다. KSOI(한국사회여론연구소)의 이명
박 대통령 지지도 조사에 의하면 2008년 6월 15.2%를 기록했다. 이는

2009년 노무현 전 대통령 서거라는 허리케인이 덮친 후 기록한 수치보다 훨씬 더 낮은 수치였다. 한마디로, 이명박 대통령의 인기는 바닥을 박박 기고 있었다.

17대 대선과 18대 총선은 보수세력의 완승이었다. 그전에 누리던 압도적 강세 흐름이 선거에서 그대로 표출된 것이다. 관성적으로나 인지심리학적 측면에서 보더라도 이런 흐름과 기세에선 여당이 잘못하더라도 곧바로 마음을 바꿔 야당을 지지하기는 힘들다. 실제로 촛불 국면에서도 민주당을 비롯한 야당의 지지율은 전혀 오르지 않았다. 10%대 초반에 갇힌box in 상황이었다. 야당의 존재감이 미미하고, 집권의 중추세력이 실패를 거듭할 때 대중이 선택할 수 있는 대안은 여권 내의 다른 리더leader다. 그것이 합리적이고 안정적인 선택이다. 이런 점도 '근혜 파워'를 낳는 구도로 작용했다.

6·2지방선거 이전까지 박근혜 또는 친박세력은 제1야당의 위상을 차지하고 있었다. 가끔 위상을 넘어서서 실제로 그 역할을 수행하기도 했다. 박근혜가 제1야당의 역할을 하는 구도적 효과는 우선 실제 제1야당인 민주당의 존재를 미미하게 만들었다. 어떤 정책이든 관심사는 그에 대한 박근혜의 호불호일 뿐 야당의 찬반은 부차적인 문제로 평가절하된 것이다.

또 다른 효과는 이명박 대통령에게 실망한 유권자들이 여권에서 이탈하지 않고 머물러 있도록 하는 유수지遊水池 역할을 한 것이다. 이른바 반MB 정서가 깊어질수록 박근혜에 대한 기대치는 상대적으로 늘어났다. 따라서 반MB 정서가 강화되고, 박근혜의 견제 역할이 적절한 수준에서 유지된다면 박근혜가 누리는 반사이익은 계속될 것이다. 그러나 실제 야당이 강한 투쟁성을 회복해 수권受權 경쟁의 대상으로 떠오르거

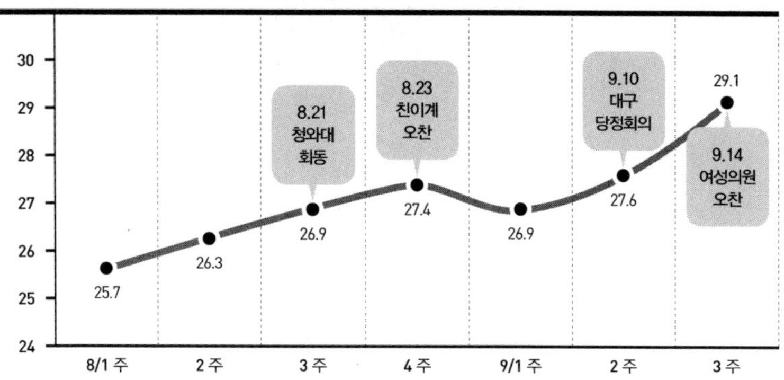

나, 이명박 대통령이 중도 스탠스로 지지율을 회복하거나, 박근혜의 행보가 반MB가 아니라 분열·반보수로 비쳐질 경우 이 구도가 주는 긍정적 효과는 오히려 역효과로 반전될 것이다.

2009년 후반기에 들어 이명박 대통령이 중도·실용으로 국정기조를 전환하면서 박근혜가 누려온 대립구도의 효과가 점점 줄어들었다. 중도에 대한 공략은 성과를 내지 못하는 반면 보수의 지지가 약화되는 구도는 박근혜에게는 최악이나. 따라서 박근혜로서는 이명박 대통령과 대립각을 세우기보다 화해하는 구도로 바꿀 필요가 생겼다. 실제로 2010년 8월 들어 이명박 대통령과 화합하는 스탠스를 취하고 있다.

박근혜의 힘을 낳는 구도 Ⅱ :
정책과 지역

◆

사실 따지고 보면 박근혜가 이명박 대통령과 정책적으로 각을 세운 적은 거의 없다. 4대강 사업이나 대북 강경책 등 여론의 절대적인 비판을 받는 이슈나 아젠다agenda에서조차 이명박 대통령을 비판한 예는 거의 없다. 박근혜가 소위 '대통령 아젠다'에 분명하게 개입한 사례는 고작 두 건뿐이다. 하나는 미디어법이고, 다른 하나는 세종시 수정안이다.

미디어법에 대해 박근혜는 자신의 입장을 밝혔다. 당시는 7대 3 정도로 미디어법 반대 여론이 우세한 상황이었기에 박근혜의 개입은 비상한 관심을 끌었다. 하지만 박근혜의 입장은 반대가 아니라 수정이었다. 그것도 매우 제한적인 '미세조정fine-tuning'이라 '수정revision'이라는 표현을 쓰기조차 민망할 정도였다. 어쨌든 여권 지도부가 박근혜의 제안을 수용함으로써 박근혜의 요구는 관철됐다. 미디어법은 여권의 안건대로 통과됐다.

세종시 수정안에 대해 박근혜는 시종일관 반대 입장을 분명히 했다. 이명박 대통령이 백년대계 운운했지만 세종시 수정 드라이브의 핵심은 박근혜를 압박하기 위한 것이었다. 언뜻 생각해도 세종시 건설의 수

혜자인 충청권이 세종시 수정을 마뜩잖아 할 것이란 것은 분명했다. 그럼에도 불구하고 여권이 이를 밀어붙인 이유를 찾아낼 수 있는 키워드는 박근혜에 대한 견제다.

지난 대선에서 이명박 대통령의 전국 득표율은 48.7%였다. 반면, 충청권의 득표율은 37.4%였다. 전국 평균치보다 11.3%P 낮은 수치다. 5개월 후 총선, 한나라당은 충청권에서 또다시 참패했다. 지역구 기준으로 32.1%를 득표했다. 비례대표 기준으로는 28.6%였다. 대선에 비해 10%P 정도 떨어진 것이다. 의석수 성적으로 보면 더욱 참담하다. 한나라당은 충청권 전체 24개 의석 중 고작 1석을 얻는 데 그쳤다.

이처럼 이명박 대통령이나, 수도권 승리로 강세를 이어가던 한나라당에게 있어 충청권은 미운 오리새끼였다. 그들의 중요한 전략적 요충지는 수도권이었다. 박근혜의 텃밭은 경북(TK)과 충청이었다. TK는 박근혜의 고향이다. 충청은 어머니 육영수 여사의 고향이다. 게다가 충청의 기대가 온통 쏠린 세종시 안건은 박근혜의 결단으로써 가능해진 것이었다. 친이가 박근혜에게 대항할 경쟁자를 키워내기 위해서는 천생 수도권을 지역기반으로 삼을 수밖에 없었다. 그래서 들고 나온 것이 세종시 수정 카드였다.

수도권 입장에서야 기왕에 갖고 있던 것을 내놓아야 하는 처지였기에 덜 내놓을수록 좋은 게 당연했다. 2010년 1월 KSOI에서 실시한 여론조사에 의하면, 세종시 이슈는 수도권 여론이 여권에게 유리하게 작용하도록 하는 동력이 되고 있었다. 서울의 경우, 세종시 수정안에 대한 지지율은 51.9%로, 원안에 대한 지지율 34.6%보다 훨씬 높았다. 전국여론과는 사뭇 다른 결과였다. 세종시와 관련된 정운찬에 대한 평가역시 마찬가지였다. 정운찬이 잘하고 있다는 서울지역 평가는 51.5%,

잘못하고 있다는 평가는 36.5%였으나, 이 역시 전국 평균치와 정반대 결과였다. 전국 평균치는 잘하고 있다가 37.0%, 잘못하고 있다가 52.5%였다.

KSOI는 이때 세종시 문제가 지방선거에 어떻게 영향을 미칠지에 대해서도 조사했다. 전국적으로는 야당에 유리할 것이라는 여론이 46.3%, 여당에 유리할 것이라는 여론이 36.9%였다. 그런데 서울에서는 정반대였다. 야당에 유리할 것이라는 여론은 35.9%로 줄어들고, 여당에 유리할 것이라는 여론은 45.5%로 늘어난 것이다. 이런 여론 흐름이 2010년 6·2지방선거에서 그나마 여권이 서울과 경기에서 승리한 요인 중 하나로 작용한 것이다.

이명박 대통령과 친이가 세종시 수정을 시도한 이유는 이렇다. 박근혜의 위상과 영향력을 약화시키려 해도 영남, 특히 경북(TK)과 충청에서는 무리다. 이미 박근혜에 대한 견고한 지지세를 보이고 있다. 그렇다면 남은 곳은 수도권뿐이다. 지난 17대 대선의 한나라당 경선에서 박근혜를 패퇴시킨 것도 수도권이 아니었던가. 친이의 속셈은 박근혜가 수도권에 안착하지 못하도록 막고, 그 틈을 이용해 수도권에 기반을 둔 대항마를 찾아보자는 것이다.

그렇다면 박근혜는 2007년 한나라당 경선에서 왜 패배했을까? 그 해답은 KSOI의 여론조사 추이를 분석한 김헌태의 설명에서 찾을 수 있다.

"한편, 눈에 띄는 특징 가운데 또 하나는 차기 대선후보의 이념적 성향을 평가할 때 많은 응답자들이 이명박 후보를 가장 진보적인 후보로 꼽았다는 점이다. 이는 같은 한나라당의 박근혜 후보가 확실한 '보수'로 자리매김하고 있는 것과는 상반된 현상으로, 서민과 중산층을 중심으로 이 후보가 가진 '변화를 만들 수 있는 추진력'을 높이 평가한 것이라고 볼 수 있다. 이명박 후보를 '진보'로 평가한 데에서도 알 수 있듯이 당시 이 후보를 지지했던 유권자들은 이념적으로 보수 가치에 경도되어 있지 않았다. 이들은 이명박 후보를 이념 대립과는 일정한 거리를 두고 '민생'을 중시하면서 경제를 성공으로 이끌어낼 수 있는 '중도적 진취성'을 가진 인물로 평가했다고 할 수 있다. 여기서 말하는 '중도적 진취성'은 2002년 대선 당시 정몽준 후보를 지지하다 최종적으로는 노무현 후보를 지지한 수도권 40대 이상의 중산층, 즉 '노마드 계층'의 요구에 부합했다고 할 수 있다. 이들은 2002년 대선에서와 마찬가지로 한나라당이 가진 수구적 이미지, 즉 반공이나 권위주의 리더십을 선호하지는 않았지만 이명박 후보가 가진 비정치적 추진 능력을 '개혁적인 것'으로 보았다고 할 수 있다.

실제로, 여론조사에서 이명박 후보를 지지하는 층들 중 '소속 정당과 인물 모두 마음에 든다'라는 응답은 절반 수준이었으며, '인물은 마음에 들지만 소속 정당은 마음에 들지 않는다'라는 응답은 40% 정도로 이들 가운데 상당수는 수도권의 30~40대였다. 그러나 박근혜의 지지층은 '정당과 인물 모두 마음에 든다'는 응답이 무려 80%에 달했으며, '사람은 마음에 들지만 정당이 마음에 들지 않는다'는 응답은 10%에 불과했다. 이명박 전 시장의 지지층이 중도 성향을 중심으로, 박근혜 지지층이 한나라당의 전통적 지지층인 보수 성향 유권자들을 중심으로 형성되었음을 보여주는 대목이다."[3]

---

3 김헌태 (2009), 《분노한 대중의 사회; 대중여론으로 읽는 정치》, 서울; 후마니타스.

한나라당의 전신인 신한국당은 1997년 이회창을 후보로 내세웠다. 당시 구도로선 IMF로 인해 당내 양대 축이던 산업화 세력이나 민주화 분파(김영삼계)의 맥을 잇는 후보로는 승리가 어려웠다. 그래서 내세운 것이 이들과 무관하고, 산업화나 민주화와 직접 관련이 없는 이회창이었다. 해방 후 최고의 엘리트라는 이회창이 당시로선 최선의 선택이었다. 그러나 실패했다.

한나라당은 2002년에 다시 이회창을 내세웠다. 1997년 패배가 후보 요인candidate factor으로 인한 것이 아니라 IMF 경제위기 때문이라고 파악했기 때문이다. 또 이인제의 탈당과 독자 출마로 인해 3자 대결구도로 치러졌기 때문에 진 것으로 이해했다. 그래서 다시 이회창을 내세운 것이다. 역시 패배했다. 한나라당은 패닉 상태에 빠져들었다. 패배도 패배지만, 그들의 머릿속에는 그 어떤 다른 대안도 생각나지 않았기 때문이다.

그래서 그들이 꺼낸 카드가 탄핵이다. 의회 다수 의석의 힘으로 밀어붙여 권력을 되찾으려는 시도였다. 이 시도는 엄청난 역풍을 초래했다. 마치 영화 〈해운대〉의 메가 쓰나미처럼 한나라당을 덮쳤다. 이때 한나라당이 기사회생의 지푸라기로 잡은 것이 '박근혜 카드'였다. 박근혜의 대중성과 다소곳한 여성 이미지를 통해 위기를 극복하려는 감성 프로젝트였다.

그리고 17대 총선에서 기대 이상으로 선전함으로써 한나라당의 기획은 성공했다. 그들은 기력을 회복했다. 이제 시장에 어떤 상품을 선거에 내놓을지 고민이었다. 2006년 지방선거는 그들이 어떤 인물 콘셉트concept를 제시할지 시험하는 무대였다. 그들은 서울시장에 오세훈을 공천했다. 인물로서가 아니라 콘셉트로서 오세훈이 상징하는 것은 이회창과 달랐다. 공직에서 경험을 쌓은 거물급 엘리트가 아니라 참신함과 대중의 소구력을 갖춘 민간 테크노크라트civilian technocrat였다.

후보 정체성candidate identity 면에서 보면 오세훈과 이명박의 콘셉트는 일맥상통하는 것이었다. 둘 다 정치권에 대한 연고가 약했다. 민간 영역에서 전문성을 쌓았다. 자수성가한 스토리도 갖추고 있었다. 전통적인 한나라당 인물상이 아니라서 차떼기 따위의 구태舊態를 연상시키지도 않았다. 그래서 먹힌 것이다. 2004년부터 2006년까지 차기 대권주자 여론조사에서 고건이 1위를 달린 것도 이와 같은 맥락이었다. 참고로, 2006년 6월의 KSOI 여론조사에 의하면 고건 29.8%, 이명박 20.6%, 박근혜 23.7%였다.

3위였던 이명박이 대선후보 지지도에서 대세론을 구축할 수 있었던 것은 2007년 1월 16일 고건의 불출마 선언 때문이었다. 수도권에서 고건을 지지하던 중도층이 이명박 지지층으로 옮겨간 것이다. 그로 인해 이명박 지지층은 서울을 중심으로 40대와 대졸 이상, 자영업자와 화이트칼라로 형성됐다. 한편, 박근혜는 수도권의 지지율이 낮은 대신 충청과 PK(부산, 울산, 경남), 50대 이상의 고연령층, 중졸 이하의 저학력층, 저소득층 중심으로 지지층이 형성됐다. 하지만 박근혜는 중도 지지기반을 포용하지 못해 확장성이 없었고, 그것은 핵심적인 패인으로 작용했다.

그런데 이명박 대통령은 취임 후 촛불시위를 겪으면서 중도 지지기반을 '포기했다.' 보기에 따라서는 본의 아니게 '잃어버렸다'고 할 수도 있다. 어쨌든 이명박 대통령은 보수, 그것도 강경보수에 의존하는 국정운영기조를 유지했다. 이처럼 이명박 대통령이 보수의 틀 안에서만 움직이는 구도라면 보수의 총아이자 적자인 박근혜의 말과 선택이 더 강한 힘을 발휘할 수밖에 없다.

실제로 2009년 6월 노무현 전 대통령 서거를 전후해 이명박 대통령이 국정기조를 중도·실용으로 전환하면서 박근혜의 힘도 약화되기 시작했다. 중도·실용에 힘입어 이명박 대통령의 지지율은 50% 내외로 약진했다. KSOI가 실시한 2010년 2월 조사에 의하면, 이명박 대통령의 지지도는 44.0%였다. 다른 여론조사에서는 50%를 넘긴 결과가 나타날 정도로 상승 및 강세 현상이 확연했다. 차기 대선주자 지지율에서 28.9%를 차지한 박근혜에 비해 압도적인 우위를 누렸다.

KSOI의 근래 조사에서 박근혜의 지지율이 가장 높았던 시점은 2009년 11월이었다. 11월 4일 정운찬이 세종시 수정방침을 공식 천명하기 전이다. 이때 박근혜의 지지율은 35.4%였다. 20%대에서 벗어났다는 점은 주목을 끌기에 충분했다. 이는 박근혜 지지기반의 확장성을 나타내는 의미 있는 선행지표가 될 수 있었기 때문이다. 하지만 현실은 그렇지 않았다. 2010년 8월 KSOI 조사에서 박근혜의 지지율은 26.5%로 떨어졌다. 7월에는 30.3%였다. 물론 후보 지지율이야 이런저런 등락을 겪기 마련이기에 수치 자체에 큰 의미를 둘 필요는 없다. 그러나 이때까지 박근혜의 지지기반이 확장되지 못하고 있다는 것은 분명했다.

정말 심각한 문제는 따로 있었다. 한나라당 지지층에서 박근혜의 지지율이 계속 빠지고 있다는 것이었다. 2009년 11월 조사에선 한나라당을 지지한다고 밝힌 응답자 중 58.2%가 박근혜를 차기 대선주자로 지지했다. 그러나 2010년 2월 조사에선 34.7%로 대폭 줄어들었다. 무려 23.5%P나 빠진 것이다. 특히 2009년에 비해 미세하기는 하지만 한나라당 지지율이 더 올랐음에도 불구하고 박근혜에 대한 지지는 줄었다는 사실에 주목할 필요가 있다.

또 있다. 수도권에서도 박근혜의 지지율이 빠지고 있다. 서울의 경우 2009년 11월 30.4%에서 2010년 2월 23.9%로 내려앉았다. 충청권에서도 45.3%에서 31.0%로 많이 빠졌다. 60세 이상 연령층에서도 37.0%에서 32.6%로 줄어들었다. 전체 지지율의 위축도 문제였지만, 그보다는 한나라당 지지기반 안에서 지지율이 떨어지고 있다는 것이 더 큰 문제였다. 거듭 말하지만, 이것이 바로 이명박 대통령과 친이가 세종시 수정을 집요하게 시도한 이유다. 즉, 이명박 대통령의 세종시 수정 시도는 '정책적 실패, 정치적 성공'의 결과를 낳았다.

한국갤럽이 2010년 2월 실시한 조사에서도 이러한 위기 징후는 그대로 드러났다. 세종시 문제는 이명박 대통령과 박근혜 양쪽 모두의 이미지를 추락시켰던 것이다. 실제로 이명박 대통령과 박근혜에 대한 이미지가 나빠졌다고 한 응답자는 각각 43.2%, 33.2%로 나타났다.

이 수치만으로 따져보면 이명박 대통령이 더 손해본 것처럼 보인다. 그러나 속을 들여다보면 그렇지 않다. 박근혜의 경우에는 그야말로 외화내빈外華內貧이었다. 한나라당 지지층 중 45.6%가 박근혜에 대한 이미지가 나빠졌다고 대답했다(이명박 대통령의 경우에는 27.6%였다). 또한 지역별로 보면, 수도권에서 박근혜에 대한 이미지가 나빠졌다는 여론이 가장 높았다. 서울은 37.6%, 경기 · 인천은 37.1%였다. 연령별로는, 60세 이상에서 나빠졌다는 여론이 가장 높았고, 그 수치는 45.2%에 달했다.

박근혜의 힘을 낳는 구도 Ⅲ :
역사적 흐름이 낳은 인식perception

1998년 정권교체가 이루어졌다. 2002년 다시 진보진영이 정권을 장악했다. 2004년에는 의회 권력까지 교체하는 데 성공했다. 그럼에도 불구하고 대중의 삶은 달라진 게 없었다. 새로운 해법을 기대했으나 그대로였다. 인물과 세력은 바뀌었는데 정책, 특히 경제정책은 바뀌지 않았다. 양극화는 심해지고, 삶의 고단함은 더해졌다.

민주화 세력은 무능한 집단으로 인식됐다. 성과를 만들어내지 못하고 말만 많거나 엉뚱한 데에 시간과 에너지를 낭비하는 것으로 보였다. 이처럼 민주화 세력에 대한 실망은 자연스레 박정희 모델에 대한 향수로 이어졌다. 대안이 신통찮으니 그래도 잘 돌아가던 과거에 대한 기억이 되살아나는 것은 당연한 현상이었다. 박정희 모델에 대한 향수가 살아나면서 더불어 박근혜도 보수의 리더로 부각되기 시작했다.

박정희 전 대통령은 보릿고개를 없앴다. 기존 집권세력과 달리 성과를 만들어내는 유능함을 보여주었다. 특히 성장의 과실이 서민들에게 돌아가도록 했다. 부정부패 척결을 내건 사정司正으로 부자들을 주눅들게 했다. 특권층을 옥죄는 정의담론도 끊임없이 제기해 보통사람들의 정서를 어루만졌다. 그 결과 박정희 모델은 아직도 사람들 마음속에 살아 숨 쉬고 있다. 이것은 보수 또는 우파의 핵심적인 가치기반value infrastructure이 되었다.

박정희 모델이 갖고 있는 유용성에 대한 열망은 서민들 사이에서 더욱 두드러진다. 여론조사를 통해 발견할 수 있는 일관된 패턴 중 하나는 박정희 모델에 대한 향수가 그 어느 계층보다도 고연령, 저소득, 저학력 등 서민층에서 강력하게 나타난다는 것이다. 박정희 모델은 반공주의, 성장주의, 지역주의, 권위주의를 골간骨幹으로 한다. 즉, 보수적 가치를 지향한다.

흔히 보수는 성장과 자유시장을 중시하고, 진보는 복지와 국가 개입을 중시한다. 그 때문에 없는 사람일수록 진보세력을 지지하는 것이 보편적인 현상이다. 그런데 우리나라의 경우에는 없는 사람들이 오히려 보수를 지지하는 전도현상이 고착화되어 있다. 이유는 박정희 모델에는 서민주의가 포함되어 있기 때문이다. 성장의 열매가 서민들에게 돌아갈 수 있도록 했고, 서민들을 위해서라면 전 국민의료제도 등 비보수적 정책까지도 과감하게 채용했다. 이것이 바로 서민주의다. 밀짚모자를 쓰고 모심기를 하고, 막걸리를 마시는 대통령의 이미지도 이런 서민주의의 발현이다. 박근혜를 지도자의 반열에 밀어올린 박정희 모델, 그 부활의 동력도 이 서민주의 때문이다.

정치전략가 조셉 나폴리탄Joseph Napolitan이 말하는 대로 "문제는 실상이 아니라 인식이다(Perception is more important than reality)." 박정희 전 대통령은 여전히 살아 있는 모델이다. 남긴 업적이 가장 많을 뿐만 아니라 심지어 제일 좋아하는 대통령으로 기억되고 있다. 2004년 한국갤럽이 실시한 '우리 국민이 가장 좋아하는 대통령'에 대한 조사에서 박

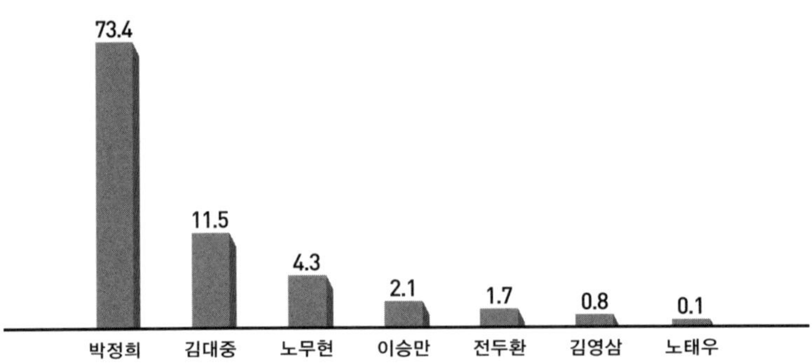

▲ 자료: KBS・미디어리서치

정희 전 대통령은 47.9%로 14.3%인 김대중 전 대통령에 대한 선호도를 압도했다. 이런 서민들의 인식이 박근혜 강세의 인식구도를 형성하고 있는 것이다.

2007년 경선·대선 전략:
박근혜의 원칙 리더십

박근혜가 명실상부하게 보수를 대변하는 리더가 된 시점은 2004년 17대 국회 개원 직후 여야 대치 국면에서였다. 당시 여권이 추진했던 국가보안법 폐지 등, 이른바 4대 개혁법 공세를 박근혜가 장판교의 장비처럼 떡 버티고 서서 효과적으로 저지한 데 그 원인이 있다. 주지하듯이, 대한민국의 보수 정체성을 규정하는 첫 번째 요소는 반공주의다. 어쩌면 반공주의는 이승만 전 대통령의 단정노선을 이어받은 보수·우파의 기본 DNA라고 해도 무방할 것이다. 그 반공주의의 정치적 실체이자 법적 표현이 바로 국가보안법의 존재다. 그러한 국가보안법의 개폐를 당 대표인 박근혜가 막아낸 것이다. 보수·우파로선 박수로 환호하는 것이 당연했다.

그후 박근혜는 각종 재·보궐 선거에서 완승을 거두었다. 노무현 전 대통령이 지역주의 해소를 위해 회심의 승부수로 던진 대연정 제안을 물리쳤다. 당시 여당이 단독 처리한 사학법 개정에 대해서는 재개정을 위한 장외 투쟁도 불사했다. 당 혁신위에서 마련한 혁신안이 자신에게 불리한 것임에도 불구하고 그대로 수용했다. 또한 신행정수도건설법의 위헌 판정에 따른 후속조치로 제시된 행정중심복합도시특별법을 여야 합의로 처리하는 뚝심도 보여주었다. 이런 전공戰功이라면 장수(리더)의 반열에 오르지 않는 게 더 이상할 정도다.

17대 총선 전 한나라당의 위기가 없었다면 박근혜에게 당 대표직이 쉽게 주어지지 않았을 것이다. 또한 리더 박근혜의 위상도 쉽게 확보되지 않았을 것이다. 사실 박근혜가 당 대표로 등장한 것은 행운이었다. 한나라당으로선 다른 수가 없었기 때문이다. 일종의 고육지책이었던 셈이다. 이런 사정 때문에 당시 언론은 박근혜의 대표 기용을 '극약 처방'으로 표현했다. 박근혜는 천막당사 생활을 하면서 한나라당을 지옥에서 구해냈다. 당시 한나라당이 121석이나 얻을 수 있었던 것은 보수세력의 결집과 지역주의 덕분이었다. 부패한 데다 권력을 남용하는 오만한 구태정당이라는 한나라당의 이미지를 불식시키는 데 박근혜가 기여한 바는 적지 않다. 박근혜의 존재로 인해 한나라당은 연약한 약자로 자리매김한 것이다.

자신의 힘으로 당 대표가 된 것은 아니었지만 박근혜는 자신의 힘으로 정치지도자, 대권주자의 반열에 올라섰다. 박근혜의 리더십 전략은 원칙이었다. 원칙에 어긋나면 절대로 타협하거나 용납하지 않았다. 그러한 원칙은 단순히 행태만을 뜻하는 것이 아니었다. 국가보안법, 사학법 등 보수기반을 훼손하는 그 어떤 것에 대해서도 단호하게 대처했다. 박근혜는 이렇듯 보수의 가치를 확실히 대변함으로써 보수세력의 대표로서 자리매김했다.

박근혜의 원칙이 먹힐 수 있었던 기저요인은 노무현 전 대통령의 리더십 스타일이었다. 노무현 전 대통령은 자신을 지지했던 세력의 요구에 대한 반응성responsiveness과 책임성accountability이 약했다. 국가보안법만 해도 강행 처리하지 않고 스스로 유보해버렸다. 대연정 제안을 통해 스스로의 정체성뿐만 아니라 2002년 대선에서 이회창이 아니라 굳이 노무현에게 표를 던졌던 사람들의 정체성마저 헷갈리게 만들어버렸다. 결국 의도와는 달리 자신의 지지기반을 자신이 부정하는, 비유하자면 '제 발등 찍은' 꼴을 초래했다.

노무현 전 대통령은 이른바 조·중·동 등 보수언론과 계속 대립을 유지·확대해나갔다. 도무지 화해의 조짐이 보이지 않는 상황에서 조·중·동이 선택할 수 있는 것은 극한 투쟁이었다. 전방위로 노무현 전 대통령을 끝없이 압박하고, 한없이 조롱했다. 이런 판에 박근혜의 원칙적 스탠스는 그들에게 더할 나위 없이 좋은 우군이었다. 조·중·동이 박근혜에 대해 파트너십을 가지는 것은 당연했다. 그들은 반노무현 운동의 일환으로 '박근혜 띄우기'에 나섰다. 박근혜의 원칙 전략이라는 것도 이런 환경적 요소들로 인해 성공할 수 있었던 것이다.

만약 노무현 전 대통령이 4대 개혁법안을 끝까지 힘으로 밀어붙였더라면 상황은 많이 달라졌을 것이다. 그랬다면 박근혜에게 패배의 책임이 부과되었을 수도 있었다. 최소한 박근혜가 리더로서 위상과 입지를 다지는 것은 용이하지 않았을 것이다. 또한 노무현 전 대통령이 개혁·진보진영의 요구에 충실하게 반응하면서 보수와 대립하는 구도를 지속했다면 지지기반의 이반 역시 일어나지 않았을 것이다. 그리고 노무현 전 대통령을 위축시킨 반노무현 구도가 그처럼 신속하고 안정적으로 구축되지도 않았을 터이다. 그랬다면 보수 내에서도 박근혜에 대한 찬반여론이 불거지면서 혼란이 야기되었을 가능성이 높다. 결국 박근혜에게 '선거의 여왕'이라는 타이틀도 허용되지 않았을 것이다.

어쨌든 박근혜의 원칙 리더십은 크게 성공했다. 그로 인해 보수의 구심, 국가의 지도자로서 포지셔닝positioning할 수 있었다. 결과적으로 당시 여권을 자중지란自中之亂에 빠지게 하고 지리멸렬하게 만들었으며, 한나라당을 보수에서 중도까지 끌어안는 정당으로 만들었다. 차떼기 정당이라는 오명에서 벗어나 무언가 기대해볼 만한 정당으로 탈바꿈하는 이미지 변신도 이루어냈다. 박근혜에게 정권 교체와 대통령은 기정사실인 것처럼 보였다.

그러나 세상 일이 어디 뜻대로만 되던가? 성공을 낳은 박근혜의 원칙 리더십은 한순간에 족쇄로 작용했다. 박근혜의 원칙은 보수에 충실하게 복무하는 것이었다. 여전히 부패(차떼기)와 무능(IMF 위기 초래)의 이미지가 강한 보수·한나라당을 선택하는 것은 중도 성향의 부동층으로서도 쉽지 않은 선택이었다. 과거의 아픈 기억이 너무 선명했기 때문이다. 게다가 경제가 안 좋은 상황이다보니 이념보다는 실용이 필요하다는 시대인식도 강하게 작용했다.

그즈음 나라가 너무 시끄러웠다. 고성방가의 시대였다. 국민들이 원하는 것은 우렁찬 외침이 아니라 조용한 실행이었다. 되는 것도 없고 안 되는 것도 없는 난장亂場이 아니라 어쨌든 결과를 산출해내는 실적實績을 원했다. 이런 요구에 부합하기에 박근혜의 원칙 전략은 부족했다. 심지어 엇박자가 나는 대목도 적지 않았다. 대개 이럴 경우 또 다른 대안이 제시되기 마련이고, 그쪽으로 쏠리는 게 인지상정이다.

대중교통 개혁과 청계천 정비라는 실적을 통해 서울시장 이명박이 부각되기 시작하면서 박근혜의 존재 가치는 흔들리기 시작했다. 이명박은 실행 리더십의 전형으로 비추어졌다. 중도까지 포용하는 실용 보수로서의 색깔은 시대적 흐름에도 부합하는 것이었다. 게다가 두 번의 대선 패배를 경험한 한나라당 지지층에게 이명박은 박근혜보다 확실한 승리를 담보하는 카드로 이해됐다. 결국 이런 점 때문에 박근혜의 원칙 전략은 패배했다. 박근혜로서는 '죽 쑤어 개 좋은 일'을 한 셈이었다.

원칙 전략이 시종일관 무기력했던 것만은 아니었다. 박근혜는 원칙에 입각해 한나라당 경선에서 이명박에 대한 도덕성 검증을 본격화했다. 원칙 전략이 위력을 발휘하기 시작했다. 다음은 정효명·오정은의 지적이다.

> "'한반도 대운하'에 대한 비판이 제기된 한나라당 경선 후보 1차 정책토론회 직후(5월 29일)부터 이명박 후보에 대한 검증 공방이 가열되었고, 도곡동 땅 차명보유 의혹, (주)다스 실소유 의혹, BBK 주가조작 관여 의혹, 자녀를 위한 위장 전입 사실 등이 이슈화되었다. 그 결과 이명박 후보의 지지율이 한 달 만에 41%에서 33%(R&R조사)로 8%P 하락하면서 박근혜와의 지지율 격차는 6%P로 대폭 줄어들었으며, 양 후보 간 6~10%P 가량의 지지도 격차는 경선까지 지속된다."[4]

그러나 박근혜의 원칙 전략이 성공하기에는 민주당 후보의 지지율이 너무 낮았다. 이명박에 대한 도덕성 논란이 힘을 얻으려면 도덕성 흠결 때문에 본선에서 패배할 것이라는 전망과 연결되어야 한다. 그러나 이런 전망을 하기에는 야당의 후보가 너무 약했다. 또 '탈레반 인질 피랍사건'이나 '남북정상회담 개최 발표' 등 대형 이슈들이 터지면서 검증 국면이 희석되는 불운도 겹쳤다. 게다가 국민들은 도덕성보다는 추진력이나 유능함을 잣대로 삼고 있었다. 박근혜가 한나라당 경선에서

---

4 정효명·오정은 (2008), "17대 대선 후보자 지지도와 경쟁구도 변화", 박찬욱 편, 《17대 대선을 말한다》, 서울: 생각의 나무.

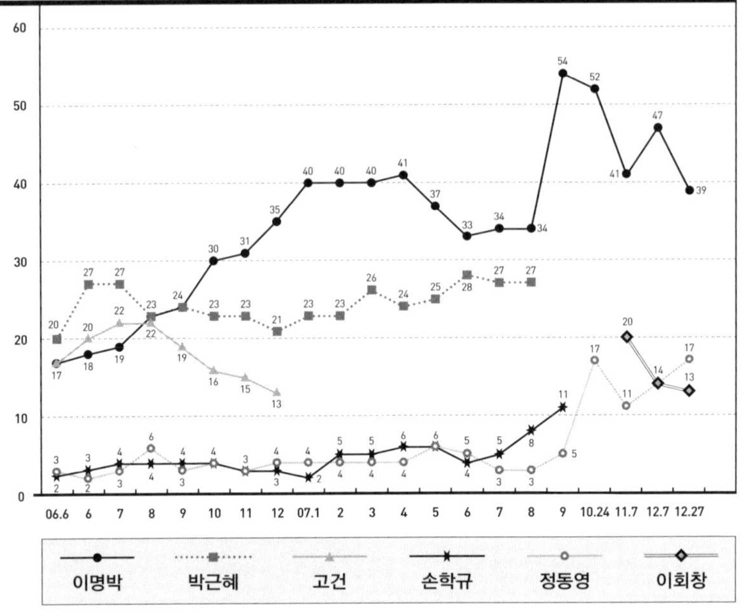

▲ 자료: 정효명·오정은 (2008), "17대 대선 후보자 지지도와 경쟁구도 변화", 박찬욱 편,
《17대 대선을 말한다》, 서울: 생각의 나무.

패배한 요인이 꼭 원칙 전략의 잘못이라고 말하기 어려운 점도 있다. 2006년 추석(10월 5일~8일)을 거치면서 이명박의 지지율이 계속 상승해 박근혜를 앞지르기 시작했다. 상승을 이끈 요인은 북핵 위기였다. 북한이 10월 9일 핵 실험을 하면서 북핵 위기가 시작됐다. 이명박은 남성이라는 이유만으로 덕을 봤다. 남성에다 강한 추진력을 갖춘 이미지는 이명박에게 북핵 위기 같은 비상상황이 유리하게 작용할 수밖에 없었다.

그럼에도 불구하고, 역시 결정적인 요인은 박근혜의 원칙 전략이 갖고 있는 구조적 한계였다. 이명박이 박근혜를 추월할 수 있었던 핵심요인은 '고건 변수'였다. 고건이 애매한 태도로 일관하면서 분명한 전망을 보여주지 못하자 중도 성향의 유권자들은 그에게서 이탈하기 시작했다. 이탈한 중도층, 특히 수도권 지역의 유권자들이 이명박에게 옮겨 간 것은 박근혜에게서 보수 성향이 너무 강하게 느껴졌기 때문이었다.

그리고 박근혜의 원칙 전략, 즉 보수 스탠스에 치명타를 가한 것은 2007년 3월 손학규의 탈당이었다. 여론조사상으로는 지지율이 10%에도 못 미치는 손학규였지만 그의 존재는 박근혜에게 꼭 필요했다. 손학규가 중도 성향의 표를 잠식해 이명박에게 손해를 끼치는 3자 구도를 형성하고 있었기 때문이다. 그런 그가 탈당을 했으니 자연스레 중도 표가 이명박에게 쏠렸다. 경선 결과 1.5%P의 근소한 차이로 패배한 것을 감안하면 손학규의 경선 이탈은 박근혜에게는 참으로 뼈아픈 일이었다.

2012년 대선전략:
서민주의적 중도 스탠스

2008년 이명박 정부 출범 후 지금까지 박근혜는 대선 후보 지지율에서 한 번도 1등을 놓친 적이 없다. 2009년 5월 스탠퍼드대 연설이 있기까지 그의 전략 역시 바뀐 흔적이 거의 없었다. 박근혜는 대통령의 인사권 존중 등 예의 그 원칙을 지키는 자세를 견지했다. 2009년 4월 재·보궐 선거에서 한나라당이 패배한 후 당 대표 추대론이 불거졌을 때에도 박근혜는 원칙을 앞세워 거부했다. 이때까지의 박근혜에 대해 인색한 평가가 내려지는 건 과히 틀린 게 아니다. 박상훈의 냉철한 평가다.

"최근 박근혜 의원의 높은 인기가 이슈가 되는 것을 보면서, 나는 한국 정치의 나쁜 패턴이 반복되지 않을까 걱정스럽다. 그에게 가장 아쉬운 점은 자신의 말을 하지 않는다는 것이다. 그는 '국민이 행복해야' '국민이 공감해야' '국민에게 고통과 실망을 주지 말아야' 하는 식으로 말은 하지만, 그래서 나는 어떻게 하겠다는 것이 없다. 그것도 언론 보도용처럼 읽는 것에서 그칠 뿐, 이어지는 대화와 토론이 있는 것도 아니어서

늘 답답하고 애매하다. 더 큰 문제는 의도적으로 그런 모호함과 막연함을 즐기고 있다는 데 있다. 아마도 그런 식으로 기대감을 키우는 신비주의적 태도를, 현직 대통령의 실패에서 정치적 이익을 얻는 최선의 전략이라 계산하는 듯하다. 물론 모든 것이 다 말로 되는 것도 아니고 또 말보다 더 중요한 것이 많다. 그래서 누군가 내게 차기 대안으로서 박근혜가 어떠냐고 묻는다면, 내 생각은 이렇다. 차기 후보로서 평가할 때 꼭 고려해야 하는 사안에는, 그가 정치를 시작하게 된 동기와 그와 함께하는 정치세력 그리고 그의 지지기반이 어떠냐 하는 것이 있다. 박근혜 의원은 '아버지의 위업'을 위해 정치를 하게 되었다고 했다. 그를 추종하는 엘리트들은 전두환을 '위대한 지도자'로 이야기했던 최병렬, 같은 조선일보 출신의 안병훈, 5년 전 대통령 탄핵을 주도했던 홍사덕, '친박연대'라는 기이한 이름의 당을 이끈 서청원 등이 있다. 그간 여러 조사들은 박근혜 지지층의 핵심이 이념적으로는 강한 보수, 지역적으로는 TK(대구·경북)에 있음을 보여준다. 내 기준으로 결론은 이렇다. 박근혜는 이명박보다 못하고, 더 위험할 수 있다."[5]

하지만 스탠퍼드대 연설을 기점으로 박근혜의 전략이 바뀌었다. 보수 일변도의 노선에서 중도를 포용하는 노선으로 전환한 것이다. 스탠퍼드대 강연에서 박근혜는 이렇게 말했다. "경제발전의 최종 목표는 소외계층을 포함한 모든 국민이 함께 참여하는 공동체의 행복 공유에 맞춰져야 한다." 2009년 9월엔 더 나갔다. "우리가 여전히 이루지 못한 것, 우리의 궁극적 꿈은 복지국가 건설이다." 2010년 6월엔 이런 말도

---

5 박상훈, "위험한 박근혜 현상", 〈경향신문〉, 2009. 2. 12.

했다. "경제정책 운용의 주안점을 성장률뿐 아니라 서민과 젊은 층에 도움이 되는 데 두어야 한다."

박근혜는 중도 전략의 명분을 박정희 모델의 재구성에서 찾고 있다. 최근 박근혜는 박정희 모델을 구성하는 여러 요인 중에서 서민주의를 특히 부각시키고 있다. 박근혜가 말하는 복지도 서민주의에 착목한 것이다. 성장주의나 반공주의 등 박정희 모델의 보수적 측면을 부각시키던 것에서 벗어나 서민주의를 상대적으로 더 강조함으로써 자연스럽게 중도까지 포용하려는 것이다.

2009년 말의 한 신문 보도에 의하면, 이른바 '박근혜 복지법'이 거의 완성되었다고 한다. 보도는 이어진다. 그의 2012년 대선 공약은 '행복을 모토로 한 복지국가 실현'이 될 것이란다. 공약의 기초가 될 사회복지기본법(사회보장기본법)을 오랜 준비 끝에 거의 마무리하는 단계에 있다고 한다. 이 정도면 박근혜가 중도로 이동하고 있다는 사실만큼은 의심의 여지가 없는 듯하다.

이에 따라 진보진영이 박근혜의 변신을 바라보는 평가도 심각해지고 있다. 다음은 최태욱의 엄정한 평가다.

"18대 국회의 후반기가 시작되면서 박근혜 의원은 상임위를 기획재정위원회로 바꾸었다. 자신의 복지국가 구상과 결합한 '사회통합형 경제성장' 전략을 연구하기 위함이라는 세평이 나왔다. 과연 그는 2010년 6월의 첫 상임위에서 윤증현 기획재정부 장관에 대한 질의를 통해 '정부는 거시경제지표를 들며 경제가 좋아졌다고 하지만 소득분배나 양극화 문제가 대두되고 있고 국가부채가 빠른 속도로 증가하고 있다'는 지적을 했다. 또한 사회통합의 와해, 사회경제비용의 증대, 실업률 증가 및 고용률 감소 등에 대해서도 깊은 우려를 표했다. 마치 진보야당의 지도자가 보수정부를 질책하는 듯했다. 복지국가와 조정시장경제, 그리고 사회통합형 경제성장을 지향하는 듯한 박근혜 의원의 최근 언행이 그의 측근들 말대로 단순한 정치공학적 전략이 아니라 박근혜 의원 자신의 철학에서 나온 것이라면, 그리고 그러한 그가 한나라당 혹은 보수진영의 차기 대선후보로 최종 결정된다면, 민주당의 입지는 크게 줄어들 수밖에 없다. '박근혜표 보수'는 그 오른편은 물론 왼편의 중도, 그리고 잘하면 진보의 일부까지도 아우를 수 있는 엄청난 흡인력을 갖출 수 있기 때문이다."[6]

박근혜의 중도전략은 불가피한 선택이다. 6·2지방선거 결과가 말해주듯이, 2012년 대선은 일방적인 게임으로 전개되지 않을 것이다. 1997년과 2002년의 박빙승부가 재연될 가능성이 높다. 그렇다면 역시 승부처는 수도권, 중도·부동층의 향배가 될 것이다. 그런 점에서 박근혜가 지향했던 보수·영남 노선으로는 승리가 불가능하다.

박근혜의 지지층 풀pool은 이명박 대통령의 국정 운영을 지지하는 'MB지지층'이다. 아무래도 MB를 지지하는 층이 반대하는 층보다는 박근혜를 지지할 가능성이 더 높기 때문이다. 결국 이명박 대통령이 중도·실용 노선을 견지하는 한 그와의 대립보다는 협력이 유용한 전략이다. 야당의 기세가 오르는 상황이라 대립이 분열로 비추어질 우려도 감안해야 한다. 실제로 6·2지방선거 이후 박근혜는 전과 달리 이명박 대통령과 협력하는 모양새를 적극적으로 연출하고 있다. 협력 스탠스가 유용

---

6 최태욱, "박근혜 변수와 민주당의 입지", 〈창비주간논평〉, 2010. 7. 14.

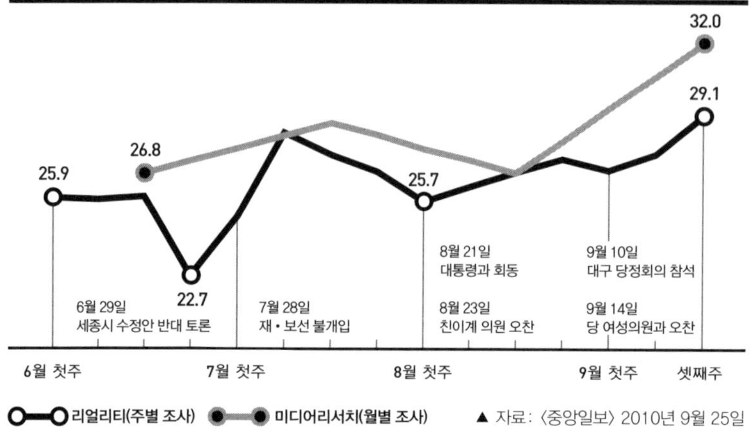

하다는 사실은 여론조사를 통해 확인되고 있다. [그림1-6]에서 볼 수 있듯이 협력 스탠스 이후 지지율은 계속 상승하고 있는 것이다.

합리적 선택이론의 태두 앤서니 다운스Anthony Downs는 정당 간의 경쟁에서 정책이나 이념적 차별성이 없으면 개인의 퍼스낼리티personality, 즉 능력 등이 주요한 결정요인으로 작용한다고 지적했다. 이 말을 전략적 통찰 측면에서 새겨보면 다음과 같이 해석할 수 있다. '품성이나 호감 등의 요인이 크게 작용하게 하기 위해서는 정책적 차별성을 없애야 한다.'

지금 야당은 급속한 진보화를 추진하고 있다. 야당, 특히 민주당의 진보화는 세 가지 요인에 기인한다. 첫째, 대중이 진보정책을 선호하는 쪽으로 움직이고 있기 때문이다. 6·2지방선거에서 볼 수 있듯이 대중은 4대강 사업에 막대한 예산을 퍼붓기보다는 무상급식과 같은 복지 부문에 더 많은 예산이 투입되기를 원한다. 양극화가 심화되고, 친기업

● [그림1-7] 분배 · 성장선호 추이 [단위:%]

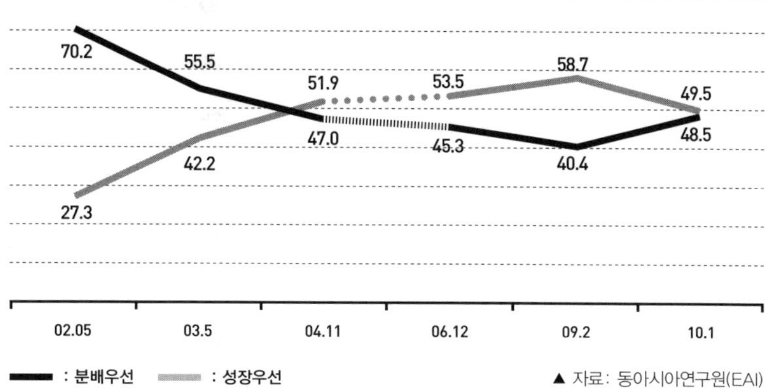

70.2
55.5
51.9
53.5
58.7
49.5
47.0
45.3
48.5
42.2
40.4
27.3
02.05 03.5 04.11 06.12 09.2 10.1
: 분배우선   : 성장우선
▲ 자료: 동아시아연구원(EAI)

● [그림1-8] 주관적 이념성향 추이 [단위:%]

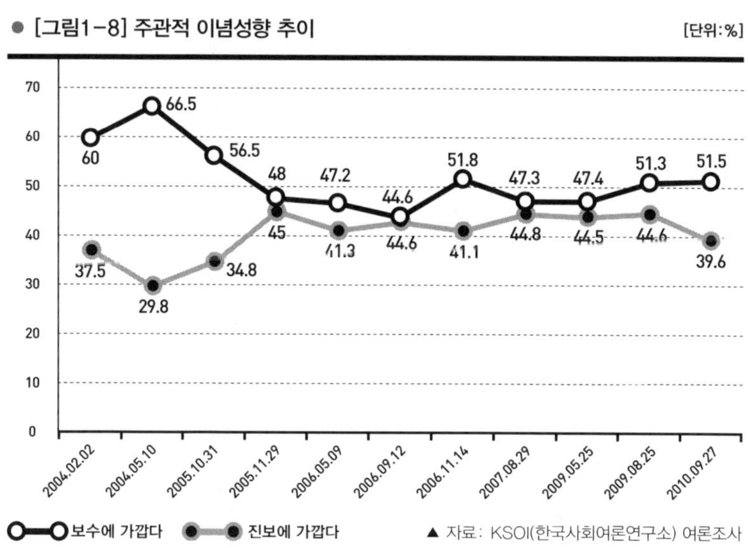

70
66.5
60
56.5
60
48
47.2
51.8
47.3
47.4
51.3
51.5
50
45
44.6
40
37.5
34.8
41.3
44.6
41.1
44.8
44.5
44.6
39.6
30
29.8
20
10
0
2004.02.02 2004.05.10 2005.10.31 2005.11.29 2006.05.09 2006.09.12 2006.11.14 2007.08.29 2009.05.25 2009.08.25 2010.09.27
보수에 가깝다   진보에 가깝다
▲ 자료: KSOI(한국사회여론연구소) 여론조사

정책으로 서민경제가 죽어가는 상황이라 대중의 복지 요구와 기대는 날로 늘어날 것이다.

둘째, 이미 실패한 전략을 다시 구사할 수 없기 때문이다. 다음은 미국의 정치학자 샤츠슈나이더E. E. Schattschneider의 지적이다.

> "모든 패배한 정당·대의·이익은 기존의 노선에 따라 계속 싸울 것인지 아니면 낡은 싸움을 포기하고 새로운 연합을 형성하고자 노력할 것인지 결정해야만 한다. 여기서 가장 우려스러운 사태는 기존의 싸움을 계속하려는 완고한 소수파들이 어리석게도 낡은 갈등구도를 동결시켜 영원히 고립된 소수파로 남게 되는 경우다. (…) 정당 간 갈등의 본질을 이해하려면 정당이 이용하는 균열의 기능을, 우위를 확보하기 위한 투쟁의 관점에서 고려할 필요가 있다. 균열의 개발은 최고의 권력 수단이기 때문에, 중요 이슈에 대한 자신들의 정의를 다른 정당보다 우위에 놓을 수 있는 정당이 정부를 차지할 가능성이 높다."[7]

요컨대, 이미 패배한 전략인 중도화로는 결코 이길 수 없다는 것이다.

셋째는 야당 후보가 인간적 매력 경쟁에서 여권 후보에 비해 열세이기 때문이다. 현재 야당에는 유력주자가 없다. 거의 대부분이 인간적 매력에서 낙제점을 받고 있거나 아예 존재감이 없다. 심한 경우 비호감의 대상으로 전락한 인물도 있다. "리더로서 최대의 악덕은 미움을 사는 것과 경멸당하는 일이다"라는 마키아벨리의 충고를 떠올리면 상황은 심각하다. 이런 경우, 정책이나 이념으로 승부할 수밖에 없다. 궁즉통窮則通

---

7 E. E. 샤츠슈나이더, 현재효·박수형 공역, 《절반의 인민주권》, 서울; 후마니타스.

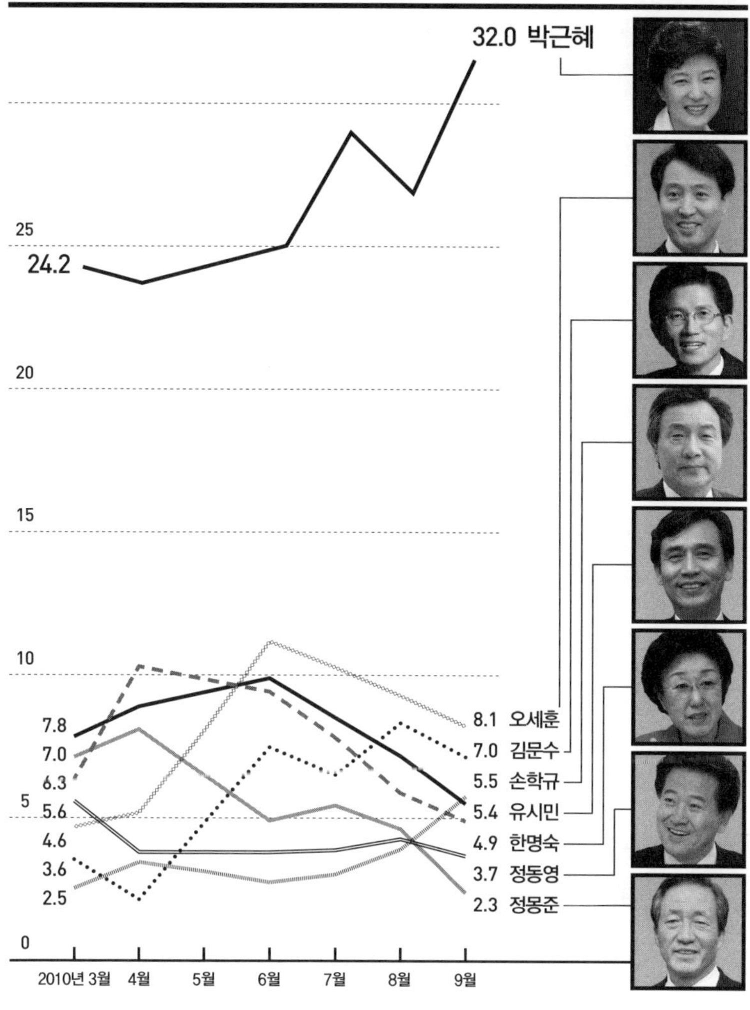

▲ 자료: 〈조선일보〉, 2010년 9월 21일자

이라, 필요하면 방법을 찾기 마련이 아니던가. 좋은 예가 1945년 영국
의 총선이다. 이 선거에서 보수당의 처칠과 같은 대중적 거물이 없는
노동당이 이길 수 있었던 것은 복지 등 정책적 차별화로 대중의 마음을

움직였기 때문이다.

두 가지 사실이 중요하다. 하나는 대중이 진보정책을 선호하기 시작했다는 것이고, 다른 하나는 정책이 지지의 잣대가 되면 인간적 매력은 뒷전으로 밀린다는 것이다. 그렇다면 박근혜의 선택도 분명해진다. 중도·부동층을 끌어안는 보수, 개혁적 보수나 온정적 보수주의compassionate conservatism로 나가야 한다. 그래야 대중의 진보화 흐름에 대응할 수 있다. 또한 정책적 차별성을 줄일 때 비교우위에 있는 박근혜의 인간적 매력이 투표의 핵심 동기로 작용하게 될 것이다. 즉, 다운스의 충고를 창조적으로 받아들여만 박근혜가 승리할 가능성이 늘어나는 것이다.

전략의 관점에서 보면, 클린턴보다는 블레어를 벤치마킹하는 것이 현명해 보인다. 클린턴은 병역 기피 등의 의혹 때문에 부시와 정책적 차별성을 부각시키는 전략을 구사했다. 그것의 압축적인 표현이 바로 '바보야, 문제는 경제야!'라는 표어다. 반면 블레어는 자신이 경쟁자인 메이저에 비해 강점을 누리는 후보요인candidate factor을 부각시키기 위해 보수당과 노동당의 정책적 차별성을 거의 없애버렸다. 따라서 박근혜의 중도전략은 야권 후보와의 경쟁이라는 측면에서도 불가피한 선택이라 할 것이다.

박근혜 대세론, 2012 최후의 승자는?

박근혜의 힘을 낳는 정치구도와 전략

한나라당 내에서 대권주자로서 박근혜가 갖고 있는 위상은 가히 절대적이다. 지지율 수치에서도 독보적이고, 대중성에서도 압도적이다. 이런 점 때문에 한나라당 내 대선주자 간의 경쟁구도는 여러 사람들 중에서 가장 경쟁력 있는 사람을 객관적으로 선별하는 과정이 아니다. 다시 말해, 진공상태에서 주자들을 모두 동등한 자격을 가진 것으로 간주한 다음 순전히 본선 경쟁력만을 놓고 누가 앞서는가를 따지는 우열優劣 게임이 아니라는 이야기다.

한나라당의 대선후보 게임은 박근혜에 대한 찬반贊反 게임이다. 가장 앞서가는 박근혜를 수용할 것인지 아니면 거부할 것인지의 프레임으로 전개되고 있는 것이다. 당내 권력관계에서 박근혜나 친박그룹은 약자다. 따라서 박근혜에 대한 반대는 당위에 대한 거부 의사로 비추어질 가능성도 적지 않다. 이는 마치 있는 것을 없는 것으로 부정하는 것처럼 인식될 수 있다.

결국 당내 구도로만 놓고 보면 박근혜는 대세다. 이 흐름을 거역하기란 쉽지 않다. 박근혜에 대한 외부의 '탄핵'이나 '공작'이 없다면, 그리고 순전히 본인의 헛발질과 실수에 의한 지지율 하락만 발생하지 않는다면 그와 견줄 유력한relevant 대항마가 성장하기란 쉽지 않다.

그리고 설사 박근혜 본인에게 책임이 있는 지지율 하락이라 할지라도 반대세력에게 그 탓을 돌리는 것이 가능하다. 이런 프레임의 치환 가능성 때문에라도 유력한 경쟁자의 부상이 쉽지 않다고 하겠다.

리더십 이론가인 존 맥스웰John C. Maxwell은 이렇게 말했다. "사람들은 먼저 대의를 따르지 않는다. 그들은 대의를 전파하는 올바른 리더를 따른다." 명분보다 사람에 대한 신뢰가 우선이라는 이야기다. 박근혜는 누구보다 신뢰받고 있는 정치인이다. 따라서 그와 경쟁하기 위해서는 먼저 신뢰성 게임에서 뒤지지 않아야 한다. 이와 같은 신뢰구도 역시 박근혜의 위상을 뒷받침해주는 요인이다.

박근혜 입장에서 가장 경계해야 할 점은 바로 야당 후보 또는 야권의 유력한 대권주자의 경쟁력 상승이다. 만약 박근혜가 야권주자와의 가상 대결에서 큰 격차로 승리할 것으로 조사된다면 박근혜의 대세는 한층 강화될 것이다. 그러나 승리를 장담하기 힘들 정도의 우위나 열세를 보인다면 박근혜가 누려온 위상은 급격하게 흔들릴 것이다. 그렇게 되면 여권의 대권구도는 혼돈 속으로 접어들 것이다.

여권으로선 흥행의 측면에서라도 당내 경쟁이 있는 것이 좋다. 실제로 박근혜와 후보직을 놓고 다툴 타 주자들이 있다. 그렇다면 추대는 어렵고, 경쟁이 불가피하다. 이때 누가 더 보수적인가를 놓고 경쟁하는 흐름이 형성되지 않도록 하는 것이 박근혜로선 중요하다. 안 그래도 목소리가 큰 강경보수가 개입해 보수성의 강도를 부추기는 쪽으로 작용한다면 중도전략을 구사하려는 박근혜로서는 부담이 클 것이다. 거의 독점하다시피 한 보수의 대표성이 흔들릴 수 있기 때문이다.

미국의 경선에서 흔히 언급되는 격언 중에 이런 말이 있다. '민주당 후보들은 당내 경선에서 좌로 움직이고, 공화당 후보들은 우로 움직인다'는 것이다. 그러다가 당의 후보로 뽑힌 뒤 본선 국면에서는 양당 후보 모두 중도로 이동한다. 닉슨의 언명으로 유명해진 격언이다. 이런 점에서 비추어 볼 때, 한나라당의 당내 경선에서 발언권이 강한 강경보수가 후보들의 스탠스를 오른쪽으로 견인하려 할 가능성은 매우 높다. 따라서 박근혜로서는 보수 대표성을 훼손하지 않으면서 중도 외연을 넓히는 전략이 마음먹은 대로 쉽게 성공하기는 어려울 것이다.

대한민국은 작은 나라다. 하지만 작은 덩치라도 대권을 장악하는 것은 큰 나라의 그것만큼이나 힘들고 어렵다. 어느 날 갑자기 이삭을 줍듯이 대권을 잡은 사람은 없다. 절체의 고비와 절명의 위기 속에서 승리를 쟁취해냈다. 박근혜의 경우도 마찬가지다. 그에게 닥칠 시련은 아직 많다. 도전은 즐비하다. 그 시련과 도전을 이겨냈을 때 그에게 승리가 허용될 것이다.

문호 톨스토이는 삶을 이루는 진정한 요소에 대해 이렇게 말했다. "개인의 경험, 개개인의 사사로운 관계, 색깔, 냄새와 맛, 소리와 움직임, 질투와 사랑과 증오, 열정, 순간적으로 떠오른 혜안, 끊임없이 변하는 순간들, 일상의 나날들." 이 복잡다단한 삶을 다루는 것이 정치다. '박근혜 현상'이 이러한 삶에서 형성되었듯이, 이 삶 속에서 살아남아야 결국 최후의 승자가 될 수 있을 것이다. 그렇다. 승리는 그냥 주어지지 않는다.

안병진 | 경희사이버대학교 미국학과 조교수

포스트모던 시대, 박근혜 정치의 작동방식

2

●많은 정치평론가들은 민주화 이후 민주주의 시대라고 불리는 시점에서 왜 복고적으로 느껴지는 '박근혜 현상'이냐며 고개를 갸우뚱거리고 있다. 어떤 이들은 그 원인을 개혁진영의 거물 후보가 부재함에서 찾으며 대선이 다가오면 이 신드롬은 결국 붕괴할 것이라고 단언하기도 한다. 또 다른 이들은 아직 어떠한 내실 있는 정책적 콘텐츠도 부재하기에 결국 유권자들에게 외면을 받을 것이라고 주장하기도 한다. 이 글은 이러한 논자들과 달리 '진정성의 정치학politics of authenticity'이란 현대 정치의 핵심 작동방식 측면에 초점을 맞추고, 박근혜 현상이 그저 복고적이거나 텅 빈 이미지 정치에 불과하다는 관습적 견해와는 다른 방향에서 접근한다.

진정성의 정치란 제도권 정치 내의 정치공학이나 권력과 이익을 추구하기보다는 가치와 의미를 진심으로 추구하는 정치 스타일을 말한다. 이러한 정의는 실제 그 정치인이 진정성이 있느냐 여부에는 관심이 없다. 정치학이나 정치에서 중요한 것은 그 정치인의 내면세계에 대한 측정이 아니라 시민들이 어떠한 개념으로 인지하는가이다. 왜냐하면 현대 미디어 정치에서는 유권자가 받아들이는 개념이 곧 현실이기 때문이다.

박근혜 현상의 핵심은 유권자들이 박근혜를 국가와 국민에 대한 진정성을 가지고 시민들과 소통하는 탈정치적인(여의도를 벗어난) 정치가로 간주한다는 데 있다고 본다. 박근혜 현상의 등장은 진정성 정치의 진보적 버전인 노무현 전 대통령의 정치에 대한 피로감이, '부자 되세요'로 상징되는 이익과 실행의 정치인 이명박 정치로 대체되고 난 뒤, 또다시 진정성에 대한 시대적 요구의 주기가 부상하는 것과 부합한다. 다만 스타일에서 박근혜의 진정성 정치는 화려한 수사와 열정을 가진 아래로부터의 포퓰리즘보다는 단순, 단아, 무게감을 가진 위로부터의 귀족주의적 포퓰리즘과 친화성이 있다. 2012년은 진정성의 정치에서 진보와 보수가 대격돌하는 시대가 될 것이다.

필자가 구체적으로 던지는 질문들은 다음과 같다. 과연 과거 박근혜 현상을 폄하한 전략가들은 무엇을 정확히 못 본 것일까? 그들은 왜 못 보았을까? 진정성의 정치는 어떠한 시대적 맥락을 배경으로 하는가? 유권자들은 진정성의 정치를 통해 무엇을 욕망하는가? 민주화 이후 민주주의 시대는 이와 무슨 관련성이 있는가? 박근혜의 진정성 정치는 어떠한 유형으로 분류할 수 있는가? 진정성 정치는 정치의 발전인가 아니면 새로운 형태의 이미지 정치인가? 이질적 지지기반을 동시에 가진 정치인의 진정성 정치란 과연 지속가능한 것인가? 이 진정성의 정치가 향후 한국 정치에 주는 시사점은 무엇인가?

문제의식:
'진짜배기real thing'들의 등장?

◆

박근혜의 시대가 온다고? 독재자의 딸에다가 '수첩공주'가 무슨 대통령을? 2002년부터인가 정치 전략가들과 논쟁할 때 망신을 당하는 주제 중 하나가 박근혜론論이었다. 박근혜의 시대가 올 수 있다는 필자의 예견에 대해 몇 년간 한국 진보 지식인들은 천편일률적으로 냉소적 반응을 보였다. 필자는 더 이상 망신을 당하지 않기 위해 그쯤에서 논쟁을 멈추곤 했다.

하지만 2010년 말 현재 진보 논객들의 시각에는 어마어마한 변화가 생겼다. 이를 두고 격세지감이라 할만하다. 이제 더 이상 누구도 독재자의 딸이나 수첩공주론을 언급하지 않는다. 대신에 박근혜가 지속적으로 화두를 내놓는 복지국가론이나 민의와의 약속을 강조하며 세종시 수정 부결 투쟁을 선도한 것을 경악의 눈빛으로 지켜보고 있다. 심지어 신세대들이 마치 박근혜를 이영애와 같은 연예인인양 스타로 취급하는 것에도 아연해하고 있다. 진보 지식인들은 공히 만약 박근혜가 집권하게 되면 최소한 이명박 정부보다는 더 세련되고 더 두려운 대상이 될 것이라는 점에 의견의 일치를 보고 있다.

더 놀라운 것은 이러한 분위기 속에서 심지어 진보 일각의 전략가들은 사석에서 조심스럽게 이명박 보수진영에 대립되는 다른 하나의 축으로서, 중도로 이동하는 박근혜 진영과 개혁진영의 연합까지 거론하고 있다는 사실이다. 마치 과거 김대중, 김종필의 지역등권주의 연합을 떠올리게 하는 발상이 아닐 수 없다. 그 배경에는 현재의 정치지형으로는 2012년 대선에서 누구도 박근혜를 이길 수 없다는 비관론과 차라리 보수 정치인의 집권으로 한반도 해빙이 유리해질 수도 있다는 희망적 사고가 깔려 있다. 이는 마치 1987년에 상대적으로 진보적인 김대중이 군부진영보다는 차라리 온건한 김영삼 정부에서 개혁을 추진하기 더 쉬울 것이라는 담론을 펼쳤던 것을 연상시킨다. 하지만 과거의 담론이 개혁진영 후보 내의 비교였다면 현재의 담론은 개혁진영 후보와 소위 '독재자의 딸'로 불리는 보수 후보를 비교한다는 점에서 엄청난 차이가 있다고 할 수 있다.

이러한 개혁진영 내의 소위 '박근혜 현상'은 1987년 민주화 이후 처음 있는 놀라운 것이다. 지금까지 개혁진영들에게 보수 후보는 선의의 경쟁자라기보다는 '보수'라는 표현이 아까울 만큼 경멸과 적대감의 대상(꼴보수 혹은 수구)이었지, 놀라움과 기이함 나아가 두려움의 대상은 아니었다. 물론 과거 노태우 정부가 부동산 공개념과 북방외교를 통해 개혁진영을 놀라게 한 적이 있었지만 지금 '박근혜 현상' 정도로까지 진보진영에 충격을 준 것은 아니었다.

더구나 주목할 점은 민주화 이후 민주주의 시대라고 불리는 시점에서 왜 복고적으로 느껴지는 '박근혜 현상'이냐라는 점이다. 많은 개혁인사들은 그토록 경멸하던 이명박 정부가 퇴조해가고 있지만 이후 가장 당선 가능성이 높은 대통령 후보가 어처구니없게도 자신들이 증오하는 독재자의 딸이라는 사실에 경악을 금치 못하고 있다. 이들은 애써 그 이유를 개혁진영의 거물 후보가 부재하다는 데서 찾고 있다. 만약 제대로 된 거물 후보가 어느 날 나타난다면 이러한 신드롬은 하루아침에 붕괴될 것이라는 희망적 사고를 가지고 말이다.

그렇다면 민주화 이후 민주주의의 시대에서 박근혜 현상은 왜 나타났고 도대체 무엇을 의미하는가? 여러 가지 이유들이 있겠지만 이 글은 '진정성의 정치학'이라는 측면에 국한하고자 한다. 앞에서도 언급했듯이 정치에서 중요한 것은 그 정치인의 내면세계에 대한 측정이 아니라 시민들이 어떠한 개념으로 인지하는가이다. 예를 들어 미국의 레이건 보수 대통령이나 오바마 진보 대통령이 과연 진실한 사람인가에 대한 판단은 저마다 다를 수 있다. 즉, 진보적 성향의 사람은 레이건의 정치활동이 경박하고 진정성을 가장한 이익정치라고 평가하는 반면, 보수적 성향의 사람은 오바마의 정치활동이 진정성과 국가통합을 가장한 진보 이익을 추구하는 것이라 평가하는 경향이 있다. 하지만 이념적 호불호를 떠나서 누구도 부인하지 못하는 점은 이 두 정치인이 그들의 광범위한 지지자들에게는 시민의 눈높이에서 진정성을 가지고 정치를 추구하는 매력적인 정치인으로 인지되었다는 사실이다.

미국에서는 진정성을 가진 정치가에 대한 염원을 '진짜배기real thing'라고 표현한다. 1968년 정치 암살로 생을 마감하며 영원한 신화 속 주인공으로 남은 로버트 케네디나 오늘날 오바마 대통령 등이 그러한 신화적 계보에 속한다. 한국에서는 정치 사형으로 타살된 조봉암 진보당 당수나 자살로 생을 마감한 노무현 전 대통령 등이 이러한 진짜배기의 신화적 계보에 속한다.

개념적 프리즘:
진정성 정치의 문법

◆

영화 〈파이트 클럽〉의 진정성 정치학

"당신은 언제 자신의 존재감을 강하게 느끼는가? 백화점 명품관에서 멋진 브랜드의 옷을 입었을 때? 아니면 누군가가 나의 사회적 계층이나 직업의 이익을 잘 대변했을 때? 혹은 누군가로부터 소중한 대우와 존중을 받았을 때? 그도 아니면 누군가가 나의 고통을 진심으로 공감했을 때? 혹은 취미를 함께하는 동호회나 국민으로서 소속감을 느꼈을 때? 이 모든 것들도 아니라면 역설적으로 삶의 절망 속에서 면도날로 자해할 때 흐르는 피를 보면서?"

영화 〈파이트 클럽Fight Club〉에서 던지는 질문이다. 주인공은 자본주의 기업에서 일하는 노동자로, 무의미한 톱니바퀴 부속품 중 하나에 지나지 않는 인물이다. 그는 이케아 가구 브로슈어를 넘기며 쇼핑을 통해 자신의 존재감을 느끼려 하지만 이내 실망한다. 이어 그는 위로 그룹을 찾아간다. 위로 그룹이란 암 투병 환자나 자식을 교통사고로 잃은 부모 등 공통된 고통을 겪고 있는 이들이 만나 서로 위로하는 집단으로, 미국에서는 특히 이러한 모임이 발달해 있다. 주인공은 아무런 공통점도 없는 여러 개의 위로 그룹에 가짜로 참여하여 위로와 공감을 얻고 자신의 존재감을 회복하려 한다. 하지만 이것도 이내 시들해지고 만다. 결국 그는 파이트 클럽이라는 아마추어 격투기 클럽을 조직하게 된다. 그리고 이때부터 비로소 자신의 존재감을 강하게 느끼기 시작한다. 치고받는 육체적 격투, 나아가 공동체로서 삶을 같이하면서 자본주의 문명의 상징인 신용카드 회사 등을 테러하는 것으로 자기 존재감을 극대화한다.

이 영화에 등장하는 거대한 톱니바퀴 같은 기업과 영혼이 없는 상사, 명품 브랜드나 위로 그룹 등은 영혼이나 의미를 상실한 채 상품화되고 소외된 자본주의 문명의 상징적 표상이다. 영화는 위로 그룹처럼 표피적으로 치유하는 미국식 자본주의의 첨단을 압축적으로 보여주며, 주인공을 통해 명품 쇼핑 목록이 가득한 아파트와 신용카드 회사를 폭파한다. 이러한 테러는 바로 시장사회 문명에 대한 거부 행위를 상징적으로 표현한 것이다.

〈파이트 클럽〉에 대한 소개를 이처럼 장황하게 한 것은 폭력 미학을 예찬하기 위해서가 아니다. 어찌 보면 단순히 액션영화로 보이지만 이 영화는 사실 '정치란 무엇인가'라는 질문을 던지고 있다. 즉, 경박하고 표피적이고 상품화된 근대 자본주의 문명에서 소외된 개개인이 진정한 존재감을 느끼도록 하는 정치행위란 도대체 무엇인가를 묻고 있는 것이다. 소외, 인공성, 상품성 등은 진정성과는 상반된 단어다. 감독은 마치 니체나 키에르 케고르처럼 자신의 충실한 존재감을 만끽한 고대 사회(최소한 여성과 노예가 아닌 자들에게는 말이다)의 복고적 예찬자인양 진정성이 사라진 자본주의 인공 문명에 날카로운 칼날을 들이댄다. 감독의 이러한 급진적 시도는 사회주의 정치철학자인 지젝Slavoj Zizek의 열광적인 찬사를 불러왔다. 하지만 고대사회에 대한 복고적 향수와 남성적 육체의 향연이 과연 급진주의적인지 혹은 파시즘적인지에 관해서는 의문의 여지가 있다. 어쨌든 이 영화는 '정치란 무엇인가', 또한 '자본주의 문명과 존재감이란 무엇인가'에 대해 생각할 거리를 제공한다.

정치의 두 가지 접근: 다원주의 VS 합의주의

영화 〈파이트 클럽〉에서 보여주는 존재감의 정치, 진정성의 정치는 '정치란 무엇인가'에 대한 특수한 관점을 내포한다. 이는 우리가 교과서에서 배웠던 정치의 정의와는 사뭇 다르다. 정치는 두 가지 관점의 정의가 가능하다. 하나는 전통적인 미국 주류 정치학 교과서들이 선호하는 관점으로, 정치란 다양한 이익들 간의 합의를 추구하는 장이다. 이를 정치학에서는 다원주의라고 부른다. 이 관점에서 보면 정치가의 스타일이나 속성보다는 그가 어떻게 유권자의 이익을 대표하고 합의를 창출해내는지가 중요하다. 즉, 규범적 시사점은 정치란 정책적 경쟁을 통한 이익의 합의를 추구해야만 한다는 점이다.

또 다른 관점은 정치를 단지 이익 집약이나 합의를 넘어, 자기 존재와 가치를 표출하거나 인정받기 위한 쟁투의 장으로 간주하는 것이다. 한국에서 선풍적 인기를 끈 마이클 샌델Michael sandel 하버드대 교수는 '정치란 단지 이익의 합의가 아니라 공동체의 가치를 만들어가는 장'으로 보고 있다. 그는 고대 아테네 공동체의 시민들이 실현한 정치행위가 오늘날 일 년에 한 번 투표로 만족하는 현대인들의 정치행위보다 더 충실한 존재감을 느낄 수 있다고 본다. 아테네 공동체에서 개인의 자율성은 현대인처럼 충분하지는 않다. 하지만 공동체의 가치와 일에 적극적으로 참여하는 아테네인들이 현대인보다 더 의미 있는 삶을 누린다고 생각하는 것이다. 영화 〈파이트 클럽〉으로 비유하자면, 그저 이케아 쇼핑 목록을 뒤적이며 콜센터에 전화를 걸어대는 사람과 공통의 절대적 가치를 추구하며 헌신하는 파이트 클럽 공동체의 구성원 중 누가 더 충실한 존재감을 느끼는지 생각해볼 필요가 있다.

전자인 다원적 이익 집약의 관점에서 보면 소외, 존재감, 진정성 등의 표현은 현기증을 유발한다. 그들은 묻는다. 진정성의 실체는 무엇인가? 왜 정치가 그런 뉴에이지 그룹의 신비주의적 표현의 장이 되어야 하는가? 그것은 교회나 모스크 등 사적인 공간에서 추구해야 할 가치 아닌가? 더구나 멀티태스킹으로 표현될 만큼 사적으로 수많은 일에 시달리는 현대인들이 정치에서까지 그런 존재감을 느껴야 할 만큼 한가한가? 정치란, 바쁜 사람들의 이익을 대표로서 대신하고 이를 솜씨 있게 합의해주는 변호사나 보험처리원 같은 역할을 해야 하는 것 아닌가?

미국의 합의주의적 주류 정치학 교과서가 합의를 추구하는 양당의 정치에 전투적 칼날을 내세운 제3당 후보들에게 우호적이지 않은 것은 이유가 있다. 예를 들어 미네소타의 제시 벤추라Jesse Ventura라는 레슬러이자 개혁당 출신인 주지사는 정치학 주류 교과서에서 조롱의 대상이 되고 있다. 한국에서도 제3당들은 정상적인 정치 과정에서 일탈한 자들로 취급되곤 한다.

하지만 정반대로 후자의 관점에서 보면 존재감, 진정성이라는 개념은 이익을 중시하는 전자와 달리, 가치와 의미적 측면에서 중요하다. 이 관점에서는 이익과 합의 추구만을 특권화한 전자 스타일의 정치를 오히려 민주주의의 병리 현상을 야기하는 위험한 것으로 보고 있다. 마치 영화 〈파이트 클럽〉에서 무기력하고 지루한 문명이 결국은 파시즘적 테러 운동이라는 부산물을 야기하듯이 말이다.

정치 철학자 무페Chantal Mouffe는 하버마스Jurgen Habermas 류의 합의를 추구하는 정치가 정치의 적대적 본질과 인정 투쟁의 본질을 망각하고, 결국 이러한 속성은 제도권 바깥에서 병리적 운동으로 나타나게 된다고 지적한다. 그는 서구의 합의민주주의가 최고조에 도달한 시점에 아이러니하게도 퇴행적 파시즘 운동이 강하게 일어나는 징후를 예로 든다.

이 후자의 관점에 설 때 비로소 박근혜 현상을 깊이 있게 이해할 수 있다. 구체적인 정책의 상이 모호하고 신비주의적 태도를 취하고 있는데도 불구하고 대중의 인기를 얻고 있는 박근혜 현상을 한국의 많은 지식인들은 기이하게 본다. 이는 정치를 단지 정책의 조합으로만 이해하기 때문이다. 탈정치적 매니페스토manifesto(구체적인 예산과 추진 일정을 갖춘 선거 공약) 운동만을 이상적인 정치 형태로 보는 흐름이 가장 대표적인 시각이라 할 수 있다. '박근혜가 어떤 정책을 대표하는가'라는 질문도 중요하지만 '대중들은 박근혜를 통해 무엇을 욕망하는가'를 묻는 것도 매우 중요하다. 아니 한국에서는 후자가 오히려 더 결정적이다. 왜냐하면 한국 정치에서 정책의 표출이란 언제든지 뒤집을 수 있는 불완전한 속성이 특히 강하기 때문이다. 그러하기에 유권자들은 설문지에 정책이 중요하다고 답하면서도 인물에 투표하는 경향성이 강한 것이다.

이 후자는 정책학적 설명보다는 대중에 대한 정치심리학적 접근을 선호한다. 한국에서는 미국 학계의 영향을 강하게 받아서인지 정치심리학의 영역은 비과학적 혐의를 받으며 발전이 지체되고 있다. 일찍이

타계한 전인권 교수의 박정희론이 그의 내면적 정신세계를 파고든 정
치심리학적 접근의 예외적 결작으로 남아 있다. 박근혜 현상도 박정희
현상과 마찬가지로 정치심리학적 측면에서 심층적으로 접근해야 할
분야가 아닐 수 없다.

정치의 주기: 이익과 진정성의 진동

슐레진저James Rodney Schlesinger 같은 학자는 정치에 주기가 존재한다
고 지적한다. 그는 정치란 공익과 사익의 두 진자 속에서 움직인다고
본다. 이는 유권자들이 공공의 가치를 위해 투쟁하는 시기를 겪다가 피
로감이 생기면 자신의 사적 이익을 노골적으로 추구하는 정치로 전환
한다는 것을 뜻한다. 예를 들어 미국에서 프랭클린 루스벨트 이후 뉴
딜 정부의 시기는 공공성을 강화하고 문어발 기업의 사적 이익을 제한
한 시기다. 하지만 이후 트루먼, 존슨 정부 등을 거치면서 국가의 공적
기능 팽창에 대한 거부감, 피로감이 증대하면서 유권자 다수는 노골적
으로 사익과 효율성을 찬양한 레이건 보수 시대의 손을 들어주게 된다.
한국의 경우 노무현 정부가 공적 이상을 추구했던 시기라면 이명박 정
부는 이에 대한 피로감에서 반동이 시작된 시기라 할 수 있다. 이러한
공·사익의 주기론은 대체적으로 정치가 가진 주기적 특성을 표현하는
유용한 개념이다.

비슷한 방식으로 유권자가 자신의 이익과 정책을 대표하는 이익 정
치를 추구하는 시기와 자신과 공감하고 존재감을 표현하는 진정성 정
치를 추구하는 시기로 구분할 수도 있을 것이다. 이익 정치를 추구하는
유권자들은 이에 대한 피로감이 생기면 구체적 이익보다 자신의 존재

감을 충실히 드러낼 수 있는 인물을 갈망한다. 반대로 자신의 존재감을 표출하는 인물이 자신의 정책적 이익을 배반할 때 발생하는 피로감은 노골적 이익 정치로 전환된다. 미국의 경우 클린턴 정부는 미국 역대 정부 사상 최고 빈도의 여론조사를 통해 가공된 정책으로 유권자들을 만족시켰다. 이러한 노력은 결국 예상을 뒤엎고 여유 있는 1996년 재선 성공으로 나타나기도 했다. 이후 부통령 고어는 탁월한 정책 대통령 후보로서 등장했고, 유권자들은 정책 이슈 다수에서 민주당의 입장을 지지하며 민주당 진영의 기대감을 모았다. 하지만 결국 당선된 사람은 정책적으로 불리한 입장에 서 있던 조지 부시 후보였다. 왜냐하면 유권자들은 여론조사를 통해 인공적으로 가공된 맞춤형 정책의 대변보다 거칠지만 자신들과 공감할 수 있는 진정성 있는 후보를 원했기 때문이다. 비록 명문 부시 가문의 후계자이고 정책적으로도 부자를 대변했지만 부시 후보는 가공된 여론보다 자신의 진심을 담아 소탈하게 유권자들과 소통하는 이미지를 보여줌으로써 성공할 수 있었다.

　물론 정치가 반드시 이익에서 진정성으로, 진정성에서 이익으로 교체한다는 필연성을 주장하자는 것은 아니다. 다만 유권자들의 심리나 정치인들의 유형에는 이 두 가지에 대한 요구가 공존하며, 시대정신의 지배적 흐름과 인물의 특성에 따라 한쪽이 상대적 우위를 차지한다는 점을 지적할 뿐이다.

시간대의 다양성:
고대적이거나 포스트모던한 진정성 정치

영화 〈파이트 클럽〉은 자본주의 근대 문명의 인공성에 대한 진정성 정치의 반발이다. 마치 절대적인 가치나 충만한 존재감을 추구하는 듯한 남성 전사들의 근육질 공동체는 매우 복고적인 뉘앙스를 지닌다. 그런 점에서 이 영화의 시간대는 고대적 지향성을 가진 것으로 볼 수 있을 것이다.

그렇다면 진정성의 정치는 반드시 고대적인가? 진정성 정치는 때로는 복고적이거나 때로는 포스트모던한 지향성을 가진다는 점에서 다양한 시간성을 지닌다. 우선 복고적 지향성을 보자면 예를 들어 위대한 실존주의 철학자 키에르 케고르는 이미 선구적으로 포스트모던 시대에 대해 통찰한 바 있다. 그는 미디어 정치를 '책임성 없는 공중의 타락한 정치'로 강하게 비판한 바 있다. 고대 정치에 대한 바람은 이후 다양한 형태로 나타난다. 미국 근대 초기 프랑스 귀족 토크빌이나 영국 귀족 브라이스는 이미 위대함이 사라지고 이익 절충과 대중에 대한 아양이 판치는 미국 근대 정치의 가벼움을 강하게 비판했다. 브라이스는 '왜 위대한 남자는 미국에서 대통령이 될 수 없는가'라는 통렬한 문제

제기로 미국 근대 정치의 가벼움을 비판했다. 이후 혁신주의 시대 미국의 진보 정치가들은 이익 절충과 금권 정치에 맞서 진정성을 가진 서민의 정치 영웅들을 극적으로 드러냈다.

영화 〈스미스 씨 워싱턴에 가다Mr. Smith Goes to washington〉는 이에 대한 고전적 걸작이다. 미국의 저명한 지성인 대니얼 부어스틴Daniel J. Boorstein은 미디어의 이벤트를 '가짜 내지 의사擬似이벤트(pseudo-event, 대중이 아니라 기자를 상대하는 이벤트의 작위성을 지적)'라고 비판하면서 포스트모던한 이미지의 지배사회에 대한 강한 거부감을 드러내기도 한다. 원래 대중을 대상으로 하는 이벤트가 기자 몇 명을 상대로 한 이벤트로 전환되어 대중은 브라운관을 통해서만 정치인을 접한다는 점에서 가짜 내지는 의사 이벤트라고 보는 것이다.

어린 시절 아버지의 손을 잡고 서울 보라매공원에 밀집한 인파들 속에서 김영삼과 김대중의 사자후獅子吼를 지켜보던 추억은 이제 빛바랜 사진첩 속의 일이 되었다. 오늘날 청중들은 사전 협의된 규칙에 따른 세련된 스튜디오 속에서 연출된 이미지나 기자들의 취재를 통해서만 정치인을 접한다. 카메라가 비추지 않는 시간 동안, 정치인의 리얼리티한 모습은 우리에게 실재하지 않는다. 그런 점에서 김윤재 박사가 지적하듯이 1997년 대선 토론에서 김대중은 사전 토론 규칙을 지혜롭게 정한 덕분에 중간 중간 카메라가 상대 후보만을 비추는 동안 병약한 모습을 노출하지 않고 토론에 성공적으로 임할 수 있었다.

미국 네오콘 사상의 배경이 되는 정치철학자 레오 스트라우스Leo Strauss는 케네디의 이미지 정치에 강한 거부감을 표현하며 고대적 지향성을 가진 미국을 꿈꾸었다. 그는 소련보다 미국 체제가 우월한 이유가 근대 관료체제의 속성이 강한 소련과 달리 미국은 배심원 제도, 상원 등 고대적 흔적이 다행히도 남아 있기 때문이라고 보았다. 네오콘의 대부인 어빙 크리스톨Irving Kistol, 다니엘 벨Daniel Bell 등은 미국에서 근대적 엘리트라고 할 수 있는 교사, 정부관료 등의 신계급들이 헤게모니를 강화해나가는 것이 미국 사회를 근본적으로 병들게 할 것이라고 비관적인 화두를 던진 바 있다. 신계급의 영향력하에서 미국의 진보주의가 다양한 가치를 관용이라는 이름으로 용인하는 것에 네오콘은 큰 위기감을 표시했다. 네오콘에게 있어 진리가 여러 가지일 수 있다는 포스트모던한 불가지론은 이슬람의 근본주의 같은 병리적 사상 앞에서 스스로 무장해제를 하는 것에 지나지 않는다.

　네오콘이, 좌파가 아니라 중도주의자에 불과한 빌 클린턴에게 그토록 증오심을 보이고 탄핵을 추구한 것은 이러한 맥락에서만 이해할 수 있다. 클린턴은 미국 역사상 가장 본격적 의미의 포스트모던 대통령이라 할 수 있다. 그는 다중적 자아를 가지고 있으면서도 이에 갈등을 느끼지 않는다. 한편으로 성적 난봉꾼이면서 동시에 가족의 가치 아젠다를 자신의 가장 핵심 노선 중 하나로 추구했다. 그래서 보수주의자들은 클린턴을 정치적 카멜레온이나 '뺀질이slick willie'로 불렀다. 하지만 보수주의자들이 경악했듯이 미국 유권자 다수는 그러한 클린턴의 분열된 다중 자아를 책망하기보다는 수용하고 심지어 그의 3선을 갈망하기도 했다. 전통적인 중부 지역의 보수주의자인 밥 돌 상원의원은 가족의 가치를 최고의 이슈로 내걸고 클린턴의 재선에 도전했다가 커다란 격차로 클린턴에게 패배한 후 유권자들에게 강한 실망감과 혐오감을 표시한 바 있다. 이런 맥락에서 보수주의자들은 미국의 고귀한 절대적 가치인 가족의 가치 등이 냉소의 대상으로 전락하고 진정성을 가지고 추구해야 할 가치가 그저 이미지 정치의 소비 대상("나는 당신의 고통에 공감합니다"라는 그의 유명한 표현은 정치 광고의 카피로 소비되었다)으로 전락하는 것에 극도의 위기감을 가진 바 있다. 특히 체니 전 부통령 같은 보수주의자들은 절대적 가치를 추구하는 정치가 아니라 무의미한 여론조사와 미디어 정치에 의존하고 음악채널에서 자신의 속옷 색깔이나 밝히는 클린턴류 같은 리버럴의 경박하고 인공적 정치에 충격을 받았다. 그들은 미국에서 위대한 자는 대통령이 되기 어렵다는 브라이스류의 시각에 큰 공감을 표현한 바 있다. 지금까지 언급한 모든 경향들은 공통적으로 근대적, 혹은 포스트모던한 문명에 대한 고대적 진정성 정치의 반발이라 할 수 있다.

제레미 리프킨Jeremy Rifkin은 《공감의 시대*The Empathic Civilization*》에서 '21세기는 모든 시민들이 스스로 배우가 되어 연극적으로 살아가는 다중자아의 시대'라고 지적한다. 사실 과거 클린턴 시대는 포스트모던 초기에 불과하다. 그의 전성기에는 텔레비전 시대의 특징이 강했기 때문에 클린턴과 시청자가 일대일의 관계라는 착각 속에 빠지는 것이 가능했다. 그가 '나는 당신의 고통을 공감합니다'라고 달콤한 목소리로 속삭였지만, 사실 이는 '그림자 대화'에 불과하며 전혀 논리적이지 못한 카피이다. 왜냐하면 데이비드 플롯케David Plotke 교수의 지적처럼 그가 수백만 시청자 하나하나의 고통을 개별적으로 알 길이 없기 때문이다. 그런 점에서 리프킨의 지적처럼 어떤 의미에서는 병적이거나 심지어 환각으로 여겨져야 할 현상이지만 사람들은 자연스럽게 반응했다. 클린턴이 바로 자신과 대화하고 있다는 착각에 빠지면서 말이다. 이는 나의 딸이 〈슈퍼스타 K2〉를 보고 나서 '존박 오빠'라고 마치 이웃집 친구처럼 부르는 기이함과도 같은 원리다.

하지만 2010년은 텔레비전의 시대가 아니라 인터넷과 소셜미디어의 시대다. 이제 시청자들은 그저 수동적으로 반응하는 것이 아니라 자신의 페이스북이나 트위터를 통해 스스로 의사를 표현하고 직접 배우로 뛰어드는 능동적 다중이다. 리프킨의 지적처럼 리얼리티 텔레비전의 성공은 새로운 연극적 의식을 반영하는 현상이다. 그런 점에서 키에르 케고르나 니체의 관점을 계승한 후버트 드라이퍼스Hubert Dreyfus는 포스트모던한 인터넷 문명을 인간의 진정성, 진짜 존재감의 의미를 약화시키는 가짜 내지 의사 체험으로 강하게 비판하고 있다. 그는 익명성 등을 활용하여 다중 자아를 연기한다는 것이 전혀 해방적이지 않고, 오히려 병리적이거나 심지어 반문명적이라고 보는 셈이다.

이 포스트모던한 집단 연극의 시대는 우리의 주제와 관련하여 한 가지 고민거리를 던져준다. 리프킨은 그의 책에서 '인간이 본질적으로 연극을 하고 있다면, 어떻게 진정성이 성립할 수 있겠는가?'라는 매우 도발적인 질문을 던진다. 그리고 그 방식 중 한 가지는 실제 자신이 심층 연기를 통해 스스로 진짜처럼 믿는 것이라고 밝혔다. 이는 흔히 레이건이나 클린턴 반대파들이 두 정객政客을 해석하는 방식이다. 레이건에 대한 최고의 정치심리학 걸작인 《레이건, 영화Ronald Reagan, the Movie》를 쓴 마이클 로긴Michael Rogin 교수는 레이건이 스스로 '마초가이 클린트 이스트우드'라고 착각하며 정치를 했다고 흥미롭게 서술하고 있다. 반면에 보수파들은 클린턴은 서민을 끌어안고 같이 울었지만 자신까지도 속인 권모술수와 연기의 달인에 불과하다고 비판한다.

하지만 이러한 평가는 지나치게 극단적이고 냉소적인 정치비평이라 할 수 있다. 우리 모두가 연극의 시대에 살며 역할을 수행하는 배우라는 것이 반드시 권모술수를 의미하는 것은 아니다. 오히려 그것은 인간이 상대와 공감하기 위한 본능적이거나 전략적인 행위이기도 하다.

박근혜 현상이라는 주제와 관련하여 중요한 것은 이러한 냉소적이고 연극적인 시대야말로 역설적으로 진정성을 더욱 갈구하게 된다는 점이다. 리프킨은《공감의 시대》에서 다음과 같이 한탄한다.

"우리는 다양한 무대 장치와 각본 사이를 이리저리 헤쳐 가며 계속 새로운 역할을 바꿔 맡을 수밖에 없다. 그 속도가 너무 빠르고, 당면한 경험과 관계는 수명도 짧고 계속 변하기 때문에 자칫하면 미로에서 우리 자신을 잃을 위험도 있다."

마치 인터넷 문명이 역설적이게도 땅바닥을 밟는 올레의 가치, 아날로그 전통의 가치를 부활시키듯이 집단연극의 시대는 오늘날 유권자들로 하여금 진정성의 체험을 강렬히 갈구하게 한다. 이는 그저 전통으로 복귀하는 것 같지만 사실은 매우 포스트모던한 현상이라 할 수 있다. 즉, 다중 정체성의 현기증 나는 포스트모던한 시대가 만든 복고적 현상인 셈이다. 이는 마치 네그리Antonio Negri가 이슬람 근본주의자의 부흥을 전통주의 현상이 아니라 절대적 가치가 결여된 포스트모던 시대에 대한 반동이라는 점에서 지극히 포스트모던한 현상이라 부르는 것과도 상통한다. 흔히 진정성의 정치를 단지 과거 독재자에 대한 향수로만 파악하는 교조적 좌파의 인식은 그런 점에서 표피적이다.

때로는 진정성의 정치는 근대문명에 대한 복고라기보다는 포스트모던한 반발로(근대 문명을 넘어 탈근대를 지향하는 운동) 나타나기도 한다. 1960년대 미국의 신좌파 운동은 진정성과 참여 민주주의라는 두 가지 정치적 목표를 강하게 내세운 바 있다.《진정성의 정치The Politics of Authenticity》의 저자 로시나우D. Rossinow에 따르면, 이들은 근대정치가 인간 존재의 의미를 상실했다고 주장하며 뉴에이지 경향에 치우치기도 했다.

관습적 견해와 달리 이들 신좌파 세력들은 당시의 양극화나 물질적 결핍에 대한 분노에 의해 추동된 것이 아니었다. 오히려 당시 미국은 근대적 문명이 이루어놓은 성과로 냉장고와 자동차, 텔레비전의 풍요를 만끽했다. 당시 신좌파 운동은 물질주의 결핍이 아니라 오히려 근대 문명이 만들어낸 과잉, 그로 인한 소외에 대한 도전이라 할 수 있다. 그들은 그 반작용으로 포스트모던한 탈물질주의적 가치를 추구했다. 미국 진보파의 진정성 신화인 로버트 케네디는 제도권 정치 내에서도 이러한 신좌파의 문제의식이 일부 투영되었다는 것을 잘 보여준다. 진짜배기로 불린 그는 경제성장의 표면적 지표가 아니라 진정한 삶의 질과 영성을 주장한 선구적이고 탈근대적인 정치가로 평가할 수 있다. 케네디의 관점은 오늘날 오바마가 추구하는 삶의 질을 높이는 정치, 영성의 정치로 이어졌다. 그런 점에서 오바마도 탈근대적 진정성 정치의 계보에 속한다. 심지어 흔히 진정성보다는 정책주의 정치의 대표적 인사인 힐러리도 한때 탈근대적 정치에 심취한 적이 있다. 힐러리는 '의미의 정치'를 추구한 마이클 레너Michael Lerner라는 유태인 랍비의 영향을 강하게 받았고, 이러한 주장을 연설문에 반영하기도 했다. 하지만 이는 진정성이나 의미의 정치를 냉소적으로 바라보는 당시 주류 진보 엘리트 언론인의 조롱을 받으며 소극으로 그치고 말았다. 오늘날 한국의 진보 정당 일각에서 나타나는 생태주의 좌파 운동은 바로 미국 포스트모던한 신좌파 운동과 궤를 같이한다.

진정성 정치의 두 가지 버전:
진보와 보수

진정성의 정치란 보수와 진보 두 버전이 다 존재한다. 부어스틴의 문제 제기가 보수적이라면 신좌파 그룹의 진정성 정치는 진보적이다. 같은 진보나 보수 내에서도 어떤 이들은 이익의 정치에 더 가깝고 어떤 이들은 진정성의 정치에 더 가깝다. 진보진영 내에서 고어, 케리 등은 이익의 정치 스타일을 잘 드러낸다. 반면 케네디나 오바마는 진정성 정치를 잘 표현한다. 보수진영 내에서 부시 1세나 닉슨은 이익의 정치를 대표한다. 반면 부시 2세나 레이건은 진정성의 정치를 표현한다. 레이건의 대중적 보수주의가 강한 매력을 가졌던 이유는 단지 그의 할리우드 배우 기질이나 매력적인 미소에만 있지 않다. 당시 유권자는 '잃어버린' 단란한 가족 공동체의 복원을 주장하는 레이건의 '가족의 가치' 캠페인에 열광했다. 물론 레이건이 묘사한 이상적인 가족 모델이 현실 속에는 별로 존재하지 않았지만 대중들은 이를 신화라기보다는 현실로 받아들였고, 반대로 진보 후보는 이러한 달콤한 꿈을 방해하는 방종과 무질서의 상징으로 인식되었다.

오바마 대통령은 로버트 케네디류의 진짜배기를 염원한 미국 진보

정치의 복원이라 할 수 있다. 하지만 태풍 같았던 오바마 현상에 가려져 마찬가지로 중요한 진정성 정치의 또 다른 버전을 놓쳐서는 안 된다. 오바마가 진정성 정치의 진보적 버전이라면 매케인은 보수적 버전이라 할 수 있다. 그는 진정성 정치의 거물인 루스벨트 보수 대통령 이래 수십 년 만에 진짜배기로 받아들여졌다. 결국은 대선에서 실정을 거듭한 부시 대통령의 적자 취급을 받아 패배했지만 매케인은 매우 흥미로운 개혁적 보수 후보였다. 진보도 그의 진정성을 인정하여 2004년에는 민주당 부통령 후보로까지 거론되기도 했다. 그는 극우적 국가안보주의자와 개혁적 젊은이들에게 동시에 열광적으로 수용되는 기이한 후보였다. 그는 이익이나 금권 정치가 아니라 루스벨트가 이루었던 위대한 보수 국가를 꿈꾸었다는 점에서 위대한 아버지 박정희의 계승을 꿈꾸는 박근혜와 매우 유사하다.

이러한 다양한 시간대와 이념적 스펙트럼 사이에서 박근혜의 좌표는 어디인가? 물론 이념적 스펙트럼이라는 점에서 구분은 쉽다. 박근혜의 좌표는 보수적 진정성 정치에 속한다. 하지만 시간대로 보면 매우 복합적이다. 공통적인 것은 복고적 경향을 가진다는 점이다. 박정희 대통령이 꿈꾸었던 위대한 국가의 계승이 정치인으로서 존재 이유라는 점에서나 마치 토지의 서희를 연상시키는 귀족적 품위와 단아함을 가진 스타일이라는 점에서도 그러하다.

그런데 박근혜를 바라보는 유권자들의 시선은 결코 단순한 하나의 시간대로 환원되지 않는다. 박근혜는 위대한 국가를 만드려 한 아버지의 꿈으로 복귀하자는 의미에서는 복고적이다. 하지만 다른 한편으로 신자유주의를 넘어선 21세기 규율자본주의와 복지국가를 꿈꾼다는 점에서 포스트모던하다고 볼 수 있다.

박근혜를 바라보는 시선도 다중적이다. 나이든 세대들은 그녀에게서 과거 박정희와 육영수, 자신들의 처절한 '잘 살아보세'의 삶을 본다. 젊은 세대는 마치 다이애나 황태자비나 드라마 〈궁〉을 보듯이 그녀의 이미지를 포스트모던하게 소비한다. 마치 체 게바라 티셔츠를 입은 신세대에게 게바라는 처절한 혁명의 표상이 아니라 쿨한 이미지의 아이콘이듯이 그들에게 박근혜는 처절한 근대화의 표상이 아니라 정치계의 이영애와 다르지 않다.

독재자의 딸과 '박근혜'표 진정성 정치

왜 민주화 이후 민주주의 단계에서 뉴요커 같은 세련된 보수주의 스타일의 오세훈이나 민주화 인사 출신인 김문수가 아니라 소위 독재자의 딸인 '박근혜 현상'인가?

이 질문에 답하기 전에 박근혜 현상 이전에 노무현 현상이 있었음을 기억할 필요가 있다. 1980년대 미국의 진정성 정치를 1960년대 신좌파 운동이 촉발시킨 것처럼, 한국에서도 노무현의 진정성 정치는 박근혜 현상에 선행한다. 당시 노무현은 김대중 정부에 대한 안티 테제였다. 김대중은 진정성 정치의 스타일이라기보다는 정책주의 기질이 강한 현실주의 정치인으로 분류될 수 있다. 정치적 계산과 현실적 진보의 구현에 능한 그는 집권을 위해 불가피하게 보수 분파인 김종필계와 지역등권주의 연합을 이룬 바 있다. 하지만 집권 후 민주 정부에 대한 시민들의 기대는 보수와 자유주의 지역연합의 불안정성, 보수 독점 언론에 포위된 소수파 정부의 한계, IMF 위기 상황에서 집권한 이후 보수적 경향의 노선을 채택함으로써 생긴 부작용, 집권 경험의 일천함과 부패 스캔들 등 다양한 요인이 겹치면서 크게 추락했다.

이렇게 시민들의 기대가 저하된 시기에 등장한 노무현은 국민 경선을 통해 여의도 정치인이 아니라 가치와 의미를 추구하는 국민 후보로 자리매김하면서 집권에 성공할 수 있었다. 당시 노무현의 눈물, 청소부 정치 광고 등은 진정성을 가진 정치인을 가장 극적으로 표현했으며, 정치공학적이고 특권층을 대변하는 듯한 이미지를 가진 이회창과 선명히 대비되었다. 당시 개혁진영은 노무현의 진정성 정치에 열광적으로 반응하며 진짜배기의 등장에 큰 기대감을 표현했다. 반면 보수진영은 마치 미국의 레오 스트라우스와 같은 보수주의자들처럼 미디어를 탁월하게 이용하며 진정성이 있는 척하는 이미지 정치의 등장에 혐오감을 표시했다. 다수의 정치학자들도 정당 간의 정책 대결보다는 노풍으로 상징되는 아래로부터의 바람, 각 후보들이 시민들과 공감력을 가진 스타일인지가 강조되는 것에 불편해했다.

흥미로운 점은 집권 이후에도 진정성의 정치가 지속되었다는 사실이다. 하지만 후보 시절과 달리 이는 역풍으로 작용했다. 이는 미국의 경우와 비교될 수 있다. 진정성의 정치를 추구했던 레이건이나 클린턴의 경우 집권 이후에는 빈번한 여론조사를 통해 맞춤형 정책을 강조했다. 반면 노무현 전 대통령은 국가의 미래를 위한 자신의 진정성을 강조하고 이를 설득하고자 했다. 하지만 이는 국민과의 소통으로 수용되기보다는 오히려 오만으로 비추어지거나 혹은 지지기반을 배반하는 것으로 받아들여졌다. 보수진영은 진정성을 강조하는 화려한 수사에 강한 불신감을 표시했고, 진보진영은 대통령의 진정성과 배치되는 정책(부동산 폭등에 대한 보수적 접근)은 물론 자신들의 입장과 다른 국가의 미래 아젠다(예를 들어 한미 FTA, 대연정)에 강한 불만을 표시했다.

결국 이명박의 등장은 노무현식 진정성 정치에 대한 강한 피로감으로 해석될 수 있다. 이명박이 강조한 정치적 핵심은 진정성이 아니라 실행력이었다. 이명박은 청계천, 버스 공영제의 성공적인 실행력을 자산으로 하여 진정성에 대한 피로감으로 지쳐 있는 중도적 유권자를 효과적으로 공략했다. 유권자들은 이명박의 진정성 여부에는 전혀 관심을 두지 않았다. 더 중요한 것은 그가 실행력을 보일 수 있는지의 여부였다. 이 점에서 도덕 정치를 내세운 박근혜는 기본적으로 불리한 프레임하에서 당내 경선을 벌어야 했다. 비록 당내 보수 주류 후보였고, 신뢰성도 더 높았지만 실행과 실용이라는 시대정신에 더 적합한 후보는 아니었다.

하지만 이명박의 실행 정치는 집권 이후 얼마 되지 않아 어마어마한 역풍을 불러왔다. 광우병 파동은 국가와 시민에 대한 진정성보다 시장 경쟁과 효율성을 강조하는 이명박식 실행이 어떤 의미를 지니고 있는지 생생하게 보여주었다. 이후 이명박 정부는 국내 정치에서 정치적 공학에 기초하여 행동하거나 빈번하게 약속을 번복했고, 일부 특권층만을 대변하는 인상을 주면서 신뢰를 크게 상실했다. 반면 박근혜는 광우병 파동과 세종시 등의 이슈에서 모호하지만 국민과의 약속, 신뢰를 강조하며 차별화된 행보를 이어갔다.

노무현, 김대중 두 전직 대통령의 서거는 한국 사회에서 진정성 정치가 다시 부활하는 분기점이 되었다고 평가할 수 있다. 그토록 인기가 없었던 노무현 전 대통령은 이명박 정부와 비교되면서 진정성 있는 정치인으로 재평가받기 시작했다. 이후 진정성의 시대라 할 만한 문화적 현상들이 강한 징후를 드러냈다. 〈제빵왕 김탁구〉, 〈대물〉, 〈슈퍼스타 K2〉, 〈프로젝트 런웨이〉, 〈무한도전〉, 〈남자의 자격〉 등 대폭발을 일으킨 드라마와 방송 프로그램들의 공통된 키워드는 진정성 혹은 '레알(리얼의 네티즌 표현)'이었다. 정치 공학과 인공적 기획, 경박함, 다중 정체성 연기에 지친 시민들은 포스트모던 시대의 진정성 정치를 만들어가고 있다.

아이러니한 것은 두 진보 대통령의 서거가 진정성 정치를 부활시키는 계기가 되었지만 가장 크게 부각된 사람은 진보 정치인이 아니라 박근혜였다는 점이다. 현재 네티즌 사이에서 가장 인기 있는 정치인의 트위터나 블로그가 흔히 젊은 층에게 어필하는 진보 정치인인 노회찬이나 이정희가 아니라 박근혜라는 사실은 전례 없는 현상이 아닐 수 없다. 한국 리더십센터의 네티즌 조사에서 가장 신뢰하는 정치인으로 민주당의 한명숙이나 손학규가 아니라 박근혜가 꼽힌 것도 매우 상징적이다. 더구나 이러한 보수 후보의 약진은 최근 설문조사에서 놀라운 결과로 나타나고 있다. 즉, 야권 단일화가 된다면 70%의 유권자가 야권에 투표하겠다고 응답했고, 한나라당을 지지하지 않는다고 밝힌 유권자는 과반수가 넘었다. 하지만 박근혜는 아주 오랫동안 부동의 1위를 고수하고 있다.

현재까지 추이로만 보면 이제 노무현의 진정성 정치 시대에서 박근혜의 진정성 정치 시대가 된 것이다. 과연 박근혜의 진정성 정치가 집권당에 대한 견제와 진보적 아젠다의 분위기가 강화되고 있는 시대적 흐름 속에서 집권으로까지 이어질 수 있을지 흥미롭게 지켜볼 필요가 있다.

진정성의 화법:
귀족적 포퓰리스트

한국이나 미국의 대통령 선거 정치문법은 누가 상대를 특권층의 대변자로 낙인찍는 것에 성공하는가 하는 포퓰리즘populism이 강하게 작동한다. 여기에서 포퓰리즘이란 흔히 언론에서 '병리적 인기영합 전술'이라 왜곡하지만, 학문적으로는 특권층과 대립하는 진영의 대변자임을 자처하는 전술을 의미한다. 시민주권을 강조하는 민주주의 시대에 특권층을 공격하는 포퓰리즘 전술은 이념을 떠나 미국과 한국의 대통령 선거에서 가장 인기 있는 메뉴다.

정치공학이 아니라 국가나 시민을 위한 진심을 강조하는 진정성 정치는 자연스럽게 권력이나 정치공학을 강조하는 이들과 대립하며 포퓰리즘 전술과 수렴된다. 과거 개혁진영의 노무현은 여의도 정치세력과 달리 자신을 국민후보로 자리매김하면서 당내 경선은 물론 한나라당 후보까지 누를 수 있었다.

당시 당내 경선에서 비슷한 진정성의 정치를 표방하는 유형으로는 김근태가 있었다. 그는 정치권력보다는 진보를 위한 운동으로써 정치를 추구해왔다. 하지만 김근태의 진정성 정치는 현대 미디어 정치와 잘 어울리지 못했다. 국민 속에서 기성 정치와 불공정 사회에 대한 분노를 적극적으로 표현했던 노무현에 비해 그는 매우 지성주의적 캠페인을 전개했다. 1968년 미국의 당내 경선에 비유하자면 노무현이 열정주의적 로버트 케네디의 신화적 캠페인과 유사하다면 김근태는 지성주의적 멕카시Eugene McCarthy의 실패한 경선과 흡사하다. 이는 곧 진정성의 정치는 포퓰리즘과 적절히 결합했을 때 성공할 수 있음을 시사한다. 당시 한나라당 이회창 진영은 미국 공화당이 내세운 '국민과의 계약'이라는 담론을 빌어 자신을 국민후보로 정립하고자 했다. 하지만 '계약'이라는 미국적 표현이 한국적 성향에 걸맞지 않았음은 물론, 당시 이회창은 특권층을 대변하는 이미지에서 벗어나지 못했다.

반면 박근혜는 진정성의 정치와 포퓰리즘이 잘 융합되고 있다. 박근혜가 정치적으로 성장한 핵심 계기는 바로 여의도 정치와 대립되는 시민 정치인으로서 각인되면서부터다. 박근혜는 2004년 탄핵정국으로 인해 몰락하기 직전에 놓인 한나라당의 대표로 취임하여 첫날 천막당사도 정치무대를 옮기며 당이 거듭날 때까지 그곳을 떠나지 않겠다는 굳은 결의를 보인 바 있다. 그리고 같은 날 명동성당에서 고해성사 후 조계사를 방문해 108배 참회를 하며 자신의 진정성을 강하게 각인시키고자 했다.[1] 심지어 평소 냉정한 이미지와는 달리 정당방송 연설 중 눈물을 흘리며 자신의 진정성을 전달하고자 했다.

이명박 정부가 수립된 이후 세종시 수정안을 둘러싼 투쟁은 박근혜가 다시 한 번 국민의 정치가로 각인된 계기라 할 수 있다. 물론 앞 장에서 이철희가 지적한 것처럼 세종시 수정안에 대한 투쟁은 박근혜로

---

1 하상복 (2007),《대통령 후보 리더십 청문회》, 부키.

서는 보수층의 지지세가 약화되는 위험스러운 순간이 아닐 수 없었다. 하지만 동시에 정치공학보다는 국민과의 약속을 지키는 정치가로서 이미지를 구축할 수 있었다. 이는 마치 이회창이 실패한 국민과의 계약 캠페인을, 박근혜는 자신만의 방식으로 성공시켰다고 평가할 수 있을 것이다. 이러한 노력들로 인해 박근혜는 모든 설문조사에서 신뢰감을 주는 정치인으로서 정상을 누리고 있다.

박근혜가 일관되게 자신의 진정성을 강조하는 핵심은 아버지가 가졌던 큰 국가에 대한 꿈이다. 바로 그 이유 때문에 정혜신 박사는 박근혜를 아버지의 세계에 몰입하는 경향을 가진 부성 콤플렉스에 갇힌 사람으로 규정하기도 했다.[2] 하지만 대한민국 시민 다수가 가장 존경하는 대통령으로 꼽고 있는 박정희 전 대통령의 꿈은 영원히 한국 정치 문법에 등장하는 중요한 담론이다. 이 담론은 박근혜의 주요 발언에서 절대로 빠지지 않는다. 이는 1990년 2월 7일 연설에서 '국가에 대해 품으셨던 그 원대한 꿈, 그 꿈을 이루기 위해 피땀 흘리시던 노고'라는 말로 요약된다. 박근혜는 또한 2006년 11월 14일 박정희 탄신 숭모제 때 구미 생가에 방문하여 "아버지라면 과연 어떻게 대처했을까 항상 생각해본다"고 자기 내면세계의 일단을 밝힌 바 있다.[3] 정치 입문 계기가 된 1998년 보궐선거에서 "아버님이 못 다 이룬 뜻을 이루기 위해 작은 힘이나마 보태겠습니다"라는 발언도 박근혜가 즐겨 쓰는 어법이다.[4]

흥미로운 점은 정치공학이 아닌 가치와 진정성을 강조하는 공통된

---

2 정혜신 (2005),《사람 VS 사람》, 개마고원.
3 김경은 (2006), "특집: 대중 인기 높지만 행정경험 전무", 〈위클리경향〉.
4 이하원 (2005), "퍼스낼리티를 알면 대권이 보인다", 〈주간조선〉.

포퓰리스트인 노무현 전 대통령과의 스타일 차이다. 박근혜는 노무현이나 클린턴 스타일의 화려한 수식어, 친근감보다 절제된 단순함과 단아함, 무게감을 표출한다. 마치 한편의 하이쿠 시를 보는 것 같다. 정치테러를 당한 직후 유명한 발언인 "대전은요?"라는 한마디 말과 정치적 오버를 절제할 것을 당에 주문한 것, 극히 민감한 광우병 정국에서 "재협상이 필요하면 재협상을 해야 한다"는 발언은 박근혜의 스타일을 잘 보여준다. 박근혜의 이러한 스타일은 보수인사들에게 강한 매력요소로 작용한다. 보수적 잡지인 〈한국논단〉의 한 언론인은 이를 다음과 같이 표현한다.

"형용사와 부사를 적절히 쓸 줄 모르는 걸 보면 학창시절 국어 공부를 열심히 하지 않은 것 같다. 그래도 수식어를 너무 잘 사용하는 노무현 대통령보다는 믿음직스럽다. (…) 어눌한 말 속에 천금의 무게가 있다."[5]

비슷한 방식으로 박근혜의 지지자들은 지지 이유에 대해 다음과 같은 표현들을 열거하고 있다.

"박근혜는 말에 군더더기가 없다. 누구나 쉽게 알아들으므로 말 바꿈의 여지도 없다. 높낮이가 없어 대중을 휘어잡지 않는다. 다만 가는 방향이 뚜렷하다. 조용히 스며드는 물과 같다. 믿음은 거기서 생긴다."[6]

---

5 조홍래 (2006), "박근혜의 눈물", 〈한국논단〉, 200호.
6 강준만 (1999), "박근혜: 아버지를 위하여", 〈인물과 사상〉, 13호.

"정치를 혐오하는 사람들은 정치인은 입만 열면 거짓말을 한다고 믿는다. 거기에 반해 말을 무척 아끼는 박근혜의 신중함은 미래의 불확실성으로 불안감에 젖어 있는 국민에게 위로와 신뢰를 준다."[7]

"박근혜는 진솔하고 헌신적이고 경망함이 없고 허영이 없다. 인간적인 면이 몸에 배어 있다."[8]

박근혜의 이러한 스타일은 노무현이나 로버트 케네디처럼 서민 포퓰리스트 성향의 진보 정치인과도 다르면서 사라 패일린, 패트릭 부캐넌 등 강경보수적인 열정적 포퓰리스트들과도 다르다.

오히려 그녀는 귀족주의적 상원의원의 느낌을 준다. 멀리 거슬러 올라가자면, 마치 고대 로마의 호민관인 그라쿠스 형제가 노무현 전 대통령과 유사하다면 박근혜는 보수 공화주의 귀족인 키케로와 비슷하다. 오늘날로 보면 귀족주의적 보수주의자인 엘리자베스 돌, 그리고 아르헨티나의 퍼스트레이디이자 포퓰리스트인 에비타와도 비교될 수 있다.

이러한 귀족주의적 품위를 가진 포퓰리즘은 클린턴이나 노무현과 달리 일종의 거리감aloofness을 견지한다. 2004년 강헌 음악평론가는 박근혜를 성모 마리아 이미지에 비유한 적이 있다. 이 책에서 김헌태 역시 비슷하게 박근혜를 성녀나 영국 왕족의 공감 정치와 비교하고 있다. 그들은 고귀하지만 우리 가운데 있지 않다고 지적한다. 그들의 공

---

7 강준만 (1999), "박근혜: 아버지를 위하여", 〈인물과 사상〉, 13호.
8 허만섭 (2010), "박근혜의 성격 입체 분석", 〈신동아〉, 610호.

통점은 일종의 거리두기가 오히려 대중들의 흠모와 동경을 유발한다
는 사실이다.

　이러한 거리두기는 한편으로 동경을 유발하지만 경쟁 정치가들의
공감 정치가 강화되면 단점으로도 작용한다. 오늘날 미디어 정치에서
대중들은 자신들과 소줏집에서 소주를 기울이거나 같이 소파에서 축
구를 시청할 수 있는 이를 원한다. 그런 견지에서 한 보수적 언론인은
다음과 같이 지적한다.

> "제발 실수를 좀 했으면 좋겠다. 그래서 언론의 질타도 받고 집권당 대
> 변인에게 논평거리도 제공하고 치고받는 과정에서 정도 들고 인간미도
> 묻어난다. 언제나 모범생 같은 분위기여서 재미가 없다. 지도자는 국민
> 에게 엔터테인먼트를 제공해야 한다."[9]

스스로도 그러한 단점을 잘 알고 있어서인지 최근 박근혜는 유머나 다
양한 인상을 인터넷에 공개함으로써 화젯거리를 제공한다. 박근혜는
김근태나 맥카시의 진정성 정치가 현대 미디어 정치에 걸맞지 않음을
잘 알고 있는 것이다. 하지만 엔터테인먼트를 제공하면서도 동시에 품
위와 절제력, 신비감을 동시에 유지해야 하는 어려운 균형의 과제가 기
다리고 있는 셈이다.

---

9 조홍래 (2006), "박근혜의 눈물", 〈한국논단〉, 200호.

진정성 정치를 향한 박근혜의 도전

진정성 포퓰리즘 정치의 대립물로 정치공학, 거짓말, 권력욕, 특권층 같은 단어를 들 수 있다. 예를 들어 진정성 포퓰리즘 정치의 노무현 전 대통령은 정치공학적 목적으로 김영삼 전 대통령을 찾아간 인상을 주는 바람에 후보 시절 지지율의 추락을 경험한 바 있다. 따뜻한 미소의 시민정치가 이미지를 가진 미국의 레이건 대통령은 이란 콘트라 스캔들에서 명백한 거짓말이 탄로 나면서 진정성의 이미지에 치명상을 입은 바 있다. 반면 애초부터 진정성보다 실행력이나 유권자를 위한 정책 능력이 강조된 이명박 대통령이나 클린턴 전 대통령은 수많은 도덕적 스캔들에도 불구하고 치명상을 입지는 않았다. 그들의 아킬레스건은 실행력이나 정책능력 문제이다.

그러한 점에서 박근혜의 진정성 정치를 향한 도전은 정치공학적 계산법의 이미지가 부과되는 것이다. 정치 신인이 아니라 이미 당 대표까지 역임한 박근혜의 도전과제는 쉽지 않다. 박근혜는 탄핵정국에서 강경한 보수 정체성을 세움으로써 정치 입문에 성공한 바 있다. 그리고 스탠퍼드대 연설 이후에는 신자유주의 비판의 선봉에 서 있다. 이는 이후 치열한 정책 검증이 시작되면서 박근혜의 진정성이 무엇이냐에 대한 도전으로 작용한다. 박근혜는 1990년 연설에서 다음과 같이 주장한 바 있다.

> "이제 우리는 고성장의 길로 다시 나아가야 합니다. (…) 저와 한나라당은 성장동력을 키우기 위해 가능한 모든 방법을 총동원하는 경제정책으로 나아가겠습니다. 이를 위해 기업 규제 개혁과 감세, 소득 재분배의 효과를 갖는 복지도 중요하지만, 복지는 인위적인 증세가 아니라 성장을 통한 부의 확산에 기초해야 (…)."

하지만 박근혜는 2009년 스탠퍼드대 강연에서 "경제 발전의 최종 목표는 소외계층을 포함한 모든 국민이 함께 참여하는 공동체의 행복 공유"에 있다며, 마치 오바마 대통령처럼 연설하여 보수층을 놀라게 했다. 이어 2009년 9월에는 "우리의 궁극적 꿈은 복지국가 건설"이며, 2010년 6월에는 "경제정책 운용의 주안점을 성장률뿐 아니라 서민과 젊은 층에 도움이 되는 데 두어야 한다"고 주장하였다.[10]

이러한 박근혜의 변화된 행보는 정치공학적으로 해석될 여지가 크다. 앞으로 대선게임이 치열해지면서 더욱 거센 검증의 바다가 기다리고 있다. 이미 일부 논객들은 박근혜의 정책적 모순을 예리하게 지적하기 시작했다. 예를 들어 진보 언론인인 김종배는 10월 28일 〈프레시안〉 칼럼에서 "2007년 5월 '줄·푸·세' 공약을 강조한 박근혜와 오늘날 박근혜의 모순"을 묻고 있다. 그리고 진보 언론 일각에서는 4대강에 대한

---

10 이철희, "박근혜의 힘을 낳는 정치구도와 전략", 1장, p.45.

박근혜의 입장 표명을 압박하고 있다.

　이후 대선전이 본격화되면 당내 경선에서 명확한 정책 입장을 표명해야 하는 과제도 박근혜의 진정성 정치에 걸림돌이 될 것이다. 이 책에서 이철희가 지적한 것처럼 흔히 당내 경선은 보수지지층을 겨냥한 강경보수층이 주도하게 되어 있다. 만약 경선에서 보수적 입장을 선명히 할 것을 강요받는다면 이후 본선에서 입장 선회로 인해 진정성 이미지에 상처를 입게 될 수 있다. 반면 이명박 정부 시대에 진보화의 물결이 유행이 된 반대 정당들은 비교적 당내 경선에서 상처를 덜 받을 수 있는 유리한 조건에 놓여 있다.

　또한 이 책에서 정한울이 지적한 것처럼 유권자들 속 양극화 완화, 삶의 질 등의 이슈가 강조되는 것도 이후 진정성 정치에 걸림돌이 된다. 이러한 이슈들은 진보 정치인이 강조하기에 유리하다. 마치 미국의 진정성 정치를 추구한 매케인이 대 경제위기와 경제적 양극화의 심화 속에서 특권층의 후보로 몰리면서 큰 상처를 입었듯이 박근혜에게도 비슷한 운명이 기다리고 있다. 박근혜가 진정성 정치를 성공적으로 전개했지만 경제 이슈에서 치명상을 입은 매케인의 처지가 될지 아니면 정책 이슈 대부분에서 불리하지만 인간적인 매력으로 성공한 부시 2세의 처지가 될지 귀추가 주목된다.

　박근혜의 지지기반 특성도 이후 진정성 정치의 걸림돌이 된다. 이 책에서 김헌태에 따르면 박근혜의 지지층은 지역적으로는 대구·경북과 부산·영남을 기반으로 한다. 그리고 50세 이상의 고연령, 저학력, 농임어업 종사자, 주부 등에서 지지도가 높다. 이처럼 강고한 지지기반 속에서 박근혜에 대한 지지세는 마치 오바마의 후보 시절 집회를 보는 것 같다. 당시 일각에서는 오바마의 정치 집회를 종교적 부흥성회에 비유하기도 했다. 마찬가지로 박근혜의 집회에 대해서도 다음과 같은 평들이 신화처럼 존재한다.

> "원고를 줄줄 읽어 나가는 단조로운 그녀의 연설이 끝나면 청중들이 우르르 단상으로 몰려들고 그녀의 모습만 보고도 눈물을 흘리는 이 종교 집회를 방불케 하는 신드롬의 정체는 단순히 박정희 향수로만 설명할 수 없는 부분이 있는 것 아니냐는 말도 있었다."[11]

이러한 열렬한 지지세는 큰 국가에 대한 박근혜의 꿈과 진심을 지지자들이 자신의 꿈과 일치시키는 것으로 해석할 수 있다. 하지만 이것이 20~30대에게도 큰 매력을 가질 수 있을지에 대해서는 회의적이다. 아직까지 박근혜는 '박정희'를 잘 모르는 20대들에게도 박정희 전 대통령의 꿈을 매력적인 방식으로 제시하는 데는 성공하지 못하고 있다. 그리고 박근혜의 큰 국가, 헌신적 공동체라는 꿈이 20대들이 가장 중요하게 생각하는 가치인 개인의 자유와 잘 조화되고 있는지도 아직 회의적이다. 박근혜는 오바마나 매케인과 달리 주변 측근이나 정치인들과 자유로운 쌍방향 소통에 능하지 못한 것으로 알려져 있다. 박근혜 주변의 핵심 측근들도 대부분 권위주의 시대의 인물들이다. 이러한 맥락에서 허만섭 기자는 다음과 같이 지적한다.

> "대한민국과 결혼했다는 박근혜의 오버한 국가주의 메시지는 20~30

---

11 박윤석 (1998), "인물탐험", 〈신동아〉 10월호, 1998: 강준만, 〈인물과 사상〉, 13호, 1999년에 재인용.

대에게 역효과를 내는 것으로 일부 연구에서 나타난다."[12]

과연 박근혜가 이 모든 도전 과제들을 헤치고 진정성의 정치를 통해 집권할 수 있을지 아직은 누구도 모른다. 어쨌든 분명한 것은 민주화 이후 민주주의 시대에서 보수의 진정성 정치가 본격적으로 실험되고 있다는 사실이다. 과연 진보진영이 2012년 어떻게 답할지 무척 궁금하다.

---

12 허만섭 (2010), "박근혜의 성격 입체 분석", 〈신동아〉, 610호.

김헌태 | 여론분석가 · 문화연구자

박근혜 현상을 보는 또 다른 눈

3

●우리의 몸은 항상 정치의 영역 내에 위치하지만, 우리의 시선은 정치 바깥에서 정치를 바라보고 있다. 이 글은 철저한 논거의 기초 위에서 정교한 분석을 제공하는 글이 아니다. 오히려 영화 한 편을 보듯이 정치를 읽고자 하는 시도이다.

본문에 등장하는 여론조사 데이터는 박근혜 현상의 외연의 경계를 보여주는 정도로 이용했으며, 사실상 분석의 도구로는 활용하지 않았다. 그런 점에서 이 글의 분석도구는 글쓴이의 '시선'이라 할 수 있다. 이 글을 쓴 필자의 관점은 실제 관객 중 한 명일 수도 있고, 또 어떤 학문적 전통을 바탕으로 해석을 시도하는 비평가일 수도 있다. 그렇다고 해서 필자가 남들이 모르는 것을 아는 전문가임을 자처하는 것은 아니다. 필자가 보고 있는 것이 곧 독자들이 보고 있는 것이기 때문이다.

모든 정치현상은 그것을 바라보는 이에 따라, 또는 바라보는 관점에 따라 얼마든지 달리 해석될 수 있다. 누구나 해석의 자유가 있다는 것이다. 따라서 이 글은 우리 사회의 구성원 중 누군가는 '이렇게도 정치를 읽는구나' 하는 것을 보여주려는 것이다. 그것이 건전하든 건전하지 않든, 또 정확하든 정확하지 않든 '박근혜 현상'을 읽는 사람들에게 어떤 상상력의 단초라도 제공한다면 이 글의 목적은 달성되는 셈이다.

이 책의 글들은 '박근혜 현상'이라는 제목 밑에 옹기종기 모인 것이겠지만, 이 글에서는 그 같은 어휘 자체에 특별한 의미를 부여하지는 않았다. 사실 우리 모두가 서로 '의미'로서 만나는 것이므로 서로가 서로에게 현상인 것이다. 따라서 '박근혜' 자체가 곧 의미의 현상이다. 어차피 우리가 박근혜를 실제 잘 아는 것도 아니며 잘 알 수도 없다. 또 사실 박근혜 본인 스스로도 자신에 대해 잘 알고 있다는 보장은 없다. 우리 스스로 남에게 자신의 이미지가 어떻게 보이는지 알기 힘든 것처럼 말이다.

어쩌면 우리는 우연히 내 모습을 지켜보는 행인보다도 자신의 이미지에 대해 아는 것이 없는지도 모른다. 대개 우리는 매스미디어나 다른 이들을 통해 얻은 박근혜에 대한 갖가지 부분적 정보들을, '자신'이라는 하나의 생각 틀 속에 한데 몰아넣고 곱씹어 보는 것이 전부이다. 즉, '누군가'에 대한 이미지는 자신의 방식으로 몇 가지 정보나 이미지들을 얼키설키 재구성한 후, 그것이 그 사람이라고 믿는 시각적인 무엇인 것이다.

따라서 우리가 아는 박근혜는 우리가 가진 신념이나 철학 따위의 의미구조를 거쳐 해석된, 박근혜이다. 나아가 우리가 아는 박근혜는 매스미디어를 통해 재현된 어떤 '박근혜'이며, 그 같은 '박근혜'조차 우리 각자가 가진 인연에 따라 서로 다르게 읽히기 마련이다.

그럼에도 불구하고 '박근혜'를 읽는 시도에 나름대로 의미를 부여해 보는 것은 이 사회에 우리 모두가 공유하는 '의미의 겹침'이 존재하기 때문이다. 때로 우리 모두가 함께 공유하는 이 의미의 구조는 언어일 수도 있고, 역사일 수도 있으며, 신념 또는 담론, 아니면 이데올로기일 수도 있다. 우리는 의미를 공유하고 있으며, 역사를 공유하고 있고, 삶의 작동방식을 공유하고 있다. 즉, 우리 자신이 가진 삶의 욕망에 기초해 매우 오랜 기간 동안 만들어온 외부의 구조는 또다시 우리의 삶을 규정하고, 통제하고, 정의하게 된다. 그리고 그 같은 구조의 상당 부분은 논리가 아닌 '이미지'를 통해 구축된다.

우리는 대개 이미지로부터 생각을 시작하며, 당연히 이미지로부터 자유롭지 않다. 이 글은 특정 시점에 우리 앞에 나타나는 '박근혜'라는 텍스트에 대해 이미지를 중심으로, 해독자의 시선을 따라 그 흐름을 정리한 것이다. 따라서 이 글을 읽을 때는 자신의 머릿속에 기억나는 여러 가지 사진들을 자유롭게 떠올리면서 읽는 것이 좋다. 사실 우리가 가진 '박근혜'에 대한 이미지가 찢은 종잇조각 따위를 가지고 하나의 매끄럽지 않은 이미지로 완성시킨 콜라주collage 작품과 특별히 다르리라는 보장도 없다.

관람자의 시선으로:
'박근혜 현상'에 박근혜는 있는가?

2012년 차기 대통령선거의 긴장감이 더해간다. 대선 레이스를 곧잘 '게임'처럼 중계하는 언론이 만들어낸 현상일 수도 있고, 하루가 멀다 하고 발표되는 '차기 대선' 여론조사가 만들어내는 인위적 분위기일 수도 있다. 더욱이 제1야당인 민주당의 10·3전당대회 이후 야권의 유력 대선주자군들이 조명을 받으면서 이 같은 분위기가 점차 더 고조되고 있다.

또 다른 시각에서 볼 필요도 있다. 이런 분위기가 이명박 정부에 대한 '권태'가 만들어낸 현상 때문이라는 것이다. 대개 현재 걸려 있는 상영작의 흥행실패는 다음에 걸릴 작품에 대한 기대감으로 나타나기도 한다. 이명박 정부는 그동안 '강한 자만이 살아남는다'는 성장지상주의에서 시작해, 친서민정책, 그리고 급기야 공정사회로까지 숨 가쁘게 국정테마를 옮겨왔다. 이명박 정부 스스로는 그 같은 줄거리의 변화에 그럴듯한 의미를 부여할지도 모르겠지만 보는 사람들의 혼란은 불가피하다. 공포물에서 멜로로, 멜로에서 코미디물로 바뀌어가는 느낌을 지울 수 없다.

주인공에 대한 평가도 썩 좋지는 않다. 우리 시대 진정한 영웅을 뽑는 여론조사에서 이명박 대통령은 집권 3년차에 이르러 10위권 밖으로 밀려났다.[1] 5년 단임 한국 대통령의 숙명이라고도 볼 수 있다. 그러나 비극적 죽음으로 인해 이명박 대통령과는 운명적으로 이항대립의 구도 속에 함께 놓이게 된 노무현 전 대통령은 이 시대의 영웅 1위였다. 이 여론조사가 주는 서사적 의미는 간단하지 않다. 이명박 대통령을 '영웅의 반대편'에 위치하도록 하기 때문이다. '노무현 대 이명박'이라는 대립구도는 과거에서 현재를 지나, 미래에 대한 암울한 서사의 전조가 된다. 이렇듯 한 가지의 의미가 명확해지는 지점은 그 반대 의미가 선명해지는 곳에서이다.

언어가 가지는, 그리고 그 언어로 세상의 의미를 인식하는 사람들의 머릿속 구조가 그렇기 때문이다. 노무현 전 대통령은 '전직과 현직'이라는 구도 속에서 이명박 대통령과 대립하는 것이다. 이뿐만은 아니다. 대립의 축은 빛살처럼 서로 뒤엉켜 포물선을 그린다. 붉음과 푸름이 서로를 밀어내며 자신의 자리를 지키듯이, 때로는 흑과 백이 부딪쳐 서로의 자리를 확인하기도 한다. 즉, 언어적 대립은 단지 한 가지 축에서만 만들어지는 것이 아니다. '대통령'이라는 자리를 둘러싼 또 다른 대립은 바로 '현직과 차기'라는 구도상에서 만들어질 수 있다는 것이다. 그리고 차기 대선주자들이 현재를 지나 미래에서 시작될 이 새로운 이항 대립 구도의 자리를 차지한다는 것은 그 의미가 작지 않다. 대중의 마

---

1 〈시사저널〉은 여론조사 기관인 미디어리서치에 의뢰해 30여 개 분야의 전문가 1,500명을 대상으로 2010년 9월 16일에서 10월 1일까지 '차세대 파워리더 300인' 조사를 실시했다. 세 번째로 실시된 이 조사에서 앞서 두 차례 7위에 올랐던 이명박 대통령은 처음으로 10위 권 밖으로 순위가 밀려났다.

음속에 선명하게 각인되면서, 자신의 존재를 곧추세워 일으키기 때문이다. 차기 대선주자로 거론되는 인물 중 '이명박'이라는 기표의 대립항이 되어, 긴장 속에서 자신의 존재를 확고히 드러내는 등장인물이 바로 '박근혜'다.

박근혜의 캐릭터는 '신비'?

2007년 대선을 관통하는 주된 흐름이 '이명박 대세론'이었다면, 2012년 대선 흐름에서 가장 돋보이는 인물은 단연 '박근혜'이다. 먼저 여론조사를 통해 박근혜가 가지는 외연적 특성을 스케치해보면 크게 세 가지를 꼽아볼 수 있다.

먼저 지난 대선 이후 박근혜는 여론조사상 1위를 뺏겨본 적이 없는 부동의 1위라는 것이다. 정국상황에 따라 등락이 거듭되고, 일부 여론조사에서는 한동안 40%에 육박하던 지지도가 어느새 30%선으로 내려앉은 것으로 나타나기도 한다. 그렇다고 해도 박근혜의 지지도는 역시 10% 안팎에 머무르는 타 대선주자들과는 상당한 차이가 있다. 다만 이 같은 여론조사 수치가 박근혜의 압도적 우위를 단언하는 데이터는 아니다. 이 같은 여론조사는 여야의 차기 대선주자들을 한데 모아놓고 단순한 '호감도'를 설문한 것이므로, 묻는 방식에 따라 다른 의미를 내비치는 조사 결과가 나타날 수 있다. 또 호감도 1위라는 자료만으로는 알기 힘든 측면도 있다. 즉, 30% 선으로 집계되는 박근혜 지지층이 과연 얼마나 확장성이 있는가에 대한 것이다. 다시 말해 박근혜에 대한 지지층이 확고하게 만들어져 있더라도, 그것이 더 많은 지지층을 끌어들일 수 있는지는 쉽게 가늠하기 힘들다.

박근혜를 둘러싼 여론조사 데이터의 두 번째 특성은 '누가 박근혜를 지지하느냐?' 하는 것이다. 여론조사에서는 서민적 특성이 강한 집단에서 박근혜에 대한 지지가 높게 나타난다. 여기서 서민적 특성이란 50세 이상 고연령층, 저학력층, 저소득층, 농임어업 종사자, 주부들을 말한다.

한편, 지역적으로는 대구·경북(TK)과 부산·경남(PK) 등 영남권에서 지지도가 높다. 이들은 전통적인 한나라당 지지층이다. 지난 대선 한나라당 경선에서 나타났듯이, 박근혜에 대한 수도권 중도층의 지지는 강하지 않다. '산업화' 세대, 즉 고연령층을 중심으로 한 '보수층'은 점차 타 연령층과의 근접성이 약화되어간다. 옛날 분들이 되어간다는 얘기이며, 동시에 산업화 세대 또는 산업화 가치는 우리 사회에서 점차 고립되고 퇴색되어간다는 얘기다.

특히 박근혜에 대한 분야별 평가를 보면 거의 모든 항목에서 고르게 높은 점수가 나타난다.[2] 다시 말해, 경제성장, 복지, 양극화 해소, 외교안보 등 어떤 분야든 일관되게 긍정적 평가를 받고 있다. '전 과목 우등생'이라는 얘기다. 딴죽 거는 말처럼 들릴지 모르겠지만, 이처럼 고루 좋은 평가를 받는 것이 항상 좋은 것만은 아니다. 개성이 없다는 평가일 수도 있기 때문이다. 대개 원만하고, 온화하고, 두루 무난한 사람은 영화든 드라마든 주인공이 될 수 없음과 같다.

그러나 이 같은 '고른 평가'를 또 다른 각도에서 볼 수도 있다. 즉, 특

---

2 〈내일신문〉 창간 17주년 여론조사(2010년 10월 11일자, 전국 성인남녀 1,200명 서강대현대정치연구소-한국리서치)에 따르면, 대선주자 10명의 능력을 7개 항목에 걸쳐 채점(10점 만점)했을 때, 박근혜에 대한 항목별 평가의 표준편차가 0.146으로 10명의 평가대상 중 가장 적은 편차를 보였다.

정한 '성과'나 '장점'과 같은 개인에 대한 논리적인 평가가 아닌, 이미지를 기반으로 한 '감성적 지지'일 가능성이다. 다만 인물에 대한 정서적 호감을 중심으로 지지도가 높게 나타난다면, 그의 어떤 점에 대중이 호감을 가지는지 쉽게 파악하기 어렵다.

이명박 대통령은 자신의 인생 이야기 속에 뚜렷이 나타나는 추진력과 경제성장이라는 핵심적 속성을 중심으로 나머지 평가를 견인했다고 볼 수 있다. 또 노무현 전 대통령은 재벌 앞에서 당당하게 명패를 던지고, 삼당 합당을 거부하면서 가시밭길을 마다하지 않은 용기가 사람들에게 감동을 주었다고 볼 수 있다.

그러나 박근혜의 삶 이야기에서는 딱히 지지할 만한 명백한 '이유'가 드러나지 않는다. '은막 위의 그녀'라는 박근혜의 캐릭터는 죽음의 문턱에서 살아 돌아와 끝까지 싸운 투사도 아니며, 잘못된 것을 참지 못하는 열혈청년도 아니다. 또 한다면 다 해내는 헐크의 이미지 역시 아니다. 정말 세간의 평판대로 박근혜의 콘셉트는 '신비함'일까?

팝콘과 콜라를 들고 보는 '박근혜' 편

'박근혜 현상'을 이해하기 위해서는 대중이 박근혜를 어떤 이미지로 받아들이고 있는지, 또는 어떤 '캐릭터'로 수용하고 있는지 분석해보아야 한다. 그것이 그녀를 이해하는 데 있어 더욱더 핵심일 수 있다. 사실 대중이 지도자에 대해 철학과 정책만으로 상호 공명하는 것은 아니다. 텔레비전 토론에서 '논거evidence'를 많이 대는 후보를 오히려 시청자들은 토론에서 졌다고 본다는 연구 결과나, 토론 중 정보에 대한 학습보다는 이미지로 후보를 판단한다는 경향이 있다는 결과들은 식자들이 선호한다는 그 잘난 '논리'가 이미지의 우위에 있는 것만은 아니라는 점을 설명해준다.[3]

박근혜의 이미지를 분석하는 데 있어 조목조목 증거를 들이대며 평가와 측정을 하거나 감춰진 그녀를 알기 위해 달려들 필요는 없다. 물론 바쁘게 살다보면 놀 시간은커녕 쉴 틈도 넉넉지 않은 대중들이 대

---

3 McKinney, M. S., & Carlin, D. B. (2004). "Political campaign debates." In L. L. Kaid(Ed.), Handbook of political communication research, Manwah, NJ: LEA, pp. 203~234.

통령을 뽑겠다며 정밀한 해부를 할 리도 만무하다. 우리는 특정한 정치인에 대해 매스미디어를 통한 재현으로 그의 삶의 윤곽을 그려보고 이해한다. 소수의 몇몇 사람을 제외하고는 그를 안다고 말하기란 쉽지 않다. 따라서 정치인을 지켜본다는 것은 그의 삶을 주제로 한 한 편의 영화를 팝콘과 콜라를 먹으며 관람하는 것에 가까울 수도 있다. 아니면 그보다도 무관심한 조우일 수도 있다.

그렇다고 해서 대중들이 마냥 남의 일처럼 또는 재밋거리로만 정치를 지켜본다고 생각할 일도 아니다. 대개 대중들은 스크린 위에 펼쳐지는 '주인공'의 활약에 열띤 환호를 보내기도 하고, 펑펑 눈물을 흘리기도 한다. 또 그를 닮고자 하는 충동에 빠질 수도 있고, 그를 소유하고 싶은 욕망에 빠질 수도 있다. 영화 속 주인공에게 감정을 이입하고 내 일처럼 느끼며 울고 웃는 관객들의 모습을 정신분석학자 라캉Jacques lacan은 '거울이론'으로 설명한다. 이때 주인공의 욕망은 곧 관객의 욕망이 된다.[4] 우리가 영웅에 환호하는 것은 욕망에서 시작하든, 감정에서 출발하든 반드시 날카로운 이성의 잣대를 통해서만은 아니다. 사실 대통령을 어디에다 쓸지 생각하고 나서 뽑는 국민은 없다. 또 그가 대통령이 되면 정말 무엇이 변할 줄 알아서 뽑는 사람도 많을 것 같지 않다.

대중들은 하나의 에피소드 속에서 자신들의 욕망을 투영할 '주인공'을 찾아낸다. 대중은 그와 자신을 동일시identification하며 응원하게 된다. 때로는 대중들의 갈망이 주인공의 캐릭터를 변화시키기도 한다. 주인공은 작가 맘대로 정할 수 있는 것이 아니라 그 시대 대중의 마음과

---

4 조종혁 (2010), "인간 커뮤니케이션의 불가능성 그리고 가능성", 커뮤니케이션학연구 제18-1, 한국커뮤니케이션학회, pp. 306~307.

호흡할 수밖에 없다. 이때 주인공과 보는 대중 사이에는 어떤 형태로든지 '공감'의 방정식이 만들어진다. 정치적 지지 역시 그와 같은 공감 또는 교감으로부터 시작된다고 할 수 있다. 따라서 만일 '차기 대선'이라는 드라마의 주인공, 즉 대중이 자신의 욕망을 투영할 사람을 '박근혜'로 정했다면 도대체 그녀의 무엇이, 동시에 그녀에게 무엇을 원하기에 그녀를 지지하는지 이해할 필요가 있다.

필자는 대중이 '박근혜'의 어떤 이미지를 보고 그녀를 좋아하는 것인지, 또 대중 스스로는 자신들의 어떤 부분을 충족하려고 그녀를 좋아하는 것인지 알아보기로 한다. 대개 좋아하는 감정은 냉정한 평가보다 앞선다. 대중은 때로 '좋아하는 마음'을 이성理性이라는 포장지까지 동원해 정성들여 포장한 후, 스스로 보기에 더 좋아진 모습에 또다시 더 강한 애착을 보내기도 한다.

우리는 그 과정들에 대해 상상해볼 필요가 있다. 대한민국이라는 은막 위에 등장한 '박근혜'라는 인물이 대중들에게 주는 재미와 기대는 무엇일까? 꼼꼼히 평가하지는 말자. 박근혜의 존재를 느껴보자. 우리는 박근혜가 거기에 왜 있는지 캐는 데 시간을 허비할 필요는 없다. 그녀가 있으므로 그녀를 생각하는 것뿐이다.

만남 이전의 만남 :
대통령의 딸

◆

먼저 가설 하나를 제기할 수 있다. 박근혜는 '평가의 대상이 아닌 정치인'이라는 가설이다. 좀 더 정확히 말하면 그녀는 많은 대중에게 '이성적 판단의 대상'이 아닐 수 있다. 또는 이성적 판단의 영역이 많지 않은 인물일 수 있다. 만일 박근혜가 '이성적 판단의 대상'이 아니라면 그녀에 대한 전반적인 지지도 수치를 제외하면, 이리저리 그녀를 평가하는 갖가지 데이터들은 쓸데없는 것임을 의미하게 된다. 즉, 애초부터 박근혜는 여론조사의 문항 속에 존재하는, 또는 평가받을 수 있는 인물이 아닌 것이다. 왜일까? 박근혜가 언제 등장했는지 우리가 알 수 없기 때문일 수도 있다.

존 버저John Berger는 '보는 것은 말보다 먼저다Seeing comes before words'라고 천명한다.[5] 대상과 처음으로 만날 때, 언어 이전의 이미지로서 만난다는 얘기다. 이는 동시에 그 이미지로부터 우리 스스로가 결코 자유롭지 못하다는 얘기가 될 수도 있다. 정신분석학자인 라캉 역시

---

[5] John Berger (1972), *Ways of Seeing*, Penguin Books, pp. 7~8.

'인간의 정신세계는 언어와 논리 이전에 이미지의 우위로 특징지어진다'고 본다.[6]

우리는 박근혜와 어떻게 최초로 조우했을까? 우리는 그녀에 대한 글을 읽거나, 그녀의 주장을 직접 듣고 그녀를 안 것이 아니다. 공인으로서 '박근혜'에 대해 논리적으로 알기 이전에 '이미지'로서 그녀를 만났다. 사실 박근혜가 대중 앞에 섰을 때, 애초부터 그녀는 이성의 잣대를 앞세운 냉철한 평가의 대상이 아니었다. 다름 아니라 '대통령의 딸'이었기 때문이다. 대통령의 딸이 우리 앞에 왜 나타났는지 따진 사람은 없었다. 박근혜의 공식 홈페이지에 나타난 경력 첫 번째는 '1974~1979년 퍼스트레이디 대리'이다. 이조차도 그녀를 본 한참 후이겠지만, '공인' 박근혜와의 본격적인 만남 역시 엄밀한 의미에서 보면 평가의 대상으로 만난 것이 아니었다. 오히려 그녀는 등장한 처음부터 '선망'의 존재였을 수 있다. 우리는 당시 '영애 박근혜'의 철학이나, 그녀의 정치관에 대해서 알려고도 하지 않았고, 알 필요도 없었다. 최고 권력자의 딸이었으므로, 자연스럽게 대중의 시야로 들어온 그 시대의 주요한 '여성 등장인물' 중 한 명이었다. 육영수 여사가 피격된 이후에는 더욱 그랬다. 사실 고도성장 시기에 '대중의 영웅'으로 자리매김한 박정희 전 대통령의 딸이라는 것만으로, 박근혜가 대중 앞에 등장할 수 있는 이유는 충분했던 것이다.

박근혜가 정치에 입문한 것은 1998년 4월 대구달성 보궐선거에서였다. 그리고 세월이 지나 다시 정치의 한복판에 등장한 것에 대해 대중

---

6 조종혁 (2010), "인간 커뮤니케이션의 불가능성 그리고 가능성", 커뮤니케이션학연구 제18-1, 한국커뮤니케이션학회, pp. 306~307.

들을 별반 의아해하지 않았다. 그녀의 등장에 놀라는 사람도 없었고, 그녀의 공백을 꼬치꼬치 알고자 하는 사람도 없었다. 낯선 감정보다는 오히려 반겼다고 보는 편이 더 정확하다. 나아가 전직 대통령의 딸, 그것도 '현대사'에서 국민에게 가장 큰 관심을 받은 박정희 전 대통령의 딸이 다시금 정치무대에 등장했다는 것은 정치에 대한 흥미를 집중시키는 '반전反轉'이었을 수도 있다. 즉, 박근혜는 정치를 관람하는 대중에게 있어 드라마의 재미를 더하는 깜짝 등장인물이었다는 것이다.

한 가지 유념할 것이 있다. 만일, 박근혜와 대중의 첫 만남이 대개 '승모, 선망, 연민'의 감정에서부터 출발했다고 본다면, 그녀와의 두 번째 만남 역시 이와 같은 감정이 그대로 이어졌을 수 있다. 사실 박근혜의 공백이 짧았던 것은 아니었다. 10·26사태가 일어난 것이 1979년이고, 그녀가 다시 국회의원이 되어 대중 앞에 선 것이 1998년이면 대략 20년에 가까운 시간이다. 사실 그 기간 동안 그녀에 대한 소식이 간간히 흘러나오기는 했지만, 자세한 사정을 아는 사람도 또 자세하게 알려는 사람도 없었다.

이러한 이야기, 또는 내러티브가 어딘지 모르게 우리에게 익숙하다. 어느 날 갑자기 구중궁궐의 변란 속에서 부왕父王을 잃은 한 명의 소녀가, 누군가의 손에 이끌려 비극의 현장에서 종적을 감춘 것이다. 극 중에서 꽤 오랜 세월이 지난 후 모습을 드러낸 '그녀'는 이제 훌쩍 큰 모습으로 성장해 강호를 종횡무진한다는 그런 얘기 말이다. 이야기의 앞뒤가 이렇다면 박근혜의 등장에 이의를 제기할 사람은 별반 없다. 거의 모두가 그녀를 알기 때문이다. 아니 어쩌면 대중의 기억 어느 한편에는, 그때 사라졌던 딸의 행방을 궁금해하는, 그리고 언젠가 다시 나타날지도 모른다는 예감과 기대감이 이미 존재하고 있었는지도 모른다.

　국회의원이 된 뒤 박근혜의 이미지는 별 의미가 없다는 것을 주장하려는 것이 아니다. 단지 우리가 박근혜와 한 첫 대면은 '대통령의 딸'과 '일반 국민'의 위치에서였음을 강조하는 것이다.

　그녀의 가장 큰 공적은 국회의원에 당선되고 나서 노무현 전 대통령 탄핵의 역풍 속에서 허우적대던 한나라당을 천막당사를 차려놓고 무난하게 이끌었던 일이다. 또 그녀는 괴한으로부터 습격을 받아 얼굴에 상처를 입고도 차분하게 선거의 전황을 묻는 당당한 모습을 보여주어 사람들을 놀라게 하기도 했다. 하지만 한나라당의 대통령 경선에서 간발의 차이로 패배하고 결과에 깨끗이 승복하던 그녀를 우리는 잠시 잊었다. 이명박 대통령이 당선된 이후에는 총선 공천 등을 둘러싸고 갈등의 한 축에 서 있기도 했지만, 사실 그러한 기억은 지금으로서는 정확하지도 않고 아득하다. 우리가 박근혜에 대해 지금 알고 있는 것은 한나라당과 보수진영 주변에 그녀를 따르는 꽤 많은 사람들이 모여 있다는 것, 그리고 선거 때마다 많은 고령의 유권자들이 그녀의 손을 잡으려 애쓰거나, 손을 꼭 잡고 우는 모습들이다. 또 행정수도 이전을 둘러싸고 '원칙'과 '약속'을 앞세우며 이명박 대통령과 맞서던 모습도 적지 않은 흔적이라 할 수 있다. 게다가 누가 뭐래도 그녀는 여론조사에서 발군의 평가를 받고 있는 가장 유력한 차기 대선주자 중 한 명이다.

　다시 한 번 강조하지만 '박근혜' 이미지를 이해하기 위해, 그리고 그녀에 대한 '열정적 지지'의 비밀을 풀기 위해, 우리는 그녀를 처음 만났던 '대통령의 딸'이라는 위치에서부터 실마리를 풀어 나갈 필요가 있다. 그녀에 대한 이야기의 출발점, 대중의 기억 첫머리에는 '영애 박근혜'가 자리 잡고 있다. 박근혜의 이야기는 박근혜 자신이 아닌 '누군가의 딸'로부터 시작된다. 물론 그 누군가가 바로 '박정희 전 대통령'이었으므로 그것은 후광이 될 수도 있고, 족쇄가 될 수도 있다. 다만, 부연해 설명해둘 점은 그녀의 아버지가 모든 이야기의 중심이 되던 시대와 달리, 이제는 많은 새로운 인물들이 등장했다는 것이다. 박근혜의 긴 공백 기간 동안 전두환의 시대가 가고, 노태우의 시대를 지나, 3김의 시대, 그리고 노무현 전 대통령, 이명박 대통령에 이르기까지 수많은 인물들이 지나갔고, 수많은 이야기들이 펼쳐졌다.

노무현 전 대통령과 그의 후계자들, 또 적수공권으로 권력을 거머쥔 이명박 대통령이 보여준 굵은 캐릭터들에 비하면 박근혜는 여전히 '여리고, 안쓰러운, 비운의, 지켜주고 싶은' 대통령의 딸일지 모른다. 아직은 격려와 응원을 받아야 하는 존재 말이다. 다시 등장한 '대통령의 딸' 또는 '왕녀王女의 복귀'는 대중의 응원을 얻어낼 수도 있고, 대중의 질타를 받을 수도 있다. 혹은 영웅의 등장을 열어주는 '조연'의 역할로 머물게 할 수도 있다. 지난 2007년 한나라당 대선경선이 그런 경우에 해당되기도 한다. 박근혜는 자신의 아버지, '박정희의 후계자'를 자처했던 이명박에게 패배했다. 대선 이후 박근혜가 이명박 대통령과 맞서는 모습에 대한 평가는 이중적 측면이 있다. 그녀를 응원하는 사람들에게는 안타까움으로 느껴지겠지만, 또 다른 한편에서는 지체 높은 왕녀의 꽉 막힌 어깃장으로 비추어질 수도 있다. 도무지 그녀를 놔둘 것 같지 않은 최고의 권력자, 그리고 그 '살아 있는 권력'을 따르며 일신을 도모하고자 하는 흉폭한 추종자들 속에 둘러싸여 두 주먹을 꼭 쥔 채 맞서는 그녀의 모습은 '을씨년스럽게 바람 속에서 펄럭이는, 곱게 자수를 놓은 깃발'과도 같다.

신화적 구조분석:
'공주의 신화'

◆

언제 어디에서든 '왕의 딸'에 관한 신화는 있다. 공주는 대개 '고귀하고, 아름다운, 혼인하지 않은 젊은 여성'으로 표현된다. 공주의 신화가 현대에 와서 사라진 것은 아니다. 때로는 자신들의 금지옥엽에 붙이는 호칭으로 보통사람들의 담론공간에서 존재하기도 하며, 외국 언론에 곧잘 등장하는 왕족의 모습으로 낯설지 않게 만나기도 한다. '공주'의 담론은 사라지지 않았을 뿐더러, 여전히 강력하다. 박근혜를 만나는 우리는 그녀의 개별적 삶을 수용하기 전에, 이미 알고 있는 익숙한 플롯plot을 가진 여러 가지 버전의 '공주의 신화'를 알고 있다.

따라서 '대통령의 딸'인 박근혜와 마주치고, 그녀를 이해하는 데 있어 우리가 알고 있는, 또는 이미 머릿속에 가지고 있는 '공주를 둘러싸고 벌어지는 갖가지 이야기들'을 떠나서는 만날 수 없다.

문화인류학자 레비 스트로스Levi-Strauss는 '신화의 실제적 구성단위는 그 자체로서 고립된 관계들이 아니라고 설명한다. 신화는 어떤 관계들의 다발bundle of relation이라는 것이다.[7] 즉, 신화 자체가 단지 재밌는 애깃거리로 꾸며져 있는 것은 아니며, 그 이야기의 내부에는 어떤 공통적인 사건들이, 즉 신화를 성립시키는 요소들이 숨어 있게 마련이다. 게다가 신화가 가지는 극적 요소는 번역이나, 번안을 통해서도 훼손되지 않는다. 우리가 '박근혜'를 대통령의 딸이라는 위치에 놓고 조우했다면, 그녀에 대한 우리의 위치는 사실상 '공주를 바라보는 대중'의 위치와 동질적일 수 있다. 특히 '공주의 신화'를 구성하는 특별한 요소들이 '박근혜'의 삶 속에서도 발견된다면 이는 더욱 강력하게 작용할 수 있다. 우리는 박근혜가 한국이라는 나라의 현대적 시공간 무대에서 겪은 특정한 경험을 빼고서도, 그녀가 겪은 경험들 중 다른 공주의 신화 속에서 발견할 수 있는 극적 요소들을 분리해볼 수 있다. 즉, 그녀를 둘러싼 개별 인물, 개별 배경에 주목할 필요 없이, 그녀가 겪은 어떤 일들이 우리가 아는 어떤 공주들과 어떤 점이 유사한지를 느끼고 알아챌 수 있다. 이때, 우리는 '박근혜' 개인에 대한 경험보다는 우리가 이미 '공주 이야기'에서 가졌던 감성을 가지고 그녀를 바라보고, 느끼게 될 수 있다. 다시 말해, 우리는 박근혜와 마주칠 때, 이야기책에 나오는 '공주'에 대한 다양한 서사구조, 즉 에피소드들을 선입견처럼 가지고 조우하게 된다. 우리의 머릿속에 만들어진 공주에 대한 익숙한 이야기 구조들이란 무엇일까?

언론에 나타나는 '공주'들의 사진을 보자. 우리는 그녀들이 예쁘다는 것에 스스로 최면을 건다. 때론 외모가 예쁘지 않다면 어색함을 느낄 수 있다. 그러나 대개 우리는 '그녀는 예쁘다'는 최면을 통해 기대와 현실의 간극을 메우기도 한다. 공주는 정말 예쁘기보다는, '예뻐야 하는 존재'이기 때문이다. 따라서 이렇게 질문해볼 수 있다. 박근혜는 예쁜

---

7 데렌스 호옥스 (1998), 오원교 옮김,《구조주의와 기호학*Structuralism and Semotics*》, 신아사.

가? 아니면 예뻐야 하는 것인가?

　한편 나이든 공주나 기혼의 공주 역시 낯설기는 마찬가지다. 대개 공주는 혼인을 통해 공주의 신분에서 벗어난다. 중년이 넘은, 혼인한 공주가 외국의 왕족기사로 실린다면, 그것은 우리에게 어떤 감흥을 주기 어렵다. 모두가 알고 있듯이 박근혜는 미혼이다. 공주에 대한 신화를 만드는 또 다른 요소가 있을 수 있다. '착하다'는 것이다. 나쁜 왕비는 많지만, 나쁜 공주는 많지 않다. 공주는 대개 순결하며, 착한 마음씨를 가지고 있다. 공주의 착한 마음씨는 '아버지'를 통해서도 훼손되지 않는다. 오히려 잔인하고 포악하며, 때로 이기적인 '군주', 즉 아버지와 대립적 위치에서 존재하기도 한다. 공주는 그만큼 순결하다. 우리 자신에게 물어보자. 과연 박근혜가 '착하지 않다'고 생각할 수 있는가?

　마지막으로 '왕의 딸'이 가지는 또 다른, 매우 중요한 신화적 요소에 주목할 필요가 있다. 즉, 공주는 행복하지 않다는 것이다. 공주의 얘기는 행복으로 시작하지만 곧 위기가 찾아온다. 공주는 아버지의 무례함에 대한 대가를 대신 치루는 '저주'의 희생양이 되기도 한다. 대개 공주의 가장 큰 위협은 '계모'이다. '계모'의 존재는 바로 '어머니의 부재'와 같다. 그리고 어머니의 부재구조는 대개 이 세상에서 가장 자애롭고 아름다운 '어머니'를 등장시킨다. 사실 모든 공주의 신화에서 '어머니의 부재'만큼 공주의 비극성을 강화시키는 소재도 드물다. 결국 공주의 불행함은 공주의 신화를 형성하는 최후의 원소와 같다.

　신화의 세계에서 빠져나와 현실을 보자. 우리는 박근혜를 대통령의 딸, 즉 '공주'의 위치에 놓고 처음 조우했다. 그리고 박근혜의 삶 이야기 속에서 '공주의 신화'가 가지는 어떤 공통의 요소들을 발견하게 된다. '공주의 신화'를 구성하고 있는 다양한 관계들이나, 사건들이 박근혜의 삶 속에 공통적으로 배치되어 있다. 반대로 우리는 우리 안에 내재한 '공주의 신화'로부터 기인하는 어떤 선입견을 가지고 박근혜를 만날 수도 있다. 이는 다시 말해 우리가, 또는 대중이 박근혜를 대할 때 '평범한 대중'의 위치에서 그녀를 '공주'로서 받아들이게 됨을 의미한다. 한 가지 더 짚고 넘어갈 것이 있다. '공주의 신화'를 접하는 대중의 감정에 대한 얘기다. 즉, '착하고 예쁜' 그녀가 치루는 혹독한 시련에 대해 대중은 안쓰러워하고, 함께 슬퍼한다. 공주의 신화와 대중의 감성 사이에는 곧잘 '눈물'이 매개가 된다. 이 대중의 눈물은 신화의 줄거리에는 없지만, 우리가 '공주의 신화'를 수용할 때 만들어지는 완결적 요소일 수 있다. 박근혜의 손을 잡고 눈물을 흘리는 대중들의 모습은 그래서 자연스러워 보인다. 따라서 그 모습이 마음에 들지 않아도 왠지 그럴 수도 있겠다고 받아들일 수 있다.

매스미디어가 재현한 이미지:
'그녀는 성녀聖女'

◆

박근혜는 늘 혼자인 것이 자연스럽다. 그녀의 옆자리는 비어 있어야 보는 사람이 편하다. 대신 누군가 그녀 옆에 있다면 불편할 수도 있다. 박근혜가 '나는 조국祖國과 결혼했다'라고 당당히 말하는 독신임을 알기 때문에 그럴 수도 있다. 그러한 느낌은 타자에 대한 수평적 위치를 허용하지 않는 그녀의 '견줄 수 없는 고결함'에서 비롯된 것일 수 있다. 우리 모두는 그녀의 아버지로부터 가위눌림을 당한 경험이 있다. 그녀의 아버지가 위대해서일 수도 있고, 공포의 존재이기 때문일 수도 있다. 우리는 그녀를 미워할 수는 있어도 멸시하기는 어렵다. 그것이 무엇이든지 간에 그녀의 옆자리는 비어 있는 것이 편하다.

이를 반대로 놓고 보면, 그녀 옆에 바짝 서 있는 그 누군가는 사악해 보일 수도 있다. 어쩌면 그녀와 악수를 하고 있는 남성 정치인들이 더욱더 구차스럽고, 음모적이라는 느낌을 줄 수 있다. 대신 그녀의 옆에는 꽃이 더 어울린다. 촌스럽지도 않다. 그 누구에게도 그녀의 옆자리가 허용되지 않는다면, 그녀의 옆 자리는 항상 비어 있는 것이다. 이는 일종의 거리감을 만든다. 거리감은 또다시 신비감을 만들어낸다. '대통령의 딸'이라는 지체 높은 신분과 겹쳐지면 더욱 그렇다.

이 대목에서 우리는 혼자 있는 여성에 대한 이미지에 대해 생각해볼 필요가 있다. 우리는 혼자 있는 여성을 보고 고독해 보인다고 말하지 않는다. 대신 외로워 보인다고 얘기한다. 고독은 타인의 존재를 필요로 하지 않지만, 외로움은 타인에 대한 그리움을 곧잘 내포하고 있다. '혼자 있는 여성의 이미지'가 우리 눈앞에서 매스미디어를 통해 재현될 때는, 대개 불안정하고, 외로우며, 보호받아야 하는 이미지로 나타난다. 그것은 여성에 대한 남성의 관점, 또는 우리의 남성화된 시선이다. 우리는 관습적으로 남성이 우위에 서는, 그리고 여성이 보호받는 이미지에 익숙하다. 따라서 사진 속에 혼자의 이미지로 나타난 박근혜의 모습은 대개 외롭거나 불완전한 느낌으로 전달될 가능성이 높다.

사진작가 신디 셔먼Cindy Sherman의 작품들은 우리가 일상적으로 길들여진 '여성적 이미지'를 재치 있게 패러디한다고 평가받고 있다.[8] 그녀가 패러디하려 했던 이미지는 항상 '연약해 보이는, 무엇인가를 두려워하는, 불완전해 보이는, 그래서 보호받아야 하는', 즉 남성들의 정형화된 시선에 투영된 여성들의 이미지다. 우리는 '그 남자에 의해 존재하는 여성'이 아닌 '스스로 존재하는 여성'을 편견 없는 이미지로 수용하는 것에 익숙하지 않다. 우리는 '여성'을 지켜보는 남성적 응시에 길들여져 있기 때문이다.

사실 박근혜는 그 누구보다 강할지 모른다. 또 혼자 있는 것이 가장 편해 그것을 즐기고 있는지도 모른다. 그러나 미디어 속 사진에 나타나

---

8 Judith Williamson (1988), "office of the action", *Consuming Passions: The Dynamics of Popular Culture*, Marison Boyars.

는 그녀의 이미지에서 우리는 항상 '불완전함'을 찾아낸다. 그것은 우리 사회가 '혼자인 여성'에게 둘러씌우는 남성 중심의 억압적 이미지 프레임일 수 있다.

박근혜가 아무리 내면적으로 강하다 해도, 우리는 여전히 그녀에게서 연약함을 찾아낸다. 그렇게 '고귀하고, 혼자 있는, 그러나 다치기 쉬운 여성'의 이미지는 '성녀'의 이미지와 다르지 않다. 성녀는 혼자여야 한다. 누구도 그녀의 옆에 있는 것은 허락되지 않지만, 모든 이들에게 다가섬은 허용된다. 그녀가 대중에게 손길을 내미는 모습은 자애롭고 자연스러울 수 있다. 다만 성녀는 고귀하다 해도, 대중의 삶 한가운데 있지 않다. 그것은 성녀의 위치가 가지는 '이중적 거리감'이다. 숭모할 수는 있지만, 공감하기는 어렵다. 게다가 그녀는 당대의 권력자들을 불편하게 만들지도 모른다. 그들은 그녀로 인해 자신들이 왜소해짐을 허락하지 않기 때문이다.

대중담론의 모순성:
낮은 데로 임하는 자에 대한 영접?

◆

'지체 높은 사람들'에 대한 동경이 서민들에게 더 강하게 나타나는 것은 자연스러운 일일까, 부자연스러운 일일까? 대개 대통령, 재벌회장, 장관의 딸 아들로 나타나는 이 '물려받은 특권, 노력하지 않고 획득한 지위'에 대한 선망이 가장 활발히 살아 움직이는 공간은 모순되게도 서민들의 욕망 위에서이다.

마르크스가 얘기한 대로 이와 같은 모순은, 즉 서민이 귀족을 숭앙하는 감성의 밑바닥에는, 지배하는 이들에게 굴종하도록 길들여진 '허위의식'이 있기 때문일 수도 있다. 반대로 대중이 자기 삶에서 결핍된 것에 대한 욕구, 즉 자신에게는 결여되어 있고 언제나 충족되지 않기 때문에 지배하는 이들의 '선택받은 삶'에 대해 더욱 강한 욕망을 느낄 수도 있다.

어쨌든 적어도 외견상, 그리고 논리적으로 '귀족' 또는 '특권층'에 대한 대중들의 선망은 모순적이다. 그래서 항상 혁명은 귀족, 그 바로 아래 부르주아, 6두품, 서얼, 그리고 현대에 와서는 중산층이나 지식계층의 아들들의 선동으로부터 시작되는 것일 수 있다. 세상의 가장 위, 바로 그 다음에 있는 이들은 대개 '선망' 대신 '질투'를 선택할 가능성이 높다.

처음 부분에서 언급한 대로 박근혜의 지지층은 서민적이다. 그 어느 대선주자들보다도 그녀는 서민과 밀착되어 있는 것으로 보인다. 대통령의 딸로서, 그것도 가장 막강한 권력을 누린 박정희 전 대통령의 딸로서, 어쩌면 '누군가의 딸' 중 가장 지체 높은 그녀에게, '서민이 행복한 세상을 만들어달라'고 주문하는 것은 언뜻 이상하게 보일 수도 있는 대목이다. 이 같은 모순구조가 우리에게서만 나타나는 것은 아니다.

문화연구자 주디스 윌리엄슨Judith Williamson은 영국 왕족에 대한 대중들의 '애정'에 관하여 색깔 있는 분석을 내놓는다.[9] 높은 지위를 획득하기까지 아무것도 하지 않은 이들에 대한 동경, 그리고 그 어느 한 구석도 대중들과 유사하지 않아도 오히려 대중을 대표하는 상징적 존재가 되는 이들에 대해 영국의 대중들은 왜 애정과 순종을 보이는지 의문을 제기한다.

윌리엄슨은 '준류층' 가정의 모습으로 재현되는 영국 왕족들의 삶, 그리고 때로는 '웅대한 결혼식'과 같은 거대한 이벤트의 모습으로 나타나는 '거리두기'가 오히려 대중들의 흠모와 동경을 만들어낸다고 분석한다. 대중들에게 노출된 그들의 삶은 그들을 마치 이웃처럼 느껴지게 만든다는 것이다. 그러한 모습들이 대중들로 하여금 '사람 사는 게 다 똑같다'고 받아들이도록 만든다는 얘기다.

그러나 윌리엄슨은 그들의 가족사를 잘 알고 있다는 느낌의 또 다른

---

9 Judith Williamson (1988), "office of the action", *Consuming Passions: The Dynamics of Popular Culture*, Marison Boyar.

한편에는, 그들이 소유한 높은 위치와 특권을 경외감으로 바라보도록 만드는 스펙터클이 있음을 지적한다. 특히 대중은 자신들이 대개 잘 알고 있다는 생각하는 '고립된 특권층'들에 대해 연민의 감정을 가지고 바라보기도 한다. 때로는 최전방에 파견되어 전투기 조종사로 복무하는 왕자들의 모습 속에서 그들이 져야 하는 무거운 사회적 책무를 보거나, 온갖 제약 속에 사는 그들과 비교해 자유롭게 사는 자신들이 오히려 그들보다 낫다고 생각하도록 만든다. 그들은 귀족이고, 여전히 자신들은 평민이며, 최종적으로는 그들을 선망하면서도 말이다. 찰스 황태자가 특정 건축물에 대해 '대중들이 소외된 귀족적 공간'이라고 비난하고, 앤 공주가 아프리카의 굶는 아이들을 위해 봉사하는 모습은 왕족들이 마치 '대중' 또는 '서민'들을 위해 존재하는 것처럼 느끼도록 만든다. 이는 서민성에 호소하는 이미지 파퓰리즘이며, 동시에 대중의 봉건성 위에서 작동한다고 윌리엄슨은 지적한다. 영국인의 여왕에 대한 흠모처럼, 박근혜를 따르는 사람들도 그래서 그렇게 그녀가 자신들의 옆에 있는 것에 대해 고맙게 느끼는지도 모른다.

한편, 박근혜에 대한 서민적 지지를 설명하는 또 다른 접근은 매스미디어가 재현한 대중들과의 '동질화' 과정이다. 우리는 피터 위어 감독, 짐 캐리 주연이었던 영화 〈트루먼 쇼The Truman show〉에서처럼 박근혜의 삶을 마치 스크린 밖에서 응시하며 지켜보고 있다고 생각할 수 있다. 물론 그것이 그녀의 진짜 삶인지는 알 수 없다. 그녀와 사귀어본 적도 없고, 미디어를 통해 아는 얘기나 이 사람 저 사람에게 주워들은 것이 전부라도 어쨌든 우리는 그녀의 삶을 잘 알거나, 또는 안다고 믿는다.

따라서 박근혜가 실제 어떤 사람이든, 어떤 장점과 단점을 가진 인격

체든 중요하게 생각하지 않는다. 대통령의 딸로서, 퍼스트레이디 대리로서 끊임없이 우리의 눈앞에서, 그리고 기억 속에서 오랫동안 지금의 모습으로 '재현representation'되어왔기 때문이다.

혹은 그 모습 이상의 진실을 알고 싶지 않을 수도 있다. 다시 말해, 아버지 박정희 대통령과 연계되어 나타나는 '서민의 벗'이라는 그녀의 이미지는 우리에게 낯선 것이 아니다. 대중에게 봉사하는 지도자의 모습, 즉 권력자가 '대중에 대한 헌신자'로서 재현되는 관행은 오랜 전통을 가진다. 동양에서나, 서양에서나 어디서든지 흔히 볼 수 있다. 즉, 서민과의 동질화 또는 서민처럼 보이도록Plain Folks 하는 재현의 전략과 전술은 유서 깊은 대중적 이벤트이다. 왕이 기우제를 지내고, 왕비가 잠을 짜는 모습, 그리고 현대에 와서는 떡볶이를 사 먹는 대통령의 모습에서 우리는 이 같은 절대권력자들의 이미지 조작을 쉽게 발견할 수 있다.

그 누구보다 서민의 마음을 잘 알고 있는 듯한 미소, 그 어느 대선주자보다도 서민 속에 있는 것이 자연스러운 사람이 바로 박근혜다. 오랫동안 '서민의 봉사자'로 재현된 박근혜의 이미지와 퍼스트레이디로서의 책무, 그리고 그녀가 자라온 삶의 장면을 기억하면서 그녀의 아픔을 안다고 믿는 대중들의 봉건성이 모두 결합되어 서민을 다독이는 그녀의 모습을 자연스럽게 만든다. 분명한 것은 박근혜가 서민이었던 적은 없다는 점이다. 그럼에도 불구하고 서민과 있을 때 가장 어울리는 정치인이다. 노력 없이 성공한 사람들을 부러워하고 선망하는 대중들의 봉건성과 백성을 아끼는 자애로운 지도자로 재현된 이미지가 만들어낸 복합적인 이미지라는 얘기다.

박정희 가치의 클론들:
산업화 세대

◆

'박근혜 현상'을 이해하는 데 있어 아버지 '박정희 대통령'을 건너뛸 수는 없다. 박정희 전 대통령의 공과에 대한 수많은 평가에도 불구하고, 그에 대한 우리 국민의 애정은 분명한 것이며, 많은 여론조사에서 박정희는 역대 대통령 평가 1위를 차지하고 있다.

한국 대중에게 작동되는 기호sign '박정희'가 가지는 의미를 해독하는 것은 그래서 의미가 있다. 그가 가지는 상징적 의미는 양극적이다. 빈곤 탈출, 근대화, 고도성장을 상징하는 동시에, 군사독재, 인권탄압, 친일시비 등이 상존한다. 그 함의가 무엇이든지 간에 '박정희'라는 이름 석 자가 국민, 또는 보수와 진보진영에 주는 정치적 의미는 적지 않다. 결국 그녀 스스로 원하든 원하지 않든, 또한 그것이 긍정적이든 부정적이든 박근혜는 아버지로부터 물려받은 '의미의 유산遺産'과 분리될 수 없다.

박정희 전 대통령은 우리에게 '보수의 원형'을 떠올리게 한다. 반공·승공·멸공, 총화단결, 새마을운동 그리고 수출, 경제개발 5개년 계획, 1인당 국민소득 모두가 이른바 '박정희 담론'을 구성한다. 그 시대의 모든 정치적·사회적 '논리' 또는 '이야기'들을 가능하게 하는 거대 가치가 있다면 그것은 '잘 살아보세'라고 할 수 있다. 달리 말하면, '절대빈곤의 극복'이다. 그리고 이처럼 전 사회를 지배하던 '박정희 담론'을 이제 노년층으로 진입한 산업화 세대는 바로 자신의 삶의 가치로 자연스럽게, 또는 기꺼이 받아들였다고 볼 수 있다. 이들 세대에게 있어 최고 지배자 박정희와 함께했던 젊은 시절은 자신들의 크고 작은 결실을 이룬 인생 중 소중한 한 부분이다. 따라서 시대적 반역을 꿈꾸었거나, 독재의 흉포함에 목숨을 잃은 희생자가 아니라면 그 시기는 이성적 판단과는 별개로 가슴속에 추억을 고이 쌓아둔 아름다운 인생의 한때가 된다.

어쨌든 그 시기에 자식들을 키우고 '일가'를 이룬 그들에게 '박정희 담론'은 자신들이 가진 삶의 철학과 다르지 않다. 따라서 '박정희 담론'이 부정되면 그들의 삶의 가치 역시 부정된다. 박정희가 옳다고 했던 것을 옳다고 믿고 살았고, 박정희가 틀렸다고 하면 자신들도 틀렸다고 말했던 것이 그 시대의 풍경이었다. 박정희가 그어놓은 경계 바깥에 서 있는 자들에 대해서는 신체에 대한 갖가지 위협, 즉 가차 없는 처벌과 박해가 이루어졌기 때문에 다수의 개인들이 자신의 소박한 삶을 영위하면서 별다른 선택을 하기란 쉬운 일이 아니었다. 어쨌든 좋아서 따랐든, 무서워서 따랐든 그 결과는 박정희 가치의 수용이었다.

게다가 한 번 절대권력의 경계 안쪽에 서게 되면 그 바깥에 있는 자들을 가까이 할 수 없게 된다. 오히려 이 '불온한 자'들을 끊임없이 경계하거나, 미워하거나 때려잡는 데 동조하게 된다. 물론 이는 자신의 소박한 삶을 영위하기 위해서다. 더 큰 몫을 챙기려 '비극은 너희 것'이라며 사정없이 몽둥이를 휘두른 사람도 있겠지만, 크게 보면 그들은

'박정희 가치'를 옳은 가치이자 상식으로 여기며 길들여졌다. 처음에 느꼈던 굴욕감과 두려움은 사라지고 어느덧 '박정희 담론'을 자신의 가치로 받아들이며 '영혼의 복제'를 허용했던 것이다. 그런 점에서 산업화 세대는 '박정희 담론', 또는 '박정희 가치'를 자신의 영혼 속에 복제하여 자신의 삶의 기준으로 삼았던 가치의 복제물clone이자, 대리인agent들이다. 이들 '박정희 클론'들이 그의 딸 박근혜와 '교감'하는 것은 그런 점에서 크게 이상한 일이 아니다.

다만, 한 가지 주목할 만한 것은 이제 '박정희 담론'이 세월 속에서 점차 스러져가고 있다는 점이다. 박정희 가치를 자신의 삶으로 받아들이며 살아온 세대들이 점차 줄어들고, 그들의 사회적 영향력 역시 줄어들고 있다.

'박정희 신화'를 퇴색시킨 또 다른 이유는 그를 복제하고 모사했다고 여겨졌던 또 다른 인물, 즉 '이명박 대통령'의 집권이라 할 수 있다. 국민 모두가 함께 노력하고, 모두가 더 잘 살던 시대에 대한 향수는 이명박 대통령의 집권에 이르러 사실상 해소와 소멸의 방향으로 전개되어 왔다. 다시 말해, 이명박 대통령은 '박정희'를 내걸었지만, 박정희가 주었던 고도성장의 달콤한 과실을 돌려주지는 못했다. 이명박 정권은 나와 내 자식을 먹여 살리려고 열심히 노력했던, 그 아름다운 시절은 이제 돌아올 수 없는 추억임을, 지나간 시간임을 대중들에게 알려준 셈이다. 향수는 곧 과거 특정한 시점의 기억을 현재의 결핍에 재배치하는 것이다.

현재에 만족하면 과거는 부스러기가 된다. 대부분의 경우, 특정 시공간상에서만 존재했던 추억들이 지금의 결핍을 충족시킬 리 없다. 마치 첫사랑처럼 말이다. 따라서 '박정희 시절' 역시 향수로 존재할 때 더욱 강력했다고 볼 수 있다. 따라서 '박정희'에 대한 향수를 모티프로 한 이명박에 대한 선택은 그 시절에 대한 대중의 향수를 해소시켜버린 셈이 된다.

한편, 산업화 세대의 박정희에 대한 향수가 자기가 종횡무진했던 시절, 아니면 전쟁이 남긴 정신적 강박 때문에, 또는 박정희 가치 외에는 '나라'와 '사회'에 대해 생각하는 법을 보고 배운 게 없는 채로 '나 좀 알아줘'라는 회춘의 욕망이 투영된 것이라면 더더욱 문제가 된다. 사실 인생의 어느 한때에 대한 추억이 아름다운 것은 자신의 삶, 자신의 존재감에 대한 애착과 집착에 다름 아니다. 지금에 와서 '총화단결'한다고 고도성장이 다시 재현되지는 않는다. 또 아무리 '반공'을 외쳐도 젊은이들이 전쟁에 대해 알 리 없다. 무엇보다 대한민국 청년 모두에게 군복을 입히고 새마을 노래를 외우게 해도 산업화 세대들의 청춘은 돌아오지 않는다. 삶의 소중한 순간들은 바로 그때, 그 자리를 벗어나서는 존재할 수 없다.

어쨌든 이명박 정권은 새마을 노래의 리바이벌을 시도했지만, 결국 유사품으로 전락한 셈이 되었다. 이제 산업화 세대가 피땀을 흘렸던 그 고도성장 시기에 대한 그리움은 마치 '첫사랑'과 같아 더 이상 부여잡을 만한 것이 못 된다. 현대사에 있어 금자탑과도 같았던 '박정희 담론'의 위상은 이제 여론조사 데이터상에서도 차츰차츰 내려앉으며 스러져간다. 그리고 이 같은 대중인식의 변화가 박근혜에게는 위기로 작동할 수 있다.

이제 인생의 후반기로 접어들어 자신의 삶을 되돌아보는 시간이 많은 그 세대들에게 '박근혜' 속에서 발견할 수 있는 '박정희의 신화'는 다름 아닌 자신들이 지나온 청춘이다. 게다가 이명박에게서 박정희의 모습을 찾고자 했던 '상실감'이 치유될 것 같지도 않다. 그러나 박정희의 가치가 복제된 산업화 세대들에게 '박근혜'라는 기표signifier는 자신들의 청춘을 상징하는 소중한 의미signifiant가 된다. 그들은 '박근혜'를 매개로 흑백사진 속에서 노랗게 빛나는 청춘의 기억을 더듬으며 여전히 '박정희'를 기다리는 것이다.

트라우마:
절망과 싸우는 박근혜

◆

박정희 전 대통령의 흔적을 찾기란 쉽지 않았다. 박근혜의 공식 홈페이지는 물론 미니홈페이지를 뒤져봐도, 박정희 전 대통령의 사진은 없다. 의아하게 느낄 만한 일이다. 그녀의 공식 홈페이지(www.parkgeunhye. or.kr)에는 의정활동 이후의 사진만이 나와 있으니 그럴 수도 있겠다 싶다. 그러나 '미니홈피(www.cyworld.nate.com/ghism)'에서도 박정희 전 대통령의 사진은 찾을 수가 없다. 그녀의 온라인 사진첩에는 자신의 어렸을 때 모습, 어머니 육영수 여사의 모습, 동생 박지만 씨의 가족, 그리고 길렀던 개들이 단골손님으로 등장한다. 그러나 박정희 전 대통령의 사진은 어디에서도 단 한 장 발견할 수 없다. 미니홈피란 정치인에게 있어 대중들과 만나는 자신의 소박한 응접실이나 거실과 같은 곳이다. 아무래도 공개하기 힘든 안방과는 달리, 찾아오는 손님들에게 자신의 취향이나 사는 모습을 자연스럽게 보여주는 사이버 영역이다.

이 대목에서 쓸데없는 추리라도 한 번 해봄직하다. 하늘과 같은 아버지의 사진을 쓰는 것이 불경스러워 감히 엄두가 안 나서일 수도 있다. 그렇다고 해도 아버지 사진 한 장, 온가족이 모두 함께 찍은 가족사진한 장 없다는 것은 선뜻 이해가 가지 않는다. 또 박정희 전 대통령의 딸이라는 '꼬리표'를 당당히 떼어내고 이미지의 자립을 꾀하고 싶어서일 수도 있다.

약간 각도를 바꾸어 좀 더 전략적으로 해석해볼 수도 있다. 즉, 수많은 적을 가진 박정희 전 대통령을 앞세우는 것이 정치적으로 부담스러워서라는 추측도 가능하다. 그러나 이러한 추리만으로는 왠지 부족한 느낌이 있다. 박근혜는 아버지의 추모제에서 당당히 추모사를 남겼다. 또 최근에 와서는 아버지가 꿈꾸었던 나라, 아버지가 소중히 했던 '가치'를 설파하고 있다. 무엇보다 '강한 여자' 박근혜가 단지 아버지를 둘러싼 논란을 피하기 위해 자신의 미니홈피에 사진을 전혀 올리지 않았다는 것은 그녀를 지나치게 과소평가하는 것일지도 모른다.

아버지 박정희 전 대통령에 대한 사진은 없지만 대신 어머니 육영수 여사의 사진은 곳곳에서 찾을 수 있다. 그녀는 손님들을 맞는 그 거실에 아버지의 사진은 내놓지 않지만 어머니에 대한 그리움은 숨기지 않고 드러낸다. 생각보다 많은 손님이 아버지의 손님일지도 모르는데 말이다. 사실 정치적 의미에 있어 육영수 여사는 '유신체제'를 둘러싼 날선 정치적 공방전의 바깥에 위치한다. 아버지 박정희 전 대통령이 논란의 한가운데에 있고, 평가가 극에 극을 달리는 것과 달리 영부인인 육영수 여사에 대한 비판의 화살은 많지 않다. 다시 말해 어머니 '육영수'가 차지하는 의미의 영역은 현대사를 둘러싼 다양한 정치적 담론들이 '휴전하는 공간'이다. 박근혜에게 육영수 여사는 이제 여전사로 변한 자신이 돌아가고 싶은, 그러나 돌아갈 수 없는 '행복'의 공간이 된다. 박근혜는 미니홈피에서 자신의 '행복한 모습'만을 내보여주고자 했을 수 있다.

빗나가더라도 한 발 더 나아가보자. 박정희 전 대통령의 공과에 대한 평가는 차치하고서라도 대한민국에서 가장 자랑스럽게 내놓을 만한 가족사진이 박근혜의 사진첩에는 왜 없을까? 지금의 그녀에게 '가족'은 깊은 상처, 상실의 공간이기 때문이다. 더 정확히 말하면 그녀에게 결핍과 상실이 없는 '돌아가고 싶은 그 어느 시점'은 바로 그녀가 공인公人이 되기 이전, 즉 어머니와 함께 지냈던 그 시기일 수 있다. 그녀에게 있어 행복의 공간은 그녀와 그녀의 어머니 바깥에서는 찾을 수 없다는 얘기다.

다시 라캉의 이론을 빌려오자. 모태는 아이에게 있어 모든 것이 충족되는 공간이다. 즉, 모성은 모든 것이 충족되는 자연적 '만족'의 상태이다. 그러나 모성으로부터 분리된 아이가 처음으로 맞부딪쳐야 할 것은 '아버지', 즉 현실의 영역이다. '아버지의 이름Name of the Father'이라 불리는 그 외부는 아이가 사회 속에서 한 명의 성인이 되기 위한 규범과 규칙의 세계, 이성의 세계, 질서의 세계이다. 아버지는 아이에게 '두려움'의 공간인 동시에, 패배와 굴종의 공간이다. 따라서 현실에 진입하기 이전, 규범의 세계인 '아버지의 공간'에 진입하기 이전 아무런 상처도 없었던 그때를 인간은 항상 그리워한다. 인간은 언제나 상처받기 이전의 완벽하고 결여lack가 없는 곳, 상실이 없는 지고의 행복한 세상을 꿈꾼다. 이곳은 누구에게나 다시 돌아가야 할 꿈이요, 이상향이다. 그러나 우리는 그곳에 갈 수 없다. 그래서 모든 이들에게 정신적 상처trauma로 남게 된다.[10] 우리는 언제나 되돌리고 싶은 어느 한 지점이 있다. 즉, 사람은 항상 나 자신을 짓누르는, 현실의 고통에서 벗어날 수 있는 그 어떤 곳을 지향하고 꿈꾼다.

---

10 Anderson, Misty (2009), http://web.utk.edu/~inisty/Anderson376Lacan.html.

박근혜의 저서는 총 7권이다.《절망은 나를 단련시키고 희망은 나를 움직인다》(2007, 위즈덤하우스) 딱 한 권을 빼놓고는 모두 정치무대에 등장하기 이전에 쓴 책들이다. 또 이중 박정희 전 대통령의 생존 당시의 저서는《새마음의 길》(1979, 사단법인 구국여성봉사단) 하나이며, 나머지 다섯 권의 책은 박정희 전 대통령 사후, 그리고 정치에 입문하기 전에 집필했다. 제목들을 살펴보았다.《평범한 가정에서 태어났더라면》(1993, 남송문화),《내 마음의 여정》(1995, 한솔미디어),《결국 한 줌, 결국 한 점》(1998, 부일),《고난을 벗 삼아, 진실을 등대 삼아》(1998, 부일),《나의 어머니 육영수》(1999, 사람과사람) 등이다. 그중 홈페이지에 소개되어 있는 저서《결국 한 줌, 결국 한 점》의 한 부분을 소개한다.

> 어머니에 대한 추억과 그리움 때문에 아버지는 어머니가 가신 후 봄철을 맞으시는 감회가 남다르셨던 것 같다. "봄은 해마다 해마다 어김없이 찾아오는데 인생은 왜 한 번 가면 다시 돌아올 줄 모르는가?" 하시면서 한편으로는 반갑게 또 한편으로는 슬프게 봄의 꽃들을 맞곤 하셨다.

이 글의 소제목은 '봄 꽃 속에서 피어나는 부모님 추억'이지만, 그 내용은 기실 어머니에 대한 추억이며, 글 속의 아버지 박정희 역시 어머니를 그리워하고 있다. 이 글에서는 어머니가 부재한 이후 아버지 역시 '슬프게 꽃들을 맞는', 즉 행복한 사람이 아니다. 박근혜의 슬픔을 함께 공감하는 아버지도 그녀에게는 슬픔과 상실의 공간이므로, 아버지에게서 그녀의 행복을 찾을 수 없다.

좀 더 정확히 말하면, 박근혜에게 그 공간은 '행복'이 연장되는 공간이 아닌, 두려움의 공간이다. 오히려 그녀에게 '아버지 박정희'가 차지하는 공간은 자신의 '행복'을 신기루마냥 사라져버리도록 만든, 극복할 수 없는 두려움의 공간일 수도 있다. 대신 그녀가 돌아가고자 하는 곳은, 그녀가 멈춰 섰으면 하는 시공간은 '어머니의 생전'의 시점에 위치한다. 아버지 박정희는 그녀가 가야 할 '이성적 목표'가 될 수는 있어도, 긴장을 풀고 편히 자신의 마음을 내려놓을 수 있는 '결여가 없는 행복의 공간'은 아니다.

따라서, 미니홈피에 나타난 '아버지 없는 사진첩'은 그녀의 상처가 여전히 아물지 않았음을 추측케 한다. 그리고 그것은 박근혜가 아직 스스로 부모와 자신의 삶의 영역을 떼어내지 못하고, 그곳에서 맴돌고 있음을 보여주는 것일 수 있다. 박근혜의 마지막 저서의 제목 '절망은 나를 단련시키고 희망은 나를 움직인다'는 역설적으로 그녀가 여전히 절망과 싸우고 있음을 보여준다.

박근혜 담론:
좌냐? 우냐?

박근혜의 정치적 담론은 사실 우리에게 많이 알려져 있지 않다. 그녀가 원하는 세상이 뚜렷하지 않다는 얘기다. '영애 박근혜', '선거의 여왕', '수첩공주' 등 여러 가지 수식어가 붙어 다니지만, 정책에 대한 그녀의 가치와 노선 등이 외부에 알려진 것은 많지 않다. 즉, 그녀에 대한 대부분의 관심은 그녀의 이미지나 캐릭터에 대한 것이지, 그녀의 정책이나 업적에 관한 것은 아니다. 물론 꼭 그래야 할 필요는 없다. 역대 대통령의 공약을 보더라도 당선 이후에 생각나는 것이 아예 없거나, 많아야 한두 개 정도인 까닭은 대중들이 지도자를 선택할 때 정책 하나하나보다는 그의 삶을 보고 선택할 가능성이 높음을 보여주는 것이다. 때로는 독재에 굴복하지 않았다는 이유, 정직하게 살아왔다는 이유, 하는 일마다 성공했다는 이유 하나가 대중이 지도자를 고르는 기준이 될 수 있다.

그럼에도 불구하고 우리는 정책이나 정치담론 속에 나타나는 박근혜의 가치관이나 노선을 좀 더 진지한 자세로 분석해볼 필요가 있다. 박근혜가 스탠퍼드대학에서 한 초청연설을 한번 보자. '급변하는 세계 속의 한국과 미국(Korea and the U.S. in a Rapidly Changing World)'이라는 2009년 5월 6일 스탠퍼드대 아시아퍼시픽연구센터 초청연설이다. 이 영어 연설은 당시 여러 언론 등을 통해 화제가 되기도 했다. 이 텍스트에 대한 간략한 '비판적 담론분석critical discourse analysis'을 통해 '박근혜'를 구성하고 있는 정치적 담론구성discourse formation 또는 개별적 언술statement들을 살펴보고자 한다.

담론이라는 말만큼이나, 담론분석의 개념도 모호한 것이지만, 여기서는 영국의 담론분석학자 페어클라우Fairclough가 언급한 거시macro수준 및 중간meso 수준의 담론분석으로 접근해본다.[11] 즉, 이 연설에서 발견되는 주요한 담론들을 찾아내고, 그와 같은 담론들이 우리 사회 내부의 맥락 속에서 차지하는 의미를 분석해볼 필요가 있다.

이 연설에서 나타나는 거대담론의 맥락을 보면 '미국', '경제성장', '북핵', '자본주의', '공동체주의', '한반도'를 축으로 구성되어 있다. 이를 세세히 분석하는 것은 피하기로 하고, 크게 '미국', '북한', '자본주의' 세 가지를 둘러싼 의미구조를 분석해보기로 한다. 먼저 이 텍스트에서 나타나는 미국 담론은 한미동맹, 모미慕美주의, 보은주의 등이 눈에 띄는 대목으로, 그녀의 언술은 미국에 대한 강력하고 긍정적인 가치를 부여하는 데 중점을 두고 있다.

"저는 이 모든 것이 한국인만의 노력으로 이루어진 것이 아니란 것을 잘 알고 있습니다. 미국의 도움이 있었기에 가능했고, 스탠퍼드대학의 도

---

11 Thomas N. Huckin (2003), "6 Critical Discourse Analysis", *Functional approachs to written text*, In T. Miller(ed.).

움이 있었기에 가능했습니다. (…) 그 꿈을 이루기 위해 우리는 한국전쟁에서, 베트남에서 같이 피를 흘렸고, 이라크에서도 한국군은 미국과 나란히 참전했습니다. (…) 한국은 자유와 민주주의라는 미국의 가치 위에 좌절하지 않는 용기와 할 수 있다는 자신감, 공동체를 위한 헌신으로 (…)"

이 같은 선명한 친미담론은 한국 사회 내부에서 보수정치 진영의 핵심적 가치이며, 또 대중적으로도 한국전쟁 이후 주류적 가치로 자리 잡은 논리라 할 수 있다. 특히 '혈맹' 논리는 정치적, 이념적 입장을 떠나 대체로 미국에 대한 우호적 정서를 표시하는 '수사rhetoric'로서 보수진영뿐만 아니라 민주화 정치세력 중 주요 인사들의 미국 방문에서도 등장했다.

그러나 이 같은 친미담론이 한국 사회에서 다수에게 수용되는 주류적 위치를 가졌다 할지라도 보수와 진보 양 진영 간의 표현상 강조점은 다르다. 즉, 대체로 모미, 보은논리로 구성된 친미담론은 한국의 진보진영에서는 강하게 나타나지 않거나, 생략되는 경향이 있다. 미국에서의 연설인 것을 감안해도 박근혜의 미국에 대한 입장은 대체로 전통적 보수 또는 한국의 이념지형 내에서 뚜렷한 보수정체성을 보이고 있다.

이 연설문 내에서 나타나는 북한에 대한 언급들은 다음과 같은 주요한 덩어리로 구성되어 있다. 즉, '북핵폐기론', '6자회담 한계론', '한반도 평화담론' 등 북한문제에 대한 포괄적 해결 및 상설협의체화 등을 해결책으로 제시하고 있다. 사실 '북핵폐기론'은 한국 사회 내부에서 보수와 진보진영 간의 특별한 정치적 차이가 나타나는 언술은 아니다. 다만 박근혜의 북핵 관련 내용은 전통적 보수논리와는 차이를 보인다.

다시 말해 김정일 '독제체제'에 대한 비판, 북주민 인권문제 등 보수진영의 전형적 대북비판 논리가 발견되지 않는다. 즉, '북핵폐기론'은 한국 사회 내에서 보수와 진보 간의 첨예한 대립소재가 아니다. 또 '6자회담 틀' 역시 보수진영뿐만이 아닌 민주화 진영에서도 현실적으로 수용하는 논리다.

물론 맥락상 간접적으로 비판하고 있는 '북미불가침조약'은 진보진영이 아닌 보수진영의 입장이지만, 적어도 이 연설문상에서는 불가침조약과 함께 거론되는 '북한체제 인정'을 적극적으로 반대하고 있다고 보기도 어렵다. 즉, 이 연설문에서 나타나는 박근혜의 대북담론은 대체로 온건보수 또는 중도적 위치에 있는 것으로 보인다. 사실 이는 박근혜가 북을 방문해 김정일 국방위원장을 만난 것에 대한 한국 내 극우보수 측의 비판과도 맥이 닿아 있는 부분일 수 있다.

다음은 '자본주의'와 관련된 것인데, 특히 흥미를 끄는 대목이다. 박근혜가 자본주의를 설명한 부분의 소제목은 '원칙이 바로 선 자본주의를 향하여(pathway to the disciplined capitalism)'이다. 당장 '자본주의'라는 단어 자체가 가장 먼저 눈에 띈다. 우리 사회에서는 대개 '자본주의'라는 용어는 '시장주의'라는 단어로 대체되는 경향이 있다. 두 단어의 의미가 학술적 의미에서 정말 같은 것인지, 다른 것인지를 구분하는 것은 별 의미가 없다. 다만, '자본주의'라는 용어 자체는 '시장주의'와 대비해 대개 부정적 어감을 전달한다. 따라서 이 연설문상에서 '자본주의'라는 단어는 이미 그 이후에 나올 그녀의 논리가 '자본주의'에 대한 비판을 담고 있을 것이라는 전조가 되고 있다. 동시에 '원칙이 바로 선'이라는 대목에서 볼 수 있듯이 자본주의를 윤리적, 규범적으로 접근하고 있는 점 역시 눈에 띈다.

박근혜는 '원칙이 무너진 자본주의'에 대해 비판하면서 세 가지를 예시하고 있는데, 먼저 탐욕으로 표현되는 '도덕성' 문제, 다음은 소외계층에 대한 배려 등을 포함한 '공동체적 선'의 문제, 마지막으로는 '보호무역주의'를 지칭하고 있다. 특히 이중 두 가지, '시장 내부의 도덕성 문제'와 '소외계층에 대한 배려 문제' 등은 대체로 전통적, 또는 원칙적 '시장주의자'들의 논리, 나아가 '신자유주의자'들의 논리와는 상당 부분 거리가 있는 대목이다.

> "개인의 이익과 사회공동선이 합치될 때, 그것이 진정한 성장이고, 지속가능한 이윤을 낼 수 있다는 것에 대한 경제주체들의 합의가 중요합니다. (…) 앞으로는 주주 이익과 공동체 이익을 조화시킴으로써 기업윤리를 더 높이 창달해야 할 것입니다. (…) 정부는 공동체에서 소외된 경제적 약자를 확실히 보듬어야 합니다."

연설문을 좀 더 구체적으로 뜯어내 해독하면, 이명박 정부가 초기에 내걸었던 미국 우파들의 '적하trickle-down모형(부자나 대기업에서부터 경기를 부양시켜 서민에까지 그 효과가 미치도록 한다는 경제모형)'에 입각한 경제정책이나, 자본의 세계화 등을 골자로 하는 신자유주의와 대립되는 경제철학이 드러난다. 즉, 경제논리와 시장을 '공동체의 행복'이라는 공동체주의와 연계시키고 있다. 또한 주주 이익과 공동체 이익을 조화시킨다는 대목 등은 전통적으로 '자본주의자'들이 주주자본주의를 성역처럼 신봉하는 것과 비교하면 역시 눈에 띄는 대목이라 할 수 있다. 박근혜의 이 연설에서는 경제철학과 관련해 '중도성'이 강하게 나타나며, 큰 윤곽만으로 보았을 때 한국 정치 내부에서 그동안 '민주화 정치세력'

이 내걸었던 경제정책의 정체성과 큰 거리가 있는 입장이라고 보기 어렵다.

즉, 연설문을 통해서 본 박근혜의 정책적 정체성은 큰 틀에서 볼 때, 강력한 한미친선주의를 제외하면, 전통적인 보수진영 또는 이명박 정부의 이념노선보다는 대체로 왼편으로 이동하고 있는 것으로 볼 수 있다. 박근혜는 최근 자신의 정책지향을 '복지'로 내세워 화제가 되고 있다. 복지가 '전통적 진보'의 아젠다로 여겨지므로 이에 대한 반향도 컸다. 박근혜의 복지가 국태민안에서부터 오는 '민본'의 가치이든, 아니면 서구의 사민주의 노선에 기반을 둔 '사회보장'의 영역이든 중요하지 않다. 그 결과로 나타나는 것은 '진보적 아젠다'의 점유 또는 횡단이다.

박근혜의 이름으로?

◆

한국 대중과 '박근혜'의 조우는 미디어가 재현해낸 '대통령의 딸을 바라보는 대중의 시선' 속에서 이루어진 것이다. 이때 우리는 공주 또는 집안 좋은 미혼여성을 만날 때 가지는 기존의 의미구조, 즉 '공주의 신화'를 떠올리며 그녀를 만나게 된다. '왕의 딸'이라는 인식의 구조는 그녀를 바라보고 그녀를 응대하는 우리의 프레임 한가운데에 있다. 따라서 '홀로서기'를 해나가는 그녀에 대한 응원은 마치 브라운관 앞에서 사극의 주인공에게 감정이입을 하는 것과도 같다.

한편 그녀의 높은 지체, 그리고 오랜 독신의 지위는 곧 우리 사회 내부에서 여성 정치인을 '상처받기 쉬운 순결함'의 이미지로 재현해내는 '남성중심적 시선'과 결합해 '성녀'의 이미지를 만들어낸다. 그녀와의 만남에서 생성되는 의미의 구조는 '박근혜'를 통해서만 만들어지는 것이 아니다. 대중의 내부에서도 만들어진다. 사실 박근혜와 악수하며, 환호하고, 눈물짓는 그들은 박근혜가 아닌 자기 자신의 삶의 의미와 조우하는 것이다. 박정희 가치를 복제해서 살아온 그들에게 있어 그 시절, 그리고 그 시절의 등장인물인 박근혜의 손을 잡고 감격하는 것은 자신들이 지나온 청춘에 바치는 제의祭儀와도 같다.

박근혜가 아버지로부터 받은 유산은 가볍지 않다. 그녀는 '최고의 지도자'와 '독재자의 딸'이라는 가장 상반된 두 가지 호칭을 안고 존재한다. 그러나 좀 더 정확히 말하면 박근혜는 아직도 '퍼스트레이디'의 정체성을 가지고 있는지도 모른다. 우리는 그녀의 이미지에서 아버지 박정희가 아닌 어머니 '육영수'의 아우라aura를 감지해낸다. 그녀의 삶은 대중의 삶에서 유리된 '고난'이다. 물론 욕망의 주체들 각각이 느끼는 '고난의 무게'를 달아보는 것은 온당치 않다. 다른 사람의 삶의 무게를, 설혹 그것이 억울한 죽음일지라도 결코 우리는 다른 사람의 고통을 체험할 수 없기 때문이다. 생존과 결핍의 고통, 존재감 자체가 사라져가는 두려움을 일상적으로 경험하며 살아가는 대중과 그녀의 삶은 동질적이지 않다. 또한 그녀는 권력의 칼날이 머리를 스치는, 때로는 그 달콤함이 유혹하는, 음모와 피비린내가 나는, 물러설 곳이 없는 지점에서 벌이는 정치권력의 과정 밖에 있을지도 모른다. 그녀는 여전히 어머니를 그리워하며, '아버지의 이름으로' 정치를 하고 있다. 그리고 그녀를 응시하는 대중의 시선은 그녀를 응원하며, 행복을 기원하는 눈물 많은 팬들일 수 있다.

그럼에도 불구하고 박근혜와 대중관계의 본질은 거리감이다. 그녀에 대한 대중의 추억은 과거에 머무른다. 과거, 특권, 신성, 아픔 등이 그녀를 구성하는 주된 모티프이다. 그것들이 우리로 하여금 거리를 두게 만든다. 그 '거리distance'는 우리 스스로를 밑에 두도록 만드는 거리일 수도 있고, 그녀가 원치 않았지만 부정할 수 없는 운명의 굴레를 둘러싼 거리감일 수도 있다. 이 거리감은 이중적이다. 높기 때문에 숭모의 대상이 될 수 있는 동시에, 떨어져 있으므로 거부감을 주거나 낯선 것이 된다. 그녀가 있는 곳은 저잣거리가 아니다. 길고 긴, 그리고 고요하고 단아한 과거의 회랑이다. 그녀는 모든 이들의 성녀가 될 수 있지만, 우리의 편으로 인식되기는 힘들다. 좋은 의미로든, 나쁜 의미로든 '거리감'은 그녀와 대중 간 관계의 본질이다. 그것은 특권이 될 수도 있지만 위기의 시작이 될 수도 있다. 이렇듯 그녀에 대한 거리감, 다시 말해 그것이 비극의 왕녀이든, 범접이 어려운 성녀이든 그 거리감은 이중적이다. 숭모를 만드는 대신, 배척과 무시를 만들어낼 수 있다.

박근혜가 살아온 과정은 비록 딸일지라도, 아무리 그녀가 박정희 전 대통령과 가까워도 아버지 삶의 궤적을 대신할 수도 없고, 비슷하지도 않다. 오히려 '박근혜의 이름으로' 하는 정치는 여전히 희미하며, 때로는 가슴이 아프다. 물론 박근혜의 따뜻한 손길이 지도자와의 공감을 요청하는 '시대정신'으로 승화해, 대중들이 갈구하는 대상이 될 수도 있다. 그럼에도 불구하고 그녀의 이야기는 아직 빈 공간이 많다. '박근혜 현상'에는 박근혜가 차지하는 공간이 많지 않다. 그녀는 자신의 얘기를 좀 더 들려줘야 한다. 그녀는 대통령인 아버지도 아닌, 영부인인 어머니도 아닌 '박근혜의 이름으로' 자신의 삶을 대중에게 공감시켜야 한다.

박근혜 담론과 대중의 선택

◆

푸코Michel foucault의 규정을 빌자면 담론이라는 것은 '무엇을 생각하도록 만드는, 또는 무엇이 옳은 것인지를 가려내고 결정하는 지식이자 권력Power/Knowledge'[12]이다. 박근혜 역시 수십, 수백 개로 이루어진다면 거울과 같이 우리 시대를 가로지르는, 또는 세상을 움직이는 수많은 논리와 지식, 그리고 이념과 실천이 복합적으로 교차하고 반영되는 주체subject이자 대리인agent이다.

따라서 박근혜를 안다는 것은 '박근혜'라는 표상을 우리가 어떤 방식의 의미를 수용하는지, 그리고 박근혜를 구성하는, 박근혜가 믿고 있는, 또는 박근혜가 담고 있는 그녀의 신념과 이데올로기를, 즉 '박근혜 담론'을 들여다봄으로써 가능한 것이다. 박근혜 담론이라는 것은 박근혜에 대해 우리가 알고 있는 것들, 박근혜가 이러저러하다고 믿는 것들과 다르지 않다. 물론 박근혜 담론만으로 다음 대선을 전망할 수는 없다. 궁극적 결정은 바로 대중의 몫이기 때문이다.

---

12 사라밀스 (2004), 임경규 역,《현재의 역사가 미셸푸코》, 앨피, 2008.

뭇 대중의 마음속에서 만들어지는 갖가지 감정은 한데 모여서 바람이 되고 세상을 움직인다. 혹자는 그것을 시대정신이라고 이름붙이기도 한다. 물론 현실 정치가 시대의 풍향을 거스르기란 쉽지 않다. 꽃은 혼자 잘나 도도히 피는 것이 아니라, 햇살과 바람이 따스한 봄이 되어야 필 수 있는 것과 같다. 우리는 우리의 삶 이전에 만들어진 수많은 조건들 속에서 태어나, '자신'이라는 존재를 지키고자 하는 생명의 욕망에 의지해 개별적 삶을 영위한다. 지금 바람은 동에서 서로, 우에서 좌로 분다. 다수의 한숨이 소수의 욕심을 먹구름처럼 덮어간다는 얘기다. 그래서 만들어지는 것이 좌우를 불문하고 마치 유행처럼 번지는 '복지 담론'의 등장일 테고, 얼마 전까지도 샛노랗게 '실용'이 전부인 것처럼 떠들던 민주당이 마치 단풍 맞듯이 벌겋게 진보를 외치는 것이 꼭 유행 때문만은 아닐 것이다. 또 '세계화 시대에 강한 자만 살아남는다'며 성장과 성공을 외치던 이명박 정부조차 시간이 흐르면서 '친서민정책'이나 '공정한 사회정책'을 내놓게 된 것 역시 거친 물살을 거슬러 올라갈 수가 없었기 때문이리라.

우리는 우리 자신의 역사를 만든다. 대중의 삶은 스스로 산이 되며, 물살이 되고, 또다시 협곡이 되고, 바람과 구름이 되어 세상을 만든다. 대중은 스스로 존재를 보존하고자 하는 자기보존의 욕망, 즉 '코나투스 conatus'[13] 속에서 옳든 그르든 미래에 대한 선택을 한다. 물론 결과를 알고 하는 선택 따위는 없다. 살고자 하는 선택이기 때문에 옳다고 생각할 뿐이다.

대한민국의 갖가지 담론을 작동하게 만드는 거대한 바람이 거세게

---

13 질 드뢰즈 (1981), 박기순 역, 《스피노자의 철학》, 민음사, 2009.

분다. 푸코의 표현을 빌자면 모든 담론들, 좀 더 쉽게 말하면 이 사회의 여러 가지 주장과 논리들을 개별적으로 작동하도록 만드는 '에피스테메episteme(특정시대 전반을 관통하는 거대지식 또는 인식체계)'의 전환 시기라고 할 수 있다. 양극화 해소, 공정사회, 복지사회, 부유세, 고용안정 등 이 모든 개별적 정치담론을 작동하게 만든, 시대의 흐름을 조건 짓고 생성하는 민심은 마치 대자연의 힘과 같이 '시대의 기후'로서 개별 정치를 관통한다. 박근혜의 생장生長 역시, 과연 그녀가 꽃을 피우고 열매를 맺을지는 시대의 맥락 바깥에서 결정되는 일이 아니다.

정한울 | EAI 여론분석센터 부소장

여론을 통해 본 박근혜의 강점과 딜레마

4

●최근 박근혜의 일거수일투족이 사회적 관심을 모으고 있다. 젊은 시절 비키니 사진부터 모교 신문광고, 국감에서의 발언 하나하나가 각종 매체의 톱뉴스를 장식하고 있다. 과거 독재자의 딸로만 평가절하하던 진보진영에서도 '박근혜 현상'에 대한 진지한 탐색이 이루어지고 있다. 2012년 대선을 2년여 남긴 현 시점에서 박근혜에게 쏠리는 관심은 일종의 사회적 신드롬이 되었다. 영향력에서 이미 대통령급이라는 평가가 과하지 않다. 무엇보다 각종 여론조사에서 여야를 막론한 차기 예비주자들을 제치고 큰 격차로 앞서 나가면서 '미래권력'에 가장 근접해 있기 때문이다. 현실적으로도 세종시 논란과정에서 현직 대통령의 구상에 정면으로 맞섰음에도 불구하고 정치적으로 생존하는 수준을 넘어, 오히려 현재 권력구도를 좌초하게 할 만큼의 존재감을 과시하고 있다.

박근혜에게 집중된 관심은 결국 '박근혜가 대통령이 될 수 있을 것인가?'라는 질문으로 귀결된다. 이 질문에 대해서는 '거품론'과 '대세론'이 맞서고 있다. 하지만 각각의 입장을 뒷받침하는 일관된 논리나 경험적 근거, 균형 잡힌 평가 등은 찾아보기 힘들다. 주기적으로 발표되는 각종 여론조사를 통해 알려진 몇 가지 단편적인 사실들을 각자의 입장에 맞게 짜 맞추는 수준이다. 즉, 박근혜에 대한 호불호라는 당파적 차이가 대세론과 거품론을 결정하는 요인인 셈이다.

최근 박근혜에 관한 수많은 여론조사 결과가 언론을 통해 소개되고 있다. 이를 통해 널리 알려진 사실은 차기 예비주자로서 20~30%대의 안정적인 지지율로 앞서가고 있으며, 특히 영남 및 보수층, 저소득 서민층을 핵심 지지기반으로 삼고 있다는 것, 그리고 이들 고정 지지층 이외의 계층에서는 박근혜의 지지기반이 확대되지 않는 '비확장성 문제'가 있다는 정도다. 하지만 중요한 것은 20~30%대라는 지지율 자체가 아니다. 어떻게 박근혜가 20~30%대의 지지율을 차지하는 정치인으로 성장할 수 있었는지, 영남과 보수층은 왜 그를 안정적으로 선호하고 있는지, 반대로 중도층이나 고학력층까지 지지층이 확대되지 못하는 이유는 무엇인지 하는 것이다. 하지만 현재까지는 이러한 질문에 대한 논의는 거의 찾아보기 힘든 상황이다.

박근혜 현상을 이해하고 앞으로 전개 경로를 예측함에 있어 '왜?'라는 인과관계에 대한 의문은 매우 중요하다. 왜 그런지 알아야 해법을 찾을 수 있고 미래에 대한 예측이 가능해진다. 이를 위해서는 분석 프레임의 변화와 그에 따른 부가적인 분석이 필요하다. 필자는 다음과 같은 분석 프레임과 부가적인 분석을 통해 박근혜 현상 자체보다는 왜 그러한 현상이 나타났는지, 현재의 여론 환경은 박근혜에게 어떠한 변화를 요구하는지, 그리고 이러한 변화를 어렵게 하는 요인은 무엇인지 설명하고자 한다.

첫째, 무엇보다 박근혜의 행보와 여론의 반응을 연계하여 분석하는 시각 전환이 필요하다. 박근혜 현상을 이해하는 근본적인 시각 차이는 거품론이나 대세론이 아니라 박근혜 현상의 원인을 '박근혜 자체에서 찾는가' 아니면 '비박근혜적 요소에서 찾는가'에서 갈린다. 너무나 당연하지만 박근혜 현상의 상당 부분은 '박근혜'라는 원인에 대한 결과다. 그러나 그동안 한국사회가 '독재자의 딸', '박정희 전 대통령의 후광효과'를 큰 의문 없이 받아들이면서 정작 박근혜 현상 분석에서 박근혜 요인을 간과해온 것이 사실이다. 박근혜의 행적과 당시 여론의 변화에 조금만 관심을 가지고 연결시켜보면 왜 현재의 영남 보수층 중심의 지지기반이 만들어졌고, 왜 박근혜의 지지층은 견고하고 안정적인지, 왜 확장성을 갖지 못하는지 합리적 추론이 가능하다.

둘째, 박근혜의 행적과 여론의 반응을 연결시켜보자면 필연적으로 박근혜 현상에 대한 역사적 접근법을 취해야 한다. 박근혜의 행적은 말 그대로 특정 시점에서의 정치행위를 의미하는 것이 아니라, 시간의 흐름에 따른 정치적 선택과 행동의 변화과정을 의미한다. 박근혜 현상에서 박근혜 변수에 주목하는 순간, 사람들의 오해와는 달리 박근혜의 정치 행보는 상당히 역동적인 변화과정을 겪어왔음을 확인하게 된다. 이에 따른 여론의 반응도 변화해왔다. 영남 보수층 중심의 지지기반은 일순간 아버지의 후광으로 얻어진 선물이 아니라 2002년 한나라당 탈당과 복당과정, 2004년 탄핵 이후 구원투수로 등장하여 당 개혁을 무기로 당을 장악하는 과정, 이후 노무현 정부와 국가정체성 이슈를 매개로 전면전을 전개하는 과정을 거치면서 얻은 정치투쟁의 결과라는 것이다.

마지막으로, 여론에서 나타나는 박근혜 현상의 근원을 이해하는 데 박근혜 변수에 대한 고려가 필요하듯이 박근혜가 앞으로 걸어갈 행보를 예상하기 위해서는 여론이 제공하는 제약요인에 대한 이해가 필수적이다. 중요한 것은 지지율 비확장성 문제 자체가 아니라 확장되지 못하는 원인을 찾는 것이다. 앞으로 확장이 가능한지 여부를 맞추는 것보다 확장을 가로막는 요인들에 대한 진단이 중요하다는 것이다. 박근혜가 현재의 비확장성 문제를 해결하기 위해서는 현 여당 지지층의 온전한 흡수를 가로막는 이명박 대통령과의 관계 설정 문제, 지지층 확대를 위해 이념적 중도화 전략의 필요성과 본인의 강한 이념적 보수성 간의 간극 문제, 국정운영 능력에 대한 여론의 불신 문제 등 크게 세 개의 큰 딜레마를 넘어서야 한다.

혹자는 박근혜가 보여준 것이 아무것도 없다고 평가하기도 한다. 그러나 지난 행적을 돌이켜 정리하면서 느낀 점은 박근혜가 오히려 많은 말과 많은 행동을 보여준 정치인 중 한 사람이라는 것이다. 다만 현 정부에 들어와 박근혜의 정치 스타일이 매우 신중해졌고, 외부와의 소통은 주로 대리인을 통한 간접소통 방식으로 바뀌었다. 그러나 이러한 침묵이 박근혜의 본 모습은 아니며, 소위 2012년 대선 승리공식에 대한 답이 나오지 않은 상태에서 나온 전략적 스탠스인 것으로 해석해볼 수 있다. 2004년부터 2006년까지 박근혜의 행적에 비추어보면 자신의 대선 방정식에 대한 해법이 정해질 경우 생각한 것 이상의 말과 행동을 만날 수 있을 것으로 보인다. 물론 그러한 말과 행동이 어떠한 결과를 가져올지는 별도의 문제다.

대중 속의 박근혜 현상:
대통령급 정치인 박근혜

◆

이명박 정부가 새 내각 인선 및 '미국산 쇠고기 수입' 조치에 따른 촛불 시위로 큰 위기를 겪던 초기 시점을 제외하면 박근혜는 항상 정국의 핵심에 서 있었다. 박근혜에게 집중된 사회적 관심과 박근혜가 정국에 미친 영향력을 보면 이미 대통령급이다.

정부 여당의 정책 추진 과정을 살펴보면, 2009년 7월 정부가 야심차게 추진했던 미디어법의 국회 통과나 2009년 말부터 2010년 초까지 정국을 달군 세종시 수정안 추진 과정에서 청와대, 정치권, 언론은 박근혜의 입에 시선을 집중해야 했고, 박근혜의 행보는 실제 정국 변화의 분기점으로 작용해왔다. 특히 세종시 수정안이 결국 수포로 돌아갈 수밖에 없었던 데는 야당의 반대보다도 박근혜의 역할이 결정적이었음을 부인하기 힘들다.

파워게임의 관점에서 보더라도 2007년 한나라당 대선 경선과정에서부터 시작해 세종시 대결에 이르기까지 박근혜를 견제하려고 했던 친이계의 구상은 모두 무위로 돌아갔다. 우선 2008년 이명박 정부 취임 직후 치러진 총선 공천을 통해 친박계의 힘을 빼려 했던 친이계의 구상은 탈당한 '친박연대'의 선전으로 오히려 박근혜의 저력을 확인시켜주기만 했다. 2009년부터 2010년에는 두 번의 개각과정에서 개혁총리론을 앞세운 정운찬과 40대 총리론을 앞세운 김태호 모두 박근혜의 대항마로 성장하지 못하고 중도에 좌초했다. 결국, 집권 초중반기 대통령의 권력이 살아 있는 시점임에도 박근혜는 대통령과 여당 주류와의 치열한 권력게임에서 생존에 성공한 것으로 비추어졌다.

한국 정치에서 일종의 신드롬처럼 박근혜의 일거수일투족에 관심을 가질 수밖에 없는 또 다른 이유는 결국 '차기 대통령은 박근혜 아니냐'는 암묵적인 대세론의 확산 때문이다. 이명박 정부 이후 실시된 각종 여론조사에서 박근혜는 예비 대권주자 중 필적할 대상 없이 독주하고 있다. 이 책에서 이철희가 주장한 것처럼 현 국면이 지속될 경우 차기 대선은 여당 내 경선이나 여야 간 대결의 의미 대신 실질적으로는 박근혜에 대한 찬반투표의 구도대로 진행될 가능성도 제기된다.

실제로 단순한 인물 호감도 조사가 아닌 차기 대통령으로 지지할 정치인을 선택하는 조사에서 아무런 당직도 없이 20~30%대의 안정적인 지지기반을 유지할 수 있는 정치인은 3김 이후로 찾아보기 힘든 현상이다. 여론 지지율에서 여권에서든 야권에서든 현직 정치인들 중 박근혜에 대응할 만한 동급 정치인은 찾아보기 힘들다. 청와대와 친이 주류에서 박근혜 대항마 키우기의 일환으로 정운찬이나 40대의 김태호를 발탁했다는 것은 현 여권 내에 마땅한 대안이 없음을 반증하는 것이기도 하다. 야권에서도 본인의 의사와 무관하게 반기문을 영입하자는 이야기가 끊이지 않는 것도 같은 맥락이다. 박근혜 대세론이 힘을 얻는 것은 이러한 이유들 때문이다.

이에 대한 반론도 만만치 않다. 즉, 박근혜 현상은 거품으로 끝날 것이라는 것이다. 거품론은 무엇보다 박근혜 현상이 자력에 의한 것이라기보다는 아버지 박정희 전 대통령의 후광에 기반하고 있다는 후광론에 근거를 두고 있다. 2012년 차기 당내 경선과 본선에서 최후의 승자가 되려면 자력에 의해 형성해온 리더십과 정치력이 필요한데 박근혜는 그렇지 못하다는 주장이다. 또한 대선까지 많은 변수와 시간이 남아 있으며 실제로 현재의 우세를 유지하기 어렵게 할 각종 불리한 요인들이 현실화될 경우, 현재 여론조사에서의 우세는 잠정적이고 일시적 현상으로 그칠 것이라는 것이다. 가깝게는 2006년 초까지만 해도 지지율이 10%에 못 미치던 이명박이 당시 대세론을 이끌던 고건, 박근혜를 제치고 결국 50%에 육박하는 득표로 당선되고, 2002년 초에는 민주당에서 크게 앞서가던 이인제가 노무현 돌풍에 무릎을 꿇었던 사례를 보더라도 대세론에 큰 의미를 부여해서는 안 된다는 것이다. 박근혜 입장에서 최악의 시나리오는 선거 국면에 다가갈수록 박근혜 지지율이 답보하고, 야권에서 경쟁력 있는 후보군이 등장하거나 후보단일화를 통해 경쟁력을 높여나가는 경우다. 선거 승리를 절대명제로 생각하는 한나라당 지지층에서 대안론으로 급격한 중심이동이 발생할 경우 대세론은 쉽게 와해될 수 있다는 것이 거품론의 요지다.

실제로 정부 여당의 참패로 끝난 6·2지방선거에서 여당후보로서 수도권을 지킨 오세훈, 김문수는 선거 후 한나라당 지지층에서 지지율이 상승하면서 잠재적인 경쟁자군으로 떠오르고 있다. 야권 역시 10월 3일 실시한 민주당 전당대회를 통해 새로 선출된 손학규가 전당대회 이후 급부상하고 있으며, 20~30대로부터 상당한 지지를 얻고 있는 최대 뉴스메이커 유시민, 오세훈과 0.4%P의 접전을 벌인 한명숙 등을 보면 현 야권의 후보군은 2007년에 비해 상대적으로 강하다. 지방선거에서 승리한 김두관, 안희정, 이광재나 전당대회에서 일약 4위로 당 최고위원에 선출되며 486 돌풍을 이끈 이인영의 선전으로 인해 민주당은 지도부는 물론 지지층에서도 정당 개혁과 세대교체의 의지가 강하다는 것을 과시하며 민주당의 변화에 대한 여론의 관심과 기대를 높이고 있다. 이렇게 여당 내 경쟁이 앞으로 가시화되고 야당의 추격이 본격화되면 현 시점에서의 대세론에 큰 의미를 두기 어렵다.

국민여론은 어느 쪽 설명을 지지할까? 최근 박근혜에 관한 수많은 여론조사 결과가 언론을 통해 소개되고 있다. 여론조사를 통해 널리 알려진 사실은 박근혜가 차기 예비주자로서 20~30%대 안정적인 지지율로 앞서가고 있으며, 특히 영남 및 보수층, 저소득 서민층을 핵심 지지기반으로 삼고 있으며, 이들 고정 지지층 이외의 계층에서는 지지기반이 확대되지 않는 비확장성의 문제가 있다는 점 정도다. 그러나 도입부에서 언급했듯이 정작 중요한 것은 20~30%대의 지지율 자체가 아니라 어떻게 20~30%대의 지지율을 갖는 정치인으로 성장할 수 있었는지, 왜 영남과 보수층은 박근혜를 안정적으로 선호하고 있는지, 반대로 왜 중도층이나 고학력층에서는 박근혜에 대한 지지가 확대되지 못하고 있는지에 대한 질문이다. 그러나 기존의 논의는 주로 현상의 묘사에 초점을 맞추었을 뿐 '왜?'라는 박근혜 현상의 인과관계에 대한 가설과 설명을 찾아보기 힘들다.

필자의 견해는 여론조사 데이터 분석을 통해 박근혜 현상이 등장할 수 있었던 정치적, 역사적 근원을 박정희 전 대통령의 후광효과와 같은 비박근혜 요인보다는 박근혜의 정치행보라는 박근혜 요인 자체에서 찾는다는 점에서 기존 연구들과 차별점이 있다. 또한 특정 시점의 여론에 주목하기보다는 박근혜의 행보와 이에 대한 여론의 반응 패턴이 시간의 흐름에 따라 어떻게 달라지는지 역사적 접근을 시도했다.

우선, 2002년 대선부터 2007년 대선경선에서 실패하기까지 박근혜의 정치적 행보와 이에 대한 여론의 반응 패턴을 시기별로 정리한다. 특히 2004년부터 2006년까지 당 대표 시기를 거치면서 현재의 박근혜 지지층이 형성되고 공고화되는 정치적 과정과 그 인과관계에 대한 이해를 돕고자 한다.

둘째, 이명박 정부 등장 이후 현재까지 여당의 예비 대선후보로 생존했을 뿐 아니라 크게 앞서가는 독주체제를 형성해온 과정을 검토한다. 2008년 총선, 세종시 공방, 친이계의 박근혜 견제 등을 거치면서도 정치적으로 생존하고 차기 대권주자로서 입지를 다질 수 있었던 것은 전단계에서 형성된 20~30%대의 안정적인 보수층의 지지와 국민의 반정부 여론을 적절히 활용한 결과라고 주장한다.

셋째, 앞에서 박근혜의 정치적 행보의 결과로서 여론이 어떻게 변화했는지 살펴보았다면 반대로 현재의 여론환경이 2012년 대선까지 박근혜의 정치적 운신을 어떻게 바꿀지 살펴봄으로써 박근혜 현상의 전개과정에 대한 시사점을 도출하고자 한다. 박근혜가 2012년 대선에서 최후의 승자가 되기 위해서는 지지층 확장 전략이 필요한데, 현재의 여론환경과 박근혜의 운신의 폭을 제약하는 딜레마들이 무엇인지 다양한 여론조사 데이터 분석을 통해 제시하고자 한다.

박근혜 현상의 형성과정

박근혜의 오늘을 이해하기 위해서는 1998년 보궐선거 당선 이래 10 여 년간의 행적과 이에 대한 국민 여론의 변화를 살펴볼 필요가 있다. 이는 크게 2000년 한나라당 부총재 경선에 뛰어들어 당선된 이후 당내 비주류로서 주류와 대립하다 2002년 대선에서 탈당해 '제3후보' 가능성을 모색하던 시기, 2004년부터 2007년까지 탄핵 이후 당 대표로서 위기에 빠진 당을 추스르며 한국의 대표 보수정치인으로 변신하고 대선 당내 경선에서 실패한 시기, 2008년 이명박 대통령 취임 이후 현재까지 2012년 예비 대선주자로 독주체제를 형성한 시기로 나누어 볼 수 있다.

먼저 1998년부터 2002년까지 비주류 정치인이자 제3후보로서의 박근혜의 정치적 행보와 이에 대한 여론의 반응 패턴을 정리해본다.

비주류, 제3후보기(1998년~2002년)

1998년 4월 48세의 나이로 대구달성 보궐선거에서 당선하면서 본격적인 정치인으로서의 길로 들어섰지만, 박근혜에 대한 여론조사 데이터를 만날 수 있는 것은 2002년 16대 대선에서부터다. 박근혜는 2000년 5월 당 지도부의 임명직 부총재 권유를 뿌리치고 당 부총재 경선에 나서 승리한 후 스타 정치인으로 성장했고, 2002년 대선정국이 막 오를 때까지 총재직 폐지, 상향식 공천제, 국민참여경선제 등을 요구하며 이회창과 대립하며 당내 비주류로서 자기 입지를 다졌다.

급기야 2002년 2월에는 불공정 경선제도에 불복하며 탈당하여 5월 한국미래연합을 창당하고 북한 방문 계획을 발표하는 등 전향적인 대북정책을 발표하는 대선전 정계개편을 통해 기회를 엿보고 있었다.

● [표4-1] 박근혜 현상의 형성 및 변화과정

위치	제3후보	보수 제1야당의 대표		당 비주류 수장
이미지	다크호스, 스타 정치인	한나라당의 구원자 선거의 여왕		대통령급 지도자 미래권력
당직	한나라당 부총재 한국미래연합 대표	당대표	대선경선후보	-
시기	1998.4~2002.12	2004~2006	2007 대선 경선	2008~현재
대선구도	이회창- 노무현(이인제)- 박근혜(정몽준)	고건-박근혜-이명박 3두 체제	이명박-박근혜 빅2 대결	박근혜 독주체제
아젠다	당 개혁, 상향식 공천제	당 개혁, 상생정치 → 국가정체성	국가정체성 시장과 법치	복지
지지율	지지율 15%대	지지율 15%~25%대	지지율 25% 내외	지지율 20%~35%대
주요 지지기반	충청-강원 / 20대-학생 / 여성	TK-PK / 충청 / 보수층 / 고연령- 저학력층 / 여성		TK-PK / 충청 / 보수 고연령-저학력층

이 시기 한나라당 이회창과 민주당 이인제가 앞서가다 민주당 경선과 박근혜 탈당이 맞물리면서 민주당 노무현이 부상하고 있었다. [그림 4-1]에서 알 수 있듯이 경선 국면 초기만 하더라도 박근혜는 3자 대결 시 20% 안팎의 만만치 않은 지지율을 기록했던 것으로 나타나고 있다.

그러나 6월 지방선거 전후로 박근혜는 정치적 시련에 직면했다. 우선, 선거에서 양당 대결구도가 강화되면서 한국미래연합이 참패했다. 민주당 노무현의 지지율 하락으로 민주당 내 후보교체론이 대두되면서 정계개편의 가능성이 커지며 한때 박근혜 역할론이 대두되기도 했지만, 월드컵 열기를 등에 업은 정몽준의 부상으로 박근혜의 지지율은 10%대 초반까지 떨어지며 제3후보의 자리를 정몽준에게 내줬다.

이후 정몽준, 이인제, 김종필과의 소위 IJP 연합이 모색되기도 했지만 정몽준이 노무현과의 통합으로 방향을 틀면서 정국의 중심에 멀어지게 되었다. 이에 '정몽준-노무현 단일화'로 위기의식을 느낀 이회창

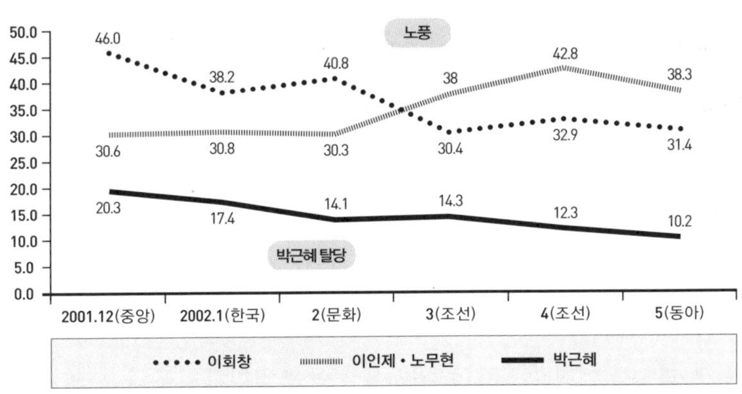

● [그림4-1] 17대 대선 당시 3자 가상대결 지지율 변화　　　　[단위:%]

* 주: 2월 조사 이전은 이인제 지지율, 3월부터는 노무현 지지율
▲ 자료: EAI 주요 언론 여론보도 데이터베이스

진영의 요청을 계기로 박근혜는 11월에 한나라당 공동선대위장으로 복귀했다. 박근혜는 탈당 후 결과적으로 큰 성과 없이 복당 결정을 하게 되어 이미지를 구긴 시기라 평가할 수 있다. 다만 정당기반이 취약한 비주류로서 독자 행보를 하기가 쉽지 않다는 점을 박근혜 스스로 절감한 시기였을 것이다.

한국 대표 보수지도자로의 변신기(2004년~2007년)

2004년부터 2007년까지 이 시기는 크게 두 국면으로 구분된다. 우선 2004년 총선부터 2006년 지방선거까지는 박근혜가 탄핵 역풍으로 위기에 처한 한나라당 대표로서 당 쇄신과 경제 살리기를 내세워 재기의 발판을 마련하며 대표 보수지도자로 부상한 시기다. 두 번째 국면은 2007년 대선 당내 경선에 뛰어들어 이명박과 양당체제를 형성하며 치열한 당내 경쟁을 벌이다 결국 경선에서 패배하기까지 대권주자로서의 행보를 걸었던 국면이다.

2004년 탄핵과 중도개혁 노선: 구원투수에서 보수 대표주자로

박근혜가 한나라당 주류로 떠오르면서 현재의 정치적 기반과 자산을 형성한 것은 탄핵 이후 당 대표에 선출되면서부터다. 2002년 노무현 전 대통령이 당선된 이후 한나라당 불법 대선경선자금이 밝혀지면서 한나라당은 '차떼기 당'이라는 '기득권, 부패수구 정당'이라는 오명을 쓰게 되었고, 특히 노무현 전 대통령의 선거법 위반을 계기로 탄핵이라는 무리수를 던진 후 급격한 지지율 하락을 경험하게 된다. [그림4-2]에서 볼 수 있듯이 3월 15일 탄핵 직후 4·15총선을 한 달 앞둔 시점에

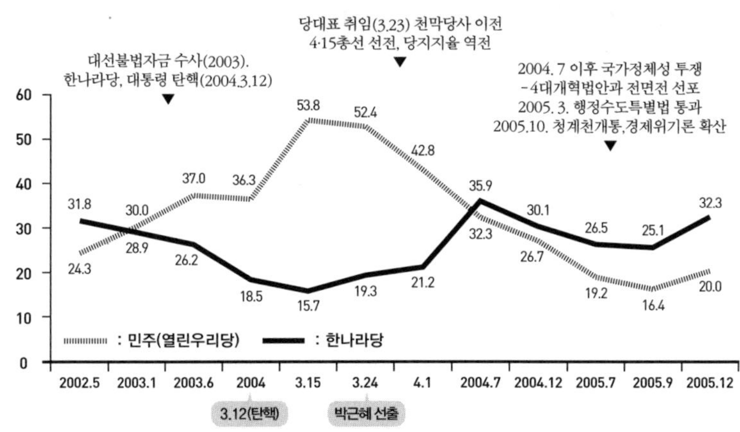

▲ 자료: SBS 여론조사 보도(2004. 4. 1), 다른 조사결과는 EAI 자체조사

실시한 여론조사에서 2003년 11월에 분당한 이래 아직 전열이 정비되지 않은 열린우리당 지지율이 53.8%까지 상승했다. 반면 탄핵역풍을 맞은 한나라당 지지율은 15.7%까지 추락한다. 4·15총선에서 50석도 긴지기 힘들다는 비관적 전망이 나온 것도 이 시기다.

이러한 위기상황에서 한나라당은 3월 24일 박근혜를 당 대표로 선출하면서 구원투수 역할을 맡겼고, 박근혜는 그 역할을 기대 이상으로 수행했다.[1] 한나라당 지지층의 구원자, 비주류 정치인에서 제1야당을 이끄는 대표적인 보수정치인으로 급부상하는 과정이었다.

박근혜의 한나라당 살리기가 성공한 요인은 크게 세 가지로 볼 수 있다. 첫째, 대표적인 보수성향의 개혁주의자 박세일을 영입하여 '중도보수개혁'을 추진해나감으로써 한나라당의 '수구부패'라는 이미지를 탈

---

1 "수렁 속 한나라 총선용 구원투수", 〈한겨레〉 2004. 3. 24.

피하려는 노력이 성공했다. 그러나 이 시기 탄핵을 철회하자는 일부 수도권 의원들의 주장에 대해서는 책임정치를 내세우며 정치적 백기투항에 원칙적으로 반대했다. 동시에 당시 유행어처럼 된 '상생의 정치', '개혁적 보수'를 내걸고 강경 대결 일변도의 대여, 대북정책에서 탈피하는 '뉴한나라당' 플랜을 추진했다.[2] 둘째, 당 대표에 선출되자마자 부패청산 및 당 개혁의 핵심 액션플랜으로서 당사 매각과 소위 '천막당사'로의 이전을 강행함으로써 국민들에게 한나라당의 반성 및 개혁의지를 감성적으로 어필했다.[3] 셋째, 4·15지방선거에서 자세를 낮추며 영남권을 기반으로 '견제투표balancing voting' 심리를 자극하는 등 적절한 선거 전략을 구사하며 애초 목표를 뛰어 넘는 121석을 얻는 데 견인차 역할을 했다. 탄핵 이후 3개월이 지난 2004년 7월에는 40%P 가까이 차이 나던 여야 지지율 격차를 역전시키는 데 성공했다.

국가정체성 투쟁 : 중도개혁노선에서 정통보수로

그러나 2004년 하반기에 접어들면서 중도보수로 전환, 상생의 정치를 내세웠던 박근혜는 급격한 노선 전환을 꾀하게 된다. 탄핵에서 돌아온 노무현 전 대통령과 열린우리당이 4·15총선을 통해 확보한 과반의석을 기반으로 추진하고자 했던 4대법안(국가보안법, 과거사청산, 언론개혁, 사립학교법) 개폐 시도가 직접적인 계기였다. 구 여권의 구상에 대해 박근혜는 7월 17일 '국가정체성 사수'를 주장하며 상생에서 '대여 전면전'을 선언하며 하반기 내내 여야공방을 계속했다.[4] 2005년 초에는 행정

---

2 "와신상담의 자세로 개혁적 보수의 중심에 서야", 〈업코리아〉, 2004. 3. 26.
3 "절박한 한나라, 천막당사 생활 시작", 〈프레시안〉, 2004. 4. 23.
4 "한나라 노선투쟁 불붙나", 〈동아일보〉, 2004. 12. 3.

수도이전특별법 처리 과정에서 여야 대결이 이어졌고, 이 과정에서 여야 지지율은 동반 하락했다. 체감경제의 악화로 민생·경제회생을 바라는 여론이 비등해졌음에도 여야가 이념 대결과 정치공방에 매달린 결과다.

이해득실로 보면 정부와 여당이 더 큰 타격을 입었다. 정치세력 간의 '합의 가능한 합의이슈valence issue'와 '경제적 실적performance issue'에 우선순위를 두라는 여론과 맞서며 정치적 입장 차가 충돌하는 국가보안법 등 위치이슈positional issue, 이념이슈ideological issue에 집중한 것이 문제의 발단이었다. 심지어 2005년 하반기에는 한나라당과의 대연정론, 개헌론을 앞세워 정국돌파를 시도했다. 이는 결과적으로 야당은 물론 심지어 지지층의 이탈을 가속화시키는 계기가 되었다. 2002년 대선, 2004년 총선에서 새로 흡수한 40대, 충청권, 중산층, 중도 지지층이 대거 이탈하면서 정치적으로 위축되고 있었다.[5]

위기관리 메커니즘, 재보궐선거: 위기를 딛고 유력 대선주자로

[그림4-3]의 17대 대선 예비주자 여론조사 결과를 보면 2004년 3월 당 대표 취임 후 위기에 빠진 한나라당 구원투수로 등장하여 지지율 밑바닥에 빠진 한나라당 지지율 상승을 견인하면서 박근혜의 대선 예비주자 지지율은 10%대에서 20%대로 올라서게 되었다. 3김 이후로 20%대의 안정적인 지지기반을 가진 정치인으로는 박근혜가 유일한 것으로 평가된다. 그러나 타협 없는 여야 갈등과 보수 강경노선으로 회귀하면서 2004년 10월 조사에서 23.4%까지 올랐던 지지율은 2005년 3월 17.7%, 5월에는 15.5%, 8월에는 15.1%까지 하락했다. 당 지지율

---

5 이내영·정한울 (2007), "이슈와 한국 정당지지의 변동", 〈한국정치학회보〉, 제41집 1호.

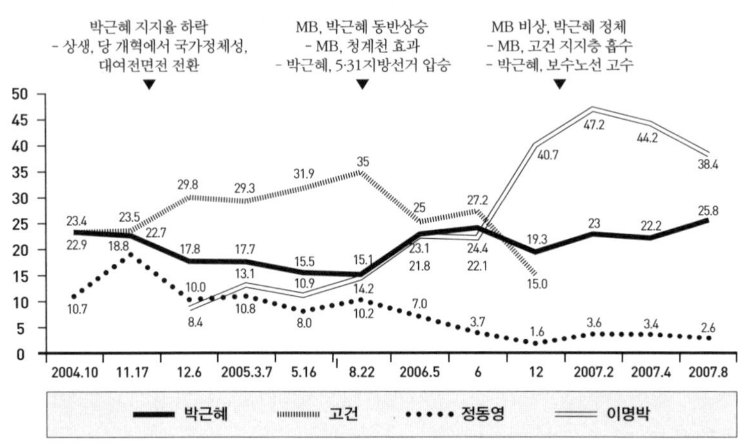

과 함께 동반 추락한 셈이다. 2005년 지지율 하락과 함께 입장이 바뀐
당내 비주류, 개혁소장파를 중심으로 '박근혜 한계론', 보수회귀노선
에 대한 당 지도부 문책론이 제기되었고, '분당' 가능성까지 불거질 정
도로 당내 계파싸움이 심각해졌다.[6] 이와 반대로 여당은 탄핵 이후 경
제이슈를 외면하고 이념이슈에 집착하면서 지지층 이탈이 본격화되
었지만, 탄핵 기간 동안 무난하게 국정을 이끈 고건이 차기 대권주자
로 급부상했다. 여당 지지층은 물론 중도성향의 지지층을 흡수하면서
2004년 말부터 2005년 중반까지 22.9%(2004. 12)에 머물던 지지율이
35.0%(2005. 8)까지 상승하는 등 크게 앞서가고 있었다. 이는 한나라당
내 위기의식이 확산된 이유 중 하나다.

　이러한 당 내분을 딛고 당권을 장악하며 대선 예비주자로서 지지율

---

6 "한나라 노선투쟁 불붙나", 〈동아일보〉, 2004. 12. 3.

● **[표4-2] 노무현 정부 시기 재보궐 선거와 선거 결과** [단위:%]

선거일	03.4.24	10.30	04.6.5**	10.30	05.4.30	10.26	06.10.25	07.4.25
선거 결과*	한5 자1 개1 무2	한7 민1 자2 무3	한44 민4 열9 자1 노1 무2	한7 열1 민3 무1	한18 민2 무3	한4 민1 무4	한4 무1 민1	한22 열1 민7 국3 무23
투표율	29.5	34.2	28.5	33.2	33.6	34.2	34.2	27.9

*주: 선거결과는 국회의원, 기초단체장, 자치단체의원 선거를 합한 의석 결과임. ▲ 자료: 중앙선거관리위원회 홈페이지 보도자료.

**주: 음영은 박근혜 대표 재임 기간 중 선거 결과(한: 한나라당, 민: 민주당, 열:열린우리당, 자: 자민련, 국: 국민중심당, 무: 무소속)

하락이라는 위기를 극복한 비결은 무엇보다 '선거의 여왕'이라는 닉네임을 만든 재·보궐 선거 및 5·31지방선거에서의 흥행력이었다. 대중적으로는 보수강경 노선으로 전환하면서 지지율 하락을 경험하고 있었다. 그러나 [표4-2]에서 4·15총선 직후 재보궐선거에서부터 특히 당 내분이 심했던 2005년 4·30재·보궐선거, 10·26재·보궐선거 등에서 정부심판론에 힘입어 한나라당의 선거 승리를 이끌었다. 이를 통해 박근혜는 당내 비주류의 공격을 무디게 하며 한나라당 지지층 사이에 만연했던 '불임정당'에 대한 우려와 패배주의를 불식시키는 지도자로 떠올랐다. 진보 인터넷 매체에서도 각종 재·보궐선거의 결과를 두고 '박근혜 대표가 날개를 달았다'고 표현할 정도로 각종 선거를 통해 박근혜는 대선주자로서 입지를 다져나갈 수 있었다.[7]

특히 2005년 10월 청계천 완공을 전후로 이명박이 차기주자로 급부상하면서 고건의 중도 성향 지지층을 크게 잠식했다. 고건의 고공행진

---

7 "박근혜 대표 날개를 달다" "단 한곳도 … 열린우리, 왜 참패했나", 〈오마이뉴스〉, 2005. 5. 1.

은 주춤하고, 선거를 통해 위기를 극복한 박근혜, 청계천 신화의 이명박 3자간 경쟁이 본격화되었다. 2006년 들어서 박근혜는 역시 노무현 정부에 대한 중간심판의 장이 된 5·31지방선거에서 유세 중 테러를 당하는 사건 속에서도 호남과 제주를 제외한 12개 광역단체장을 석권하는 한나라당 '싹쓸이'를 이끌면서 차기 대권에서 3두 체제를 형성할 수 있었다. 다만 박근혜는 고건이나 이명박처럼 중도층 흡수를 통한 지지층의 외연을 넓히는 데는 실패했다.

지지율의 양면성: 견고한 지지기반과 비확장성

앞서가던 고건을 좌초하게 만든 것은 무엇보다 2006년 지방선거에서 한나라당이 압승한 일이었다. 이러한 선거 결과는 고건으로 하여금 열린우리당 후보로서 출마하기에 큰 부담을 느끼도록 했고, 신당 창당 역시 비정치인 출신으로서는 버거운 과제였다. 박근혜 역시 국가정체성 투쟁을 주도하면서 굳어진 강한 보수적 색채는 경제 살리기와 양극화 문제로 집중되는 유권자들의 민심과는 거리감이 있었다. 20%대 전후에서 꼼짝하지 않는 결빙으로 외연 확장에 뚜렷한 한계를 보여주었다. 소위 불확장성 문제가 대두된 것이다.

　고건과 박근혜가 주춤하는 사이 이명박은 성공한 기업 CEO 출신의 이미지와 청계천 복원이라는 가시적 성과를 바탕으로 탈이념, 경제 아젠다를 선점하며 대권 경쟁에서 앞서 나갔다. 선거를 1년 앞둔 2006년 12월 조사에서 무려 40.7%의 지지율을 기록하며 박근혜(19.3%), 고건(15.0%)을 크게 따돌리는 데 성공했다. 이명박은 정권 교체에 목마른 한나라당 지지층과 경제 양극화 해소 및 성장을 바라는 중산층, 중도층의 다수 지지를 확보했다. 심지어 노무현 정부에 실망한 여당 지지층의 상당 부분도 흡수함으로써 압도적인 우위를 유지할 수 있었다. 때를 놓쳐 지지기반 다수를 이명박 진영에 내준 고건은 2007년 1월 대선 불출마 선언을 했고, 그 최대 수혜자도 이명박이 되었다. 당시 한국 갤럽조사에 따르면 고건 지지자 중 41.9%가 이명박 지지로, 22.7%가 박근혜 지지로, 4.6%가 손학규 지지로 선회했다.[8]

대통령 후보 경선에 돌입하면서 이명박의 도덕성에 심각한 타격을 준 'BBK 사건'이 유일한 변수였고, 박근혜를 비롯한 야권은 이 부분을 집중 공격했다. 하지만 60%에 달하는 '정권심판론'과 '경제대통령'을 선택하기로 결정한 국민여론을 되돌리는 데는 한계가 있었다. 당시 EAI·SBS·중앙일보·한국리서치의 8월 제2차 패널조사 결과에 따르면 능력과 경력을 후보 선택기준으로 삼겠다는 응답이 57.2%인 반면, 도덕성을 고려하겠다는 응답은 19.6%에 그쳤다. 여론은 도덕성 문제로 지지후보를 변경할 가능성이 없음을 분명히 한 셈이다.[9] 경선을 일주일 앞둔 8월 13일 검찰이 도곡동 땅의 제3자 소유가능성을 언급하면서 이명박에게 큰 악재가 발생했지만, 결국 여론조사에서 격차(이명박 51.55%, 박근혜 42.73%)를 벌리며 이명박은 최후의 승자가 되었다. 대의원(20%), 당원(30%), 일반국민(30%), 여론조사(20%)로 구성된 선거 집계에서 최종 유효집계 159,716표 중 2,452표차(0.5%)로 당락이 갈렸다. 박근혜는 대의원, 당원, 일반국민으로 구성된 선거인단 투표에서는 이명박을 앞섰지만 여론조사에서 뒤처졌다. 당원과 한나라당 지지층

---

8 한국갤럽 (2008), 〈17대 대통령선거 투표형태〉, 서울: 한국갤럽.
9 권혁용 (2007), "정치연대 헛방, 범여권 도덕성 공세 헛방", 〈EAI 여론브리핑〉, 제19호.

에서의 강한 지지기반과 25%대 내외의 결빙된 여론지지율이라는 이중적 지지구조가 그대로 선거 결과로 이어진 셈이다. 그후 경선 룰을 둘러싼 양 진영 간의 공방, 지지자 간의 충돌로 제주 유세가 무산되는 등 격한 대립과 경쟁이 있었지만, 박근혜는 깨끗이 승복을 선언함으로써 깊은 인상을 남기고 2007년 대권경쟁을 접었다.

박근혜의 정치자산

◆

안정적stable이지만 결빙된freezing 지지기반

종합해보면 2004년부터 2007년까지는 비록 박근혜가 대선 경선에서는 이명박의 벽을 넘지 못했지만 한국의 보수를 대표하는 정치인으로서 확고한 입지를 다진 기간이었다고 할 수 있다. 또한 전통적인 한나라당 지지층(영남-보수-고연령-저학력) 사이에서 확장성은 없지만 매우 견고한 지지기반을 확보했다. 쟁점은 이러한 박근혜 지지기반이 자신의 성과인가, 아니면 박정희 전 대통령의 후광효과인가 하는 점이다. 거품론을 주장하는 사람들은 박근혜가 아버지의 후광에 힘입어 보수층 기반을 손쉽게 획득한 것으로 이해한다. 그러나 [표4-3]에서 박근혜가 2002년 대선에서 한나라당을 탈당하여 비주류 제3후보로 가능성을 타진하던 시기에는 지지기반이 현재와 많이 달랐다. 2002년 4월 조사 결과를 보면 이회창, 노무현과 3자대결 구도하에서 평균 12.3%의 지지를 받았는데, 여성(14.7%), 20대(16.6%), 고졸(13.6%), 대졸(12.6%), 대전충청(21.2%), 강원(21.1%), 무당파(15.8%)에서 평균 지지율을 상회했다. 즉, 영남-보수-고연령-저학력 중심의 현 지지층 구성과는 거리가 있다. 오히려 이 시기에는 '3김 정치'의 틈바구니에서 정치

● **[표4-3] 박근혜 지지층 구성 변화** [단위:%]

조사 시점		2002.4	2007.8	2010.2~9
조사		한국갤럽 대선조사	EAI·SBS·중앙일보· 한국리서치 패널조사	EAI·한국리서치 정기여론바로미터조사
샘플		1,015	2,911	5,600
전체		12.3	25.8	25.0
성별	남성	9.9	21.3	26.2
	여성	14.7	30.2	23.8
연령	20대	16.6	19.1	17.8
	30대	14.1	21.4	19.2
	40대	12.0	26.2	24.9
	50대 이상	7.0	33.2	32.4
권역	서울	13.3	17.9	18.9
	인천 / 경기	11.1	23.3	22.3
	대전 / 충청	21.2	34.2	33.7
	광주 / 전라	8.8	8.6	11.3
	대구 / 경북	11.9	43.0	42.2
	부산 / 울산 / 경남	9.4	32.8	29.5
	강원(제주)	21.1(10.4)	34.8	26.3
학력	중졸 이하	10.8	36.3	35.9
	고졸	13.2	26.0	29.2
	대재 이상	12.6	19.6	20.4
정당	한나라당	7.2	41.0	35.6
	민주(열우)	11.5	11.8	16.7
	무당파	15.8	13.5	21.0
이념	진보	-	19.6	18.0
	중도	-	26.5	24.0
	보수	-	30.8	33.4

적 냉소층을 기반으로 등장했던 박찬종(15대), 이인제(16대 대선) 등 제3후보들의 지지층과 유사해 보인다. 실제로 2004년 한나라당에서 당 대표로 추대하는 과정을 보면 영남 보수층 기반뿐 아니라 박근혜의 수도권 득표력에 대한 기대가 작용했다는 분석이 나올 정도였다.[10]

그러나 현재의 영남-보수-고연령-저학력 중심의 지지기반이 공고하게 형성된 것은 2004년부터 2007년까지 당 대표 및 대선과정을 거치면서였다. [표4-3]의 2007년 대선 경선 조사 당시 2007년 8월 조사 계층별 지지율을 보면 여성(30.2%), 50대 이상(33.2%), 대구·경북(43.0%), 충청(34.2%), 부산·울산·경남(32.8%), 중졸 이하(36.3%), 보수층은 지지율 30.8%로 평균 지지율(25.8%)을 크게 상회하고 있다. 2010년 EAI 매월 정기조사결과를 통합하여 분석해보면 현재까지도 이러한 지지층 구성은 그대로 유지되고 있는 것으로 나타났다. 다만 현재 여성 지지율이 남성지지율에 못 미치고 있는데, 이는 한명숙이 여성층 지지를 분산시킨 결과다. 이를 제외하면 2007년 경선에서 확인된 지지패턴은 동일시기에 조사한 결과와 유사한 패턴을 보여준다.

결국, 2004년부터 2007년 당 대표, 당내 대권경선후보로 경쟁하는 시기를 거치면서 제3후보, 비주류 정치인에서 한국의 대표적인 보수지도자로 변신하는 과정은 박근혜 현상을 단순히 박정희 전 대통령의 후광효과로만 보기 힘들다는 것을 보여준다. 영남, 보수층의 지지가 박 전 대통령의 후광효과라면 한나라당 부총재로 당선되고 2002년 대선에 뛰어든 시점이 아닌 2004년 당 대표 시절을 거친 후에야 본격적으로 나타나는 이유를 설명할 수 없다. 박정희 전 대통령에 대한 향수가

---

10 "박근혜 휘날리며", 〈경향신문〉, 2004. 3. 5.

2004년 전후로 갑자기 등장한 현상은 아니기 때문이다. 결국 보수, 영남 중심의 강한 지지층 결집은 2004년 탄핵 이후 당 대표로서 당의 위기를 추스르고 당시 참여정부와의 국가정체성 투쟁과정을 주도한 박근혜의 정치행보와 결부시켜 이해하는 것이 타당해 보인다.

이렇게 형성된 보수-영남-고연령, 저학력 중심의 견고한 지지층을 기반으로 박근혜는 한국 보수정당의 대표적인 지도자로 성장했을 뿐 아니라, 2007년 대선에서 빅3 후보로 경선을 이끌어갈 수 있었다. 이명박 정부 출범 후 친이계와의 권력게임에서도 결국 생존하면서 강력한 차기 대권주자로서 자기 위상을 유지할 수 있었던 힘이 여기에 있다. 그러나 이러한 박근혜의 강점은 동전의 양면처럼 최대 약점이기도 하다. 전통적인 한나라당 지지층에서 강력하고 안정적인 지지기반은 확보했지만, 박근혜의 이념적 보수성과 과도한 대여공세에 실망한 중도층과 수도권, 20~40대로의 지지층 확장에는 한계를 보이며 '불확장성', '결빙된 지지율'이라는 문제점이 뚜렷하게 부각되고 있다.

신뢰감, 리더십, 보수노선

박근혜가 강한 지지기반을 형성하고 전국적인 지도자로 부상할 수 있었던 주요 자산은 무엇인가?

첫째, 다른 정치인들은 갖고 있지 못한 박근혜의 가장 중요한 자산 중 하나는 책임정치, 신뢰감을 주는 지도자로 평가받고 있다는 점이다. 한나라당은 탄핵역풍으로 제1당에서 50석에 못 미치는 미니정당으로 전락할 심각한 위기에 처했었다. 이를 박근혜는 분당론, 신당창당론 등 책임회피의 정치공학 대신 당 개혁과 대국민 설득이라는 정면돌파를 시도하여 그 심각성에 비해 상대적으로 단기간에 위기를 극복해냈다. 이는 당시 여당이 정치위기에 대처하는 방식과 대비되면서 박근혜에게는 정치적 신뢰라는 매우 중요한 자산을 축적한 계기였다. 당시 여당인 열린우리당은 탄핵 이후 50%의 지지율과 총선에서의 과반의석 확보라는 큰 승리를 지키지 못하고 불과 3개월도 안 되어 한나라당에게 지지율 역전을 허용했다. 노무현 정부를 출범시킨 민주당은 취임 후 채 1년도 되지 않아 100년 정당을 표방하며 열린우리당과 잔류파로 나뉜 후 2006년 5·31지방선거에서 참패를 맞았다. 그리고 2007년 대선에서의 열세가 뚜렷해지자 열린우리당에서 신당이 쪼개져 나와 대통합신당을 만들었고, 다시 대선과 총선을 앞두고 헤쳐 모였다를 반복했다. 결국 10년 집권을 거쳤던 한국 최대 제1야당이 지지율 10%대 중소정당으로 전락하는 것으로 귀결되었다. 실제로 EAI가 2007년부터 주기적으로 실시해온 주요 정치인 신뢰도와 영향력 조사에서 박근혜는 항상 안정적으로 최상위권을 유지하고 있다. [그림4-4]에서 꾸준하면서도 안정적으로 영향력과 신뢰도에 대한 우호적인 평가를 유지하고 있는 후보는 박근혜가 유일하다.

둘째, 한나라당 지지층 사이에서는 각종 재·보궐선거와 2006년 지방선거를 압승으로 이끌면서 1997년 15대 대선, 2002년 16대 대선 두 번을 연달아 정권을 내준 전통적 보수층에게 패배주의를 극복하고 정권교체의 자신감과 희망을 안겨준 점이 긍정적으로 작용했을 것이라고 풀이된다. 2002년 대선, 2004년 총선 시기만 해도 당시 전문가들은 물론 한나라당 내부에서도 불임정당으로 전락했다는 자성의 목소리가 나올 정도로 패배주의와 위기감이 팽배했던 것이 사실이다. 그러다 박근혜가 당 대표로 등장한 이후 불과 몇 달 사이에 지지율 격차를 역전

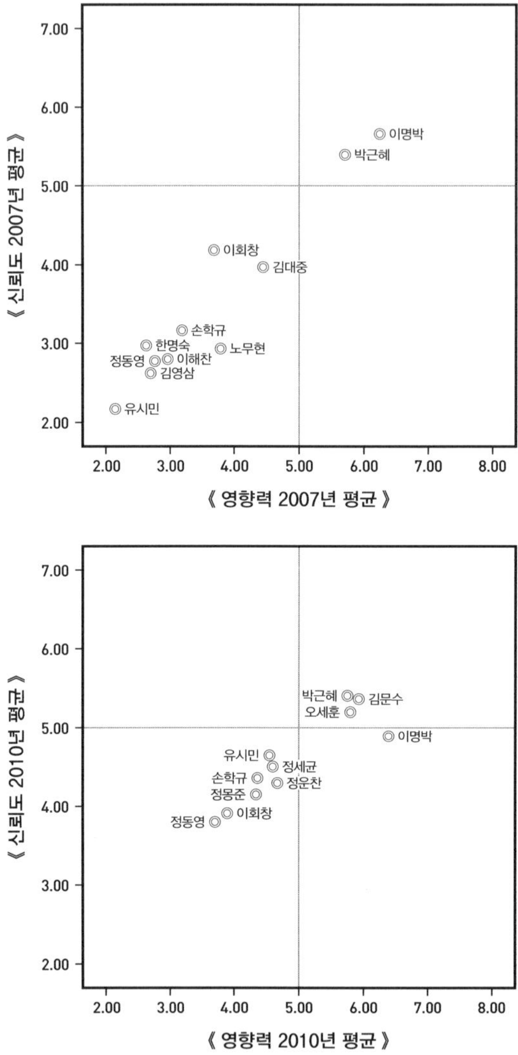

*주: 정치인별로 영향력과 신뢰도 각각에 대해 '매우 낮다 0점, 중간 5점, 매우 높다 10점'을 기준으로 일반국민들이 응답한 결과의 평균치를 좌표평면에 옮긴 그래프다. 1사 분면(우상)에 속한 정치인은 신뢰도와 영향력이 높다는 것을 의미한다. 예를 들어 2010년 이명박 대통령은 4사분면(우하)에 위치함으로 영향력에 비해 신뢰도가 미흡한 평가를 받는 것으로 해석된다.

▲자료: EAI·중앙일보 데이터(2007. 7), EAI·한국리서치 정기여론바로미터조사 데이터(2010. 7)

시키고, 매 보궐선거에서 압도적인 승리를 이끌어내면서 당내 패배주의와 비관을 해소했고, 이로써 한나라당 지지층의 결집과 자신감 회복을 이끈 박근혜의 리더십이 평가받은 것으로 볼 수 있다.

셋째, 박근혜가 한나라당 당내에서 확실한 기반을 구축한 것도 중요한 정치자산이다. 박근혜의 당 대표 시기, 한나라당 진로에 대한 개혁파와 보수파 간의 격렬한 당내 노선투쟁이 전개되었다. 2004년 총선 직후부터 "당이 왼쪽으로 옮겨가 중간지대를 흡수해야 한다(윤여준)", "나라 전체가 좌로 이동했는데, 한나라당도 당연히 좌쪽으로 이동해야 한다(김문수)"는 좌향좌 요구[11]부터 시작된 개혁파의 목소리는 "진보의 가치를 과감히 가져와 보수-진보의 틀을 깨자(김명주)", "냉전보수, 강경보수 5, 6공 이미지를 단절해야 한다(정병국)"는 주장으로 이어졌다. 이에 대해 보수파는 "한나라당은 열린우리당과 쌍둥이당(김용갑)", "당의 뿌리는 민정당"이라며 정면충돌했고 분당론까지 나올 정도였다.[12] 박근혜는 대표 취임 초기에는 상생의 정치, 개혁보수로의 전환을 내걸고 당을 이끌었지만 당내 노선투쟁이 심화되는 과정에서는 국가정체성 아젠다에 올인하는 등 강경보수 노선으로 무게중심을 이동했고, 그 결과 한나라당 내 보수파를 대표하는 정치인으로 부상했다. 다만 박근혜의 이념적 색채가 강해질수록 당 장악력은 커졌지만 중도성향의 지지층의 이탈과 박근혜에 대한 거부감이 공고화되면서 지지율은 반대로 위축되었다. 2007년 대선에서 당심은 박근혜, 민심은 이명박이라는 대결구도가 형성된 것은 이러한 맥락에서 이해될 수 있다.

---

11 "한나라 국민코드에 맞춰라", 〈문화일보〉, 2004. 4. 20.
12 "한나라 소장파 혁신 없인 당명 개정 무의미", 〈동아일보〉, 2005. 2. 4.

현재권력과 미래권력 간의 경쟁:
여당 속의 야당, 박근혜?

친박연대의 등장과 친이-친박 경쟁의 잠복

이명박 대통령 취임 3개월 만에 치러졌던 18대 총선에서 정당지지율 45%를 넘나들던 한나라당은 지역구 131석, 비례대표 22석 등 과반수가 넘는 총 153석을 획득하였다. 당시 다수당이었던 민주당은 지역구 66석, 비례대표 15석을 얻는 데 그쳐 역대 최악의 성적표를 받아야 했다. 그러나 정부 여당으로서는 썩 만족스러운 결과라고 볼 수 없었다. 무엇보다 대통령 취임 3개월 만에 치러진 선거였음에도 대통령 국정 지지율은 하락 추세로 돌아섰고, 정부 여당에 대한 견제심리 또한 만만치 않음을 확인했기 때문이다.

EAI·SBS·중앙일보·한국리서치 패널조사에 따르면 총선 한 달 전에 실시한 1차 조사에서 국정 '안정론'에 대한 지지가 42.2%, '견제론'에 대한 지지가 40.0%로 팽팽하게 맞섰고, '모르겠다'는 응답이 17.8%로 나타났다. 특히 정부의 핵심사업으로 구상한 한반도 대운하에 대해서는 57.9%가 반대했다. 대통령의 인사정책에 대해서도 55.0%가 부정적이라 평가했고, 영어몰입교육 역시 반대가 49.7%로 찬반이 팽팽하게 맞서 정부의 초기 인사, 정책구상이 여론의 저항을 받고 있었다.

이러한 견제심리는 이명박 정부의 인수위 시절부터 심화되었다. '비즈니스 프렌들리'를 내걸며 중산층과 서민들의 반발을 샀고, 소위 '고소영 내각'으로 대표되는 내각 및 청와대 참모진 인사과정에서 부동산 투기, 부정한 재산 축적, 논문 표절 등의 도덕성 시비를 겪으며 누적되어 갔다. 초기 이명부 정부의 밀어붙이기식 사업에 대한 우려도 한몫했다. 다만 이러한 견제심리가 표심으로 완전히 전환되기에는 이른 시점에 총선이 치러졌고, 이를 대변해야 할 민주당의 지지율이 14~18% 수준으로 오히려 정부나 여당보다 더 정치불신의 대상으로 전락한 상황이었기에 한나라당이 과반의석은 확보할 수 있었다. 하지만 유권자들의 견제심리는 비례대표에서 나타났다. 지역구 투표에서는 한나라당에 표를 줬지만, 비례투표에서는 한나라당 지지를 철회한 분할투표 split voting로 나타났고, 그 최대의 수혜자는 친박연대였다.[12] 즉 정부에 대한 국민의 견제심리를 제1야당이 아닌 '여당 속의 야당' 역할을 하던 박근혜와 친박계가 대변하는 기현상이 예고된 셈이다.

사실 박근혜는 이명박 정부 취임 초기부터 여당 주류의 견제를 받았다. 이명박 대통령이 취임한 직후 실시한 2008년 4월 총선의 후보 인선과정에서 영남권 친박계 의원들 다수가 배제되었고, 박근혜는 당내에 잔류했지만 총선 공천에서 배제된 친박계 의원들이 '친박연대'를 창당하여 한나라당 후보와 맞서는 기이한 대결구도가 펼쳐졌다. 결과적으로 친박연대는 친이계 인사들을 낙선시키며 지역구 6석, 비례대표 8석을 합쳐 14석을 획득했다. 총 18석을 획득한 자유선진당에 이어 제4당의 자리에 오르는 등 큰 선전을 했다. 1차 친박 견제 시도가 실패로

---

13 김민전 (2008), "분할투표로 본 총선 민심", 〈EAI 여론브리핑〉, 제26호.

돌아간 것이다.

이후 친이 대 친박 갈등은 상당 기간 계파 정치인 간의 신경전 수준으로 잠복한다. 총선 이후 정부에 대해 누적되어가고 있던 불만이 미국산 쇠고기 수입 파동에 반대하는 촛불시위로 분출되었다. 취임 반년도 되지 않아 대통령의 지지율은 10%대까지 추락했다. 2008년 한 해를 촛불정국의 여파로 보냈다면 2009년도 상반기까지는 북핵 실험, 장거리 미사일 발사 실험과 같은 북한 변수, 노무현 전 대통령 및 김대중 전 대통령 서거 정국 수습에 매진해야 했다. 대통령과 박근혜, 친이 대 친박 대결의 여유가 없었다. 2009년 7월 정부가 추진하던 미디어법 법안에 박근혜가 반대표 행사의사를 밝히며 한차례 충돌이 있었지만, 세종시 갈등이 본격화되기 전까지는 대통령과 박근혜, 친이 대 친박 사이에 큰 충돌은 발생하지 않았다. 이 과정에서 2009년 말에는 중도실용주의를 앞세운 대통령 지지율이 40%대로 회복되었고, 박근혜도 예비 대선주자 지지도 조사에서 마땅히 필적할 경쟁자가 없는 가운데 30% 중후반대까지 지지율이 상승하기도 했다.

정운찬의 등장과 세종시 전투

2009년 하반기부터 중도실용주의로 정국 반전에 성공하면서 역설적으로 본격적인 친이 대 친박 대결의 분위기가 고조되어갔다. 2009년 9월 3일 개각을 통해 개혁 성향의 정운찬 서울대 총장을 총리 후보로 내정하면서 세종시 수정안이 정국을 강타할 태풍의 눈으로 떠올랐고 대통령 대 박근혜, 친이 대 친박 간의 대결이 본격화된다. 잠재적으로 차기 대권주자 후보가 되는 신임 총리로 충청 출신의 정운찬을 내정하면서 박근혜 진영의 경계감을 불러일으켰다. 뿐만 아니라 청문회 과정에서 행정효율성을 내세우며 행정부처 일부를 이전하는 원안 대신 기업 과학시설 이전으로 대신하는 수정안 관철에 새 총리가 명운을 걸면서 원안 고수를 밝힌 박근혜와의 대결이 심화되어갔다. 대통령의 실제 의중이 어떠했던지 간에 정운찬은 대통령의 대리인으로 인식되었고, 세종시 갈등은 결국 현재권력과 미래권력 간의 대결로 비추어졌다.

한나라당 대표 시절 당내 분란까지 맞으며 여야 합의로 통과된 법안인 세종시 법안의 수정에 박근혜는 전면전으로 맞설 수밖에 없었다. 본인이 대표 시절에 통과시킨 법안의 수정은 정치적 자기부정일 수밖에 없었고, 이는 차기 대권구도에 적지 않은 악재가 될 것이었기 때문이다. 또한 이는 박근혜의 핵심 지지지역인 충청권의 이탈을 가져올 수 있는 이슈였다. 박근혜 및 친박계, 야당의 저항이 격렬했다. 국민여론은 세종시 추진방향에 대해서는 수정안을 지지하면서도 정부의 추진방식에 대해서는 매우 비판적인, 즉 상충적ambivalent 여론이 형성되어 정부가 밀어붙이는 데 큰 제약이 따랐다. 여당 내에서 정치갈등이 심해지자, 이명박 대통령은 2009년 11월 대국민 사과까지 발표하며 수정안의 당위성을 피력하며 설득했지만 큰 소득을 얻을 수 없었다. 친박계의 협조 없이는 정치적 타결이 불가능해지면서 정부와 여당에서는 세종시 문제를 6·2지방선거에서 유권자들의 정치적 선택에 맡기는 것으로 타협할 수밖에 없었다. 선거 결과는 천안함 사건을 계기로 한 대대적인 북풍 가능성에도 불구하고 정부여당의 참패로 끝났다. 특히 충청권에서도 세종시 반대를 내세운 야당이 승리하면서 세종시 수정은 물 건너갔다. 친이 대 친박 간의 2차 충돌도 박근혜가 승리한 셈이었다.

이 시기 박근혜의 일거수일투족은 정국의 파문을 일으킬 정도로 대통령 이상의 영향력을 행사했다. 야당도 제대로 해내지 못한 일을 박근혜가 살아 있는 권력을 대상으로 해냈기 때문이다. 박근혜가 대통령급 정치인으로 주목받은 것은 이 때문이다.

김태호 낙마 후 친이-친박 정치적 해빙기

청와대가 지방선거 패배 이후 한편으로는 '공정사회론'과 '친서민 중도실용주의' 이슈를 내세워 지지층 재결집에 나서는 한편, 8·8개각을 통해 집권 후반기 국정주도권을 행사하고자 했다. 무엇보다 40대 총리론을 내세워 김태호를 총리직에 내세우려 한 구상이 가장 주목을 받았다. 김태호의 총리 임명은 정운찬의 사례와 마찬가지로 박근혜 견제카드로 활용하려는 것이 청와대와 권력핵심부의 의중으로 비쳐졌기 때문이다. 그러나 청문회 과정에서의 거짓증언 논란과 부정시비로 김태호 카드 역시 무위로 끝나고 말았다. 김태호가 낙마한 조건에서 또다시 정치 총리의 내정을 강행하기는 어려워졌다.

청와대는 박근혜 견제마를 세우는 것이 여의치 않자 박근혜와의 협력, 공조체제를 통해 안정적인 국정 추진을 도모하는 방향으로 전략을 수정한 것으로 보인다. 8월 21일 이명박 대통령과 박근혜가 비밀회동한 것을 계기로 양 진영 간의 해빙 분위기가 형성되었고, 정치인 김태호 대신 관리형 김황식을 후임 총리로 임명하면서 갈등요인도 해소되었다. 박근혜도 정권과의 대결 속에서 적지 않은 지지층 이탈을 경험한 터라 본인이 대결을 자초할 이유가 없었다. 이러한 양 진영 간의 이해관계가 맞아떨어지는 한, 그리고 양 진영에서 차기 대선전략이 구체화되기 전까지는 이러한 해빙국면이 지속될 가능성이 크다. 박근혜 견제를 위한 3차 구상도 스스로 자멸함으로써 박근혜는 비교적 손쉽게 정치적 생존과 입지 강화를 꾀할 수 있었다.

MB정부 시기 차기 대권구도: 박근혜의 독주체제

그러나 득 대신 실도 많았다. [그림4-5] 차기 대선주자 지지율을 살펴보면 박근혜는 2009년 30% 초반대의 지지율에서 세종시 논란을 거치며 2010년에는 지지율이 25%대로 내려왔다. 물론 이 시기에도 박근혜는 다른 예비 대선주자들과 상당한 지지율 격차를 벌리며 독주체제를 유지했다. 2위권 주자들이 6~10%대를 오가는 수준이라는 점을 감안하면 전통적인 보수지지층의 안정적인 지지가 박근혜의 독주체제를 가능케 한 핵심요인이다. 2009년 9월, 2010년 8월 이명박 대통령과 박근혜의 회동 전후로 양 진영의 지지율이 동반상승하는 경향을 보여주었다.

다른 주자들의 상황을 살펴보면, 여권 후보 중에서는 6·2지방선거에서 야권 단일후보에 맞서 수도권을 지킨 오세훈, 김문수가 6~10%대로 올라섰고, 박근혜를 추격하던 정몽준은 5% 미만대로 추락했다. 야권에서는 2009년 노무현 전 대통령 서거 이후 그 수혜를 받은 유시민, 한명숙이 6~10%대로 올라서 2·4위권까지 진입했다. 최근 주목할 만한 현상으로는 손학규의 부상을 꼽을 수 있다. 정치복귀 후 6%대로 올라온 후 9·3전당대회를 통해 당 대표로 선출된 후 전당대회 효과convention effect를 톡톡히 누리고 있으며, 10월 동서리서치 조사에서는 11.8%를 차지하며 2위로 급상승했다. 이 조사에서 오세훈이 8.2%, 유시민이 7.2%, 김문수가 6.5%로 뒤를 이었다.

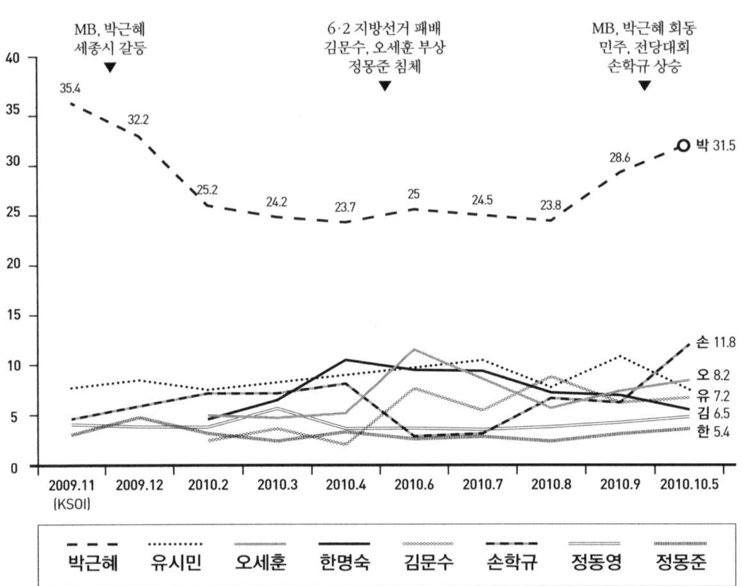

▲자료: EAI·한국리서치 정기여론바로미터조사(2010.2~9), KSOI 정기조사(2009. 11), 동서리서치 (2010.10)

6·2지방선거 이후 급격하게 진보로 전환하자는 목소리가 커지고 있는 민주당이지만 손학규는 당권 주자 중 유일하게 중도노선을 고수하고 있을 뿐 아니라 한나라당 출신이라는 경력에도 불구하고 호남 당원과 대의원들의 지지를 받았다. 다른 민주당 지도부의 인식과는 다르게 민주당 당원과 지지층은 확실한 진보정체성보다는 진보와 중도를 아우를 수 있는 손학규가 차기 대선에서 경쟁력이 있을 것이라고 판단한 것으로 해석된다. 손학규가 당선되고 경선에서 이인영 등 486정치인이 4위에 오르는 등 크게 선전하며 의외의 선거 결과를 만들어낸 것도 민주당의 진로에 대한 흥행요소를 강화시키고 있다. 그러나 여전히 큰

격차를 유지하고 있는 박근혜의 독주체제 자체를 뒤흔드는 상황까지 갈지는 예단하기 쉽지 않다.

여론으로 본 박근혜 딜레마

분명 박근혜는 현재 독주하고 있다. 2007년처럼 구 여권의 고건이나 당내 이명박과 같은 강한 경쟁상대가 아직 눈에 보이지는 않는다. 그렇다면 대통령급 지도자로서 독주하고 있는 박근혜의 2012년 대권전망은 밝기만 한 것인가? 이 질문에 쉽게 답을 내릴 수 없는 것은 박근혜 독주현상 뒤에 몇 가지 딜레마 상황이 있기 때문이다. 크게 다음 세 가지 딜레마에 주목할 수 있다.

첫째, 박근혜가 지지율 확장을 하기 위해서는 무엇보다 친이계 지지층 흡수가 최우선 과제가 될 텐데 이명박 대통령과의 관계설정에 딜레마가 존재한다는 것이다. 둘째, 현재 차기 대선의 경우 박근혜는 보수적 이미지에서 과감하게 탈피해야 하며, 한나라당이 강점을 가진 아젠다보다는 야권에 유리하거나 서로 대등한 아젠다를 중심으로 경쟁해야 할 상황도 딜레마다. 셋째, 박근혜 개인의 퍼스낼리티와 관련된 문제로 박근혜의 국정운영 능력에 대한 의문을 어떤 식으로든 풀어야 하지만 여기에는 쉽지 않은 딜레마가 있다.

친이-친박 관계설정의 딜레마

이미 지난 대선부터 갈등하고 대립해온 친이-친박이 현재 해빙무드에 접어들었고, 이러한 분위기는 상당 기간 지속될 가능성이 있지만 재충돌은 불가피해 보인다. 현직자로서는 본인 임기에 대한 성공적인 평가와 퇴임 후 안전에 관심을 갖기 마련이고, 후임자의 경우에는 야당과의 선거 경쟁과정에서 현 정부와의 차별화를 고려하지 않을 수 없기 때문이다. 특히 양 진영 간의 앙금이 완전히 해소되지 못한 조건에서 친이계는 박근혜에 대한 경계심을 풀 수 없을 뿐더러 박근혜 역시 현 정부와 주류 권력에 대한 불신이 강해 관계설정이 쉽지 않아 보인다.

지지층 이탈의 딜레마

딜레마는 크게 두 측면에서 나타난다. 첫째, 대통령과 정부와의 대립은 곧바로 한나라당 지지층의 분열로 귀결되고, 특히 박근혜에 대한 이미지 악화가 불가피하다는 점이다. 대통령과 주류의 견제가 재현되거나 반대로 박근혜의 필요에 의해 차별화를 꾀해야 할 경우 지지층의 분열로 오히려 역풍을 맞을 가능성이 존재한다. 세종시 사례를 보면, 지난 2월 세종시 문제가 가장 심각했던 시점에 박근혜의 이미지가 어떻게 변화했는지 조사한 결과를 보면 좋아졌다는 응답은 15.7%, 현상유지라는 응답은 53.4%, 나빠졌다는 응답은 24.0%로, 전체적으로 나빠졌다는 응답이 많았다. 더 큰 문제는 그 구성이다.

대통령 국정을 지지하는 층에서 박근혜의 이미지가 악화되었다는 응답이 35.3%로 국정에 비판적인 응답인 13.2%의 거의 세 배에 달한다. 정당 지지별로 보면 한나라당 지지층에서 38.7%가 나빠졌다고 답

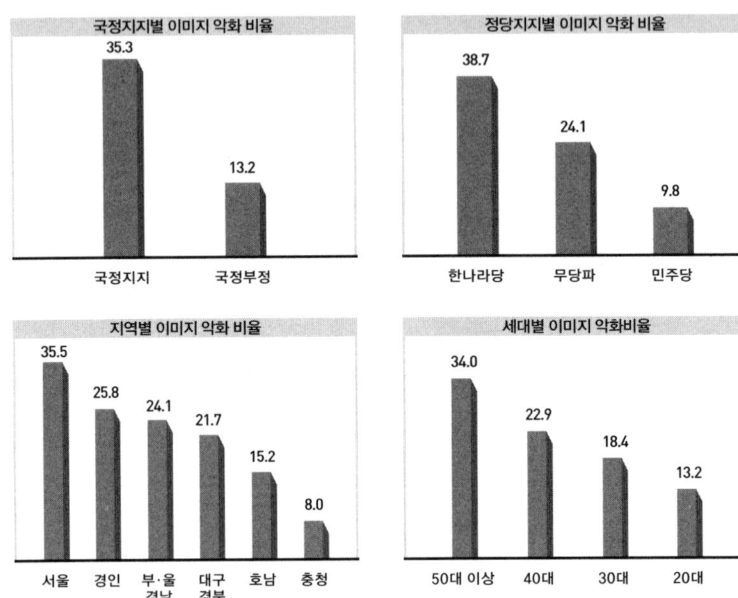

▲ 자료: EAI·한국리서치 정기여론바로미터조사(2010. 2)

했고, 무당파에서는 24.1%, 민주당 지지층에서는 9.8%에 그쳤다. 지역별로 보면 차기 대권경쟁의 승부처가 될 수도권에서 나빠졌다는 응답이 많았다. 특히 행정수도 이전에 반발이 가장 심한 서울에서 35.5%가 나빠졌다고 응답했고, 경인지역에서 25.8%, 부산·울산·경남에서 24.1%, 대구·경북에서 21.7%가 악화되었다고 답했다. 호남 15.2%, 원안을 바란 충청권에서는 8.0%에 그쳤다. 세대별로도 보수성향이 강한 50대 이상, 40대에서 나빠졌다는 응답이 많았다. 결국 대통령과의 차별화와 친이 갈등이 박근혜의 지지기반인 한나라당 지지층과 보수층에서 이미지 악화를 가져온다는 점에서 세종시 때처럼 전면적인 대결은 쉽지 않아 보인다. 또한 청와대와 여당 주류 측이 다시 박근혜 견제를 시도할 경우 저항의 수위를 조절하기란 쉽지 않을 것이다.

이명박 대통령 지지층 흡수의 딜레마

설사 이명박 대통령과의 관계설정이 원만하게 지속되더라도 이명박 대통령의 지지층을 흡수하기가 용이하지 않다는 점도 고려해야 한다. 박근혜 지지층의 가장 큰 문제인 비확장성을 극복하기 위해 흡수해야 할 제1의 타깃그룹은 이명박 대통령 지지층이다. 갑자기 이념적으로 이질적이거나 거리감 있는 유권자들보다는 최소한 자신과 가깝거나 최소한 중립적인 유권자층을 흡수하는 것이 보다 효율적이고 현실적으로도 가능하기 때문이다. 그러나 이명박 대통령의 지지층을 박근혜 지지층으로 흡수하는 데는 한계가 있어 보인다. 결국 박근혜는 지지기반의 비확장성을 어떻게 해결할 수 있는지가 딜레마이다.

2010년 9월 EAI 한국리서치 〈정기여론바로미터조사〉에서 전체 응

● [그림4-7] 이명박 대통령 지지 여부와 박근혜 지지율　　　　　　　　　　[단위:%]

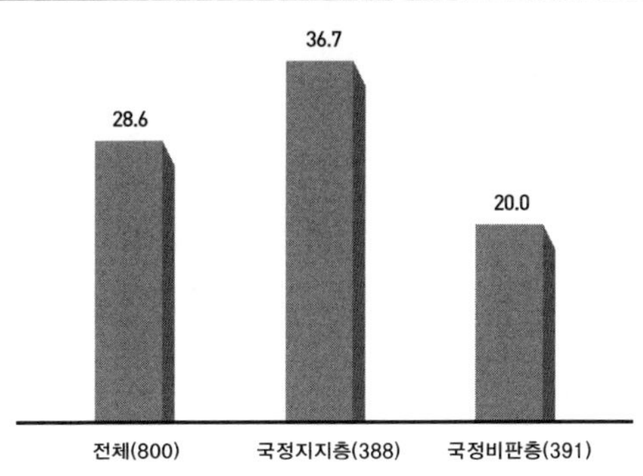

▲ 자료: EAI·한국리서치 정기여론바로미터조사(2010. 9)

답자 중 차기 예비 대선주자 중 박근혜를 지지하겠다는 응답이 28.6%로 나타났다. 8월 21일 이명박 대통령과 박근혜의 회동 이후 지지율은 상승 국면에 있다. 그러나 현재 이명박 대통령 지지층 중에서는 36.7%만이 박근혜를 지지하는 수준이며, 나머지인 무려 63.3%는 다른 후보를 지지하거나 응답을 유보했다. 반면 대통령 국정운영에 비판적인 응답층에서는 20.0%만이 박근혜를 차기 대선주자로 꼽았고, 나머지 80.0%는 다른 후보를 지지하거나 응답 유보로 답했다. 이명박 대통령 지지층에서 박근혜 지지율이 상대적으로 높은 것은 사실이지만 같은 정당 소속임을 감안하면 상대적으로 지지층 흡수가 원활하게 이루어진다고 보기는 어렵다. 이명박 대통령 지지층의 세 명 중 두 명이 차기 유력주자인 박근혜를 지지하지 않는다는 것은 현재 박근혜에 대한 거부감이 적지 않음을 시사하는 결과다.

박근혜의 이명박 대통령 지지층 흡수력을 보다 직접적으로 분석하기 위해 2007년 8월 당시 한나라당 경선 직전 대선패널조사에서 자신이 지지하는 후보가 경선에서 탈락할 경우 상대후보를 지지할지 여부를 조사한 결과를 분석했다. 2007년 시점에 박근혜와 이명박이 서로 상대 지지층을 얼마나 흡수할 수 있는 힘을 갖고 있는지 비교해봄으로써 현재 박근혜가 이명박 대통령 지지층을 얼마나 흡수할 수 있을지에 대한 시사점을 얻고자 했다. 당시 이명박이 불출마할 경우 이명박 지지층에선 41.1%만이 박근혜를 지지하겠다고 밝혔다. 반대로 박근혜가 불출마할 경우 박근혜 지지층의 51.1%가 이명박을 지지하겠다고 답했다. 박근혜의 이명박 지지층 흡수율이 10%P가량 낮았다.

대선 승부처인 서울과 40대에선 박근혜의 이명박 지지층 흡수력이 더욱 떨어졌던 것으로 나타났다. 서울지역에선 이명박이 탈락할 경우

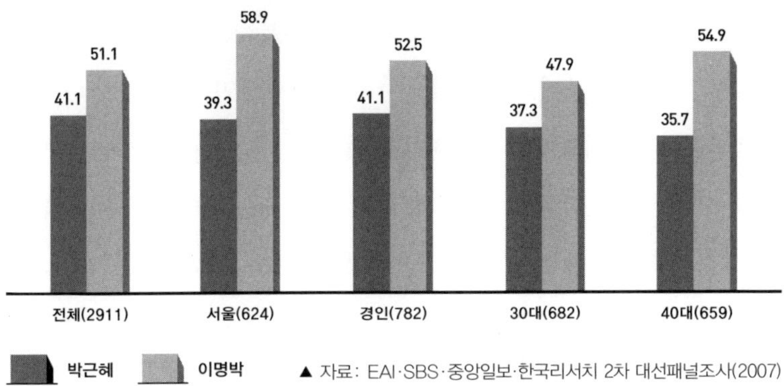

박근혜의 흡수율은 불과 39.3%였던 반면, 박근혜가 탈락할 경우 이명박이 박근혜 지지층을 흡수할 비율은 58.9%나 되었다. 경기, 인천지역은 전체 응답자에서 나타난 격차만큼 벌어졌다. 세대별로 보면 30대 이명박 지지자 중 이명박이 탈락할 경우 박근혜 지지층으로 흡수될 비율은 37.3% 수준에 불과했고, 반대로 30대 박근혜 지지자 중에선 박근혜가 탈락했을 때 이명박을 지지하겠다는 비율은 47.9%로 나타났다. 여론의 풍향계이자 허리세대로 꼽히는 40대에선 그 격차가 더 벌어졌다. 40대 이명박 지지자 중 이명박 탈락 시 박근혜 지지층으로 흡수되는 비율은 35.7% 수준에 그쳤고, 반대로 40대 박근혜 지지층 중 54.9%가 이명박 지지로 돌아서려고 했던 것이다.

박근혜 진영의 경우 지지율 확대를 위해서는 진보성향의 유권자들을 흡수할 계획을 세우기 이전에 이명박 대통령 지지층 중 자신을 지지하지 않는 층을 공략하는 것이 우선이다. 2007년 당시, 이명박이 출마하지 않는다는 가정하에서도 이명박 지지층 중 40% 내외만이 박근혜 지지층으로 흡수되고, 60%가 이탈할 것임을 보여주었다. 이러한 비율을 끌어올릴 방안을 마련해야 박근혜 지지층의 확대를 꾀할 수 있을 것이다. 사실 2007년 대선 이후에도 이명박 대통령과 박근혜 진영 간의 갈등이 심각한 수준에서 진행되어온 점을 고려하면, 2007년에 비해 이명박 대통령 지지층에서 박근혜 지지층으로 이동을 꺼려하는 거부그룹이 상대적으로 더 강할 수 있다. 특히 서울지역, 40대 이명박 대통령의 지지층을 흡수하는 데 보다 큰 어려움을 겪을 것으로 보인다.

박근혜의 이념적 보수성

이념공간에서 위치 이동의 필요성

박근혜가 넘어야 할 두 번째 딜레마는 지지율 확대 및 본선 득표 확대를 위해서 이념적 포지션의 상당한 위치 이동이 필요하다는 점이다. 이러한 논리를 도식화하여 알아보기 위해 유권자들의 평균적인 이념적 스탠스를 [그림4-9]의 이념 축에 표시해보았다.

최근 민주당 전당대회에서 대부분의 후보자들이 유권자들의 진보적인 성향이 강화되었다고 주장한 바 있다. 일부 언론을 통해서도 유권자들의 이념적 '좌향좌'를 지적했다. 그러나 최근 몇 년간 유권자의 이념 성향 점수 평균을 분석해보면 '중도 우'에서 '중도'로 이동하는 과정임을 알 수 있다. 전체 유권자들의 이념을 '매우 진보 0점, 중도 5점, 매우 보수 10점'이라는 척도로 스스로 평가한 점수의 평균치를 내보면 2007년 12월 대선 6차 조사에선 6·2점이었고, 2008년 총선시기에는 5.6점, 2009년 1월 조사에서는 5.1점으로 이동했으며, 2010년 9월 조사에서는 5.0점까지 이동했다. 유권자들의 이념성향은 이명박 대통령

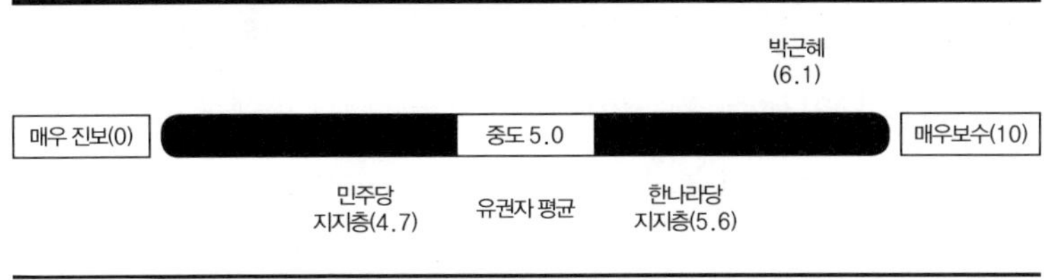

▲ 자료: EAI·한국리서치 정기여론바로미터조사(2010.9)

취임 후 지속적으로 중도 방향으로 일관되게 이동해온 것이다. 결과적으로 '좌향좌'한 것은 맞지만 전체적으로 유권자들이 진보화되었다고 보기에는 무리가 있으며 '중도 우'에서 중도화하는 과정으로 보는 것이 타당해 보인다.

2010년 9월 이념 분포를 보면 스스로 5점을 선택한 중도층은 전체 응답자(800명) 중 39.7%인 317명으로 가장 많았다. 0~4점을 선택하여 진보성향이라고 답한 응답층은 28.6%, 6~10점을 선택한 보수성향의 응답층은 28.2%로 나타났다. 중도층이 다수를 차지한 가운데 진보와 보수층이 비슷한 수준임을 알 수 있다. 한편 한나라당 지지층들이 자신의 이념 위치를 평가한 점수의 평균치는 5.6점으로 보수적 성향임을 알 수 있다. 민주당 지지층의 경우 4.7점으로 중도에 가까운 진보성향임을 알 수 있다. 다운스Anthony Downs의 근접성 이론proximity model에 따르면 유권자는 자신의 이념적 포지션과 가까운 후보를 선택한다.[14]

동일척도로 박근혜의 이념적 포지션을 물어본 결과 평균 6.1점으로,

---

14 Downs, Anthony (1957), *An Economic Theory of Democracy*, New York: Harper & Brothers Publishers.

역시 보수적인 정치인으로 평가받고 있었다. 한나라당 지지층의 평균 위치인 5.6점보다도 오른쪽에 있다. 한나라당 지지층의 눈에도 박근혜는 평균적인 한나라당 지지층보다 더 보수적이라고 생각되는 것이다. 결국 이념적 포지션만 놓고 본다면 유권자 다수가 중도 쪽에 몰려 있는 상황에서 손학규처럼 중도성향으로 비쳐지는 후보와 경쟁할 경우 박근혜는 불리해질 수밖에 없음을 의미한다. 따라서 박근혜의 경우 자신의 지지층도 잃지 않으면서 중도성향의 유권자들을 자신의 지지층으로 흡수하기 위해서는 중도 쪽으로 과감하게 이념적 포지션을 이동해야 한다는 부담이 따른다.

한국사회에서 이념 성향을 분류하는 '한미동맹'과 '성장-복지'라는 두 개의 이슈 축을 가지고 유권자들의 선호도를 살펴보더라도 박근혜

● [그림4-10] 성장-복지 / 동맹-탈동맹 각 정당 지지자 평균 선호도

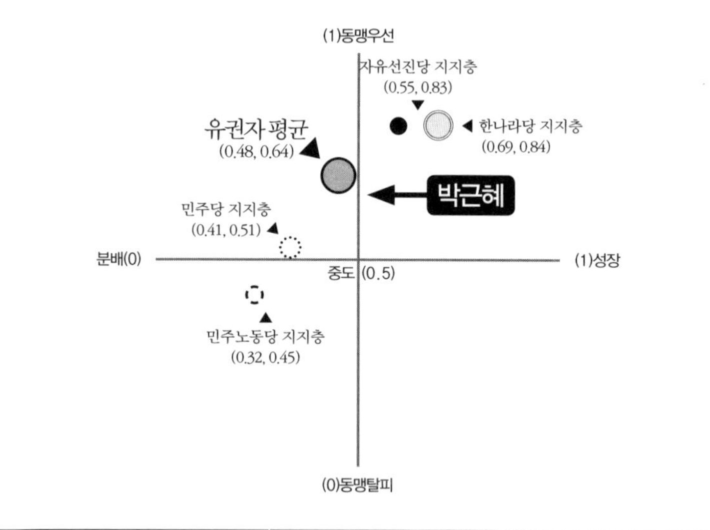

▲ 자료: EAI·SBS·중앙일보·한국리서치 2차 지방선거패널조사(2010)

192

의 이념적 위치 이동은 불가피하다. [그림4-10]은 2010년에 실시한 6·2지방선거 패널조사 2차 조사를 분석해본 결과다. 성장과 분배 중 어느 쪽을 선호하는지에 따라 '1은 분배선호, 0은 성장선호'로 환산하고, 대외관계에서 한미동맹 강조를 1, 동맹탈피 자주외교를 0으로 환산하여 전체 유권자들 및 각 정당 지지층들의 응답평균을 2차원 공간에 표시했다. 중간인 0.5가 중도 위치를 의미한다. 0.5 이상이면 보수성향, 0.5에 못 미치면 진보성향으로 볼 수 있다.

전체 응답자 평균은 성장-복지 축에선 0.48로 중도보다 약간 왼쪽(분배)을 선호하고 있으며 한미동맹 문제 있어서는 0.64점으로 0.5보다 위쪽(동맹 우선)에 위치하고 있다. 한나라당 지지층은 성장선호(0.69), 한미동맹 우선(0.84)에 위치한 반면 민주당 지지층은 약간 분배를 선호(0.41)하면서 동맹문제에서는 거의 중도에 가까운 0.51점으로 나타났다. 민주노동당 지지층의 평균 위치는 역시 분배선호(0.32), 동맹탈피(0.45)를 선호한다. 결국 후보자가 내세우는 정책이 어느 유형인가에 따라 지지층의 변화를 꾀할 수 있게 된다. 역시 가장 많은 지지를 획득하기 위해서는 전체 평균에 가까운 유형으로 이동이 불가피하다. 즉, 성장분배 문제에서는 분배를 우선하면서 한미동맹에 대해선 자주보다 동맹을 강조할 때 다수의 지지를 획득하는 데 유리하다.

따라서 박근혜의 경우 2007년 대선에서는 성장선호, 동맹우선 정책을 강조했지만 2012년 대선에서는 복지선호, 동맹우선 유형을 강조할 필요가 있다. 실제로 박근혜가 2007년 대선에서 실패한 이후 복지문제를 강조하고 있는 것은 이러한 유권자들 이념분포의 변화를 고려한 것으로 볼 수 있다. 그러나 문제는 이럴 경우 박근혜의 지지기반인 한나라당 지지층이 선호하는 이념과 상충하게 된다는 점이다. 한나라당 지지층의 경우 한미동맹 이슈 축에선 전체 국민 평균과 동일하게 동맹을 강조하는 입장이지만 성장, 분배 문제에 있어서는 한나라당 지지층은 성장우선을, 전체국민은 분배를 선호한다는 점에서 차이가 있다. 본인과 후보 간의 이념적 거리보다 같은 성향(방향)인지 여부가 지지후보 선택에 중요하다는 '방향성 가설'[15]에 따르면 박근혜의 경우 전제 국민 평균에 근접하기 위해 복지로 무게중심을 이동할 때 기존 지지층과 이념 방향이 달라지게 된다. 즉, 지지층의 반발과 이탈요인이 발생하는 것이다. 반면 평균적으로 민주당 지지층은 전체 국민과 동일하게 분배우선-한미동맹 선호유형으로 볼 수 있다. 따라서 야권주자가 개인의 성향이 어떻든 복지우선, 동맹선호의 포지션을 취할 경우 민주당 지지층은 물론 전체 국민들의 입장과도 맞아 떨어지는 효과가 있다는 점에서 박근혜에 비해 유리한 상황이다.

불리한 이슈를 제기해야 하는 딜레마 : 양극화와 삶의 질

한편, 차기 대선에서 어떤 아젠다가 대선정국을 좌우할까? 선거경쟁에서 각 후보는 자기 정당, 자신의 강점을 부각하는 아젠다를 부각하고 쟁점화기 위한 이슈 선점 경쟁을 벌이게 된다. 자신의 강점을 부각하는 아젠다가 국민들이 바라는 아젠다일 경우 매우 유리한 고지를 점령하게 된다. 2012년 대선에서 어떤 아젠다가 부각될지 예측하기 위해, 국민들이 생각하는 최우선 국가 아젠다가 무엇인지에 대한 2009년 1월부터 2010년 9월까지의 EAI 조사 결과를 [그림4-11]에서 비교해보았다.

---

[15] Ravinowitz, George and Stuart E. Macdonald (1989), "A Directional Theory of Issue Voting." *American Political Science Review*, 83. 1. 93~121.

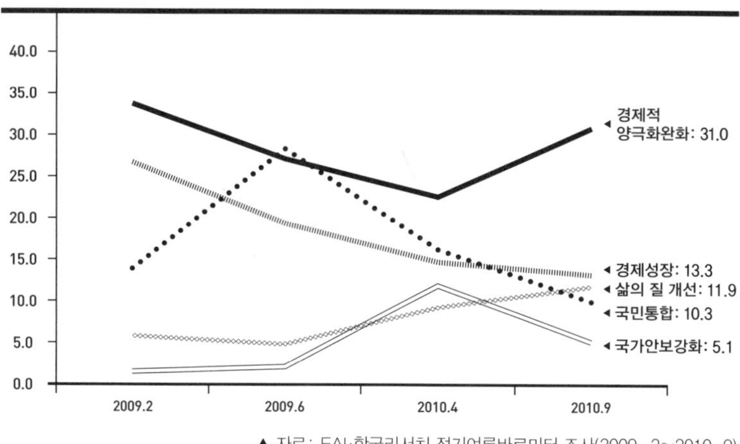

▲ 자료: EAI·한국리서치 정기여론바로미터 조사(2009. 2~2010. 9)

　2009년 2월 조사만 보더라도 2008년 세계금융위기 여파로 경제양극화 문제와 경제성장 문제를 꼽은 응답이 과반수를 훌쩍 넘겼고 다른 과제를 꼽은 응답은 소수 의견에 불과했다. 2009년 5월 노무현 전 대통령 서거 이후에는 사회갈등이 심화되고, 북핵 실험, 미사일 발사, 천안함 사건 등으로 국민통합이나 안보문제를 최우선 국정과제로 꼽은 응답이 증가하고 경제양극화 해소나 경제성장 문제 등 경제 아젠다를 꼽은 응답은 줄어드는 추세였다.

　그러나 사회적 갈등이 다소 주춤하고 있고 천안함 사건의 충격이 가라앉은 2010년 9월 조사에서는 다시 경제적 양극화 아젠다가 부상하고 있다. 경제 양극화 아젠다를 꼽은 응답이 31.0%로 가장 많았고, 경제성장을 꼽은 응답은 계속 줄어드는 추세지만 13.3%로 여전히 두 번째로 많았다. 그 뒤를 삶의 질 개선 11.9%, 국민통합 10.3%, 안보강화 5.1% 순으로 나타났다. 다만 삶의 질 개선 아젠다를 제기하는 응답이 최근 꾸준하게 상승하고 있다는 점은 짚고 넘어갈 필요가 있다. 2009년 2월 조사에서는 삶의 질을 선택한 응답이 6.0%에 그쳤지만 2010년 9월 조사에서는 11.9%로 두 자리 수를 넘겼고, 양극화 해소, 경제성장에 이어 세 번째로 많은 응답을 받았다. 그 외에 국제경쟁력 강화, 정치통합, 남북관계 개선 등의 의제들은 여론의 관심에서는 다소 먼 이슈들로 볼 수 있다.

중요한 것은 최근 유권자들의 기대가 높아지는 양극화 완화, 삶의 질 이슈는 진보친화적 이슈이며 하향세를 겪고 있는 경제성장 아젠다와 국민통합, 국가안보 문제는 보수친화적 이슈라는 점이다. 실제로 2010년 9월 조사에서 응답자들에게 최우선 국정 아젠다로 선택한 문제를 어느 정당이 잘 해결할 것으로 보는지 응답한 결과를 [표4-4]에서 확인할 수 있다. 국민통합, 경제성장, 국제경쟁력 강화, 안보 강화 아젠다에

● [표4-4] 아젠다별 문제해결을 가장 잘할 정당 선택   [단위:%]

	한나라	민주당	기타 보수당	기타 진보당	다른 정당	없다	모름/ 무응답	전체
국민통합	46.5	14.0	0.0	5.8	2.3	20.9	10.5	100
양극화 완화	27.0	21.6	1.7	11.6	2.5	20.7	14.9	100
남북관계 개선	15.1	47.2	5.7	9.4	0.0	5.7	16.9	100
정치개혁	28.8	18.2	1.5	7.6	0.0	31.8	12.1	100
경제성장	55.2	15.2	1.9	1.9	0.0	14.3	11.5	100
국제경쟁력	55.0	15.0	0.0	0.0	0.0	5.0	25.0	100
삶의 질 개선	23.9	25.0	0.0	6.5	1.1	21.7	21.8	100
국가안보 강화	64.4	4.4	6.7	4.4	0.0	4.4	15.7	100
교육개혁	28.0	18.0	0.0	8.0	6.0	28.0	12.0	100
계	35.6	20.2	1.7	7.3	1.5	18.6	15.1	100

▲ 자료: EAI·한국리서치 정기여론바로미터 조사(2010. 9)

대해서는 한나라당을 문제해결 정당으로 꼽는 응답이 46.5~64.4%로 가장 많았다. 이들 이슈들은 보수친화적 아젠다임을 알 수 있다. 반면 양극화 해소의 경우 가장 잘 해결할 정당으로 한나라당을 꼽은 응답이 27.0%, 민주당 21.6%로 한나라당을 꼽은 응답이 다소 앞섰지만 민주노동당, 진보신당, 국민참여당 등 진보성향의 소수정당을 꼽은 응답 11.6%까지 고려하면 보수 우위의 이슈로 보기는 힘들다. 삶의 질 개선 아젠다 역시 한나라당을 선택한 응답이 23.9%, 민주당 25.0%로 팽팽하게 맞서고 있다. 나머지 이슈들은 한나라당을 선택한 응답이 다소 많았다.

결국 여야 간의 이슈 선점을 두고 치열한 경쟁의 여지가 있는 양극화 해소, 삶의 질 문제 아젠다를 최우선 과제로 꼽는 여론이 강해지고, 한나라당 친화적인 아젠다를 최우선 과제로 선택하는 응답이 줄고 있다는 것은 박근혜의 아젠다 선점을 어렵게 한다. 양극화, 삶의 질 문제의 경우 여야 후보 간의 대등한 차원에서 치열한 공방이 불가피하며 그 결과를 장담하기 어렵다. 아무래도 복지 이슈는 한나라당과 보수층에겐 생소한 이슈이기 때문이다. 그렇다고 안보와 성장 같은 한나라당 우위의 아젠다를 인위적으로 부각시키면 이들 아젠다에 대한 국민들의 관심이 떨어져 이슈경쟁에서 밀릴 수 있다. 박근혜의 주력 아젠다 선점이 쉽지 않은 것이다.

개인 이미지 약점: 국정능력에 대한 의문

마지막으로 이미 대선 당시 한차례 불거졌던 문제지만 박근혜의 개인적 자질에 대한 국민들의 평가가 주로 도덕성에 치우쳐 비대칭적이라는 점이다. 박근혜의 신뢰도나 도덕성 측면에 대해서는 높게 평가하면서도 국정운영 능력에 대해서는 의문을 제기하는 여론이 많았다. [그림4-12]의 2007년 패널조사 결과를 보면 이명박의 경우 도덕성 문제에서는 대통령으로서 충분하다는 응답이 29.3%에 그친 반면 미흡하다는 인식이 59.1%로 다수였다. 반면 국정운영 능력에 대해서는 충분하다는 응답이 53.6%, 미흡하다는 응답은 33.3%로 소수였다. 즉 당시 도곡동 땅 문제나 BBK 사건 등 각종 도덕적 의혹이 제기되면서 도덕성에 대한 의문이 컸지만 현대건설 CEO 출신이라는 이력과 서울시장으로서 청계청 복원을 성공적으로 이끈 성과에 대한 평가가 컸던 것으로 보인다.

반면 박근혜의 경우 반대로 도덕성에 대해서는 55.7%가 충분하다고 평가했고, 미흡하다는 응답은 32.1%에 불과했다. 그러나 국정운영 능력에 대해서는 충분하다는 응답이 45.7%, 미흡하다는 응답이 43.6%로 팽팽하게 맞섰다. 국정운영 능력에 대해서는 의문이 적지 않음을 보여준다. 박근혜의 경우 현 정부 들어와서도 국정운영 경험의 기회를 가

●[그림4-12] 2007년 대선 경선 당시 이명박−박근혜 상대 지지층 평가　　　　[단위:%]

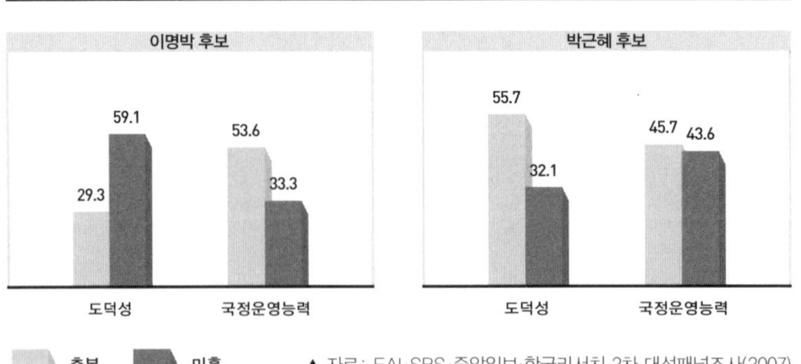

졌다고 보기는 힘들어 차기 대선에서도 이 문제는 주요 공격대상이 될
수 있을 것이다.

　다만 개인의 자질은 절대적 평가뿐 아니라 상대후보에 따라 상대적
평가가 중요한 만큼 누가 상대가 되느냐에 따라 평가는 충분히 달라질
수 있다. 다만 당내에서 유력주자로 떠오르고 있는 오세훈, 김문수는
지방자치단체장 경력과 지난 1기 임기에 대한 지역주민의 평가가 우
호적이었다는 점에서 박근혜보다 강점을 가질 수 있다. 야권에서도 손
학규, 유시민, 정동영 역시 경기도지사 및 보건, 통일부 장관 경력을 갖
고 있어 박근혜에 비해서는 강점을 가질 것으로 보인다. 앞으로도 국정
경험을 쌓을 수 있는 특별한 기회를 만들기 쉽지 않다는 점이 박근혜의
고민거리로 남을 것이다.

보수지도자 박근혜와 2012 대선 드라마

지금까지 박근혜가 정치에 입문했던 초기부터 2012년 대선을 앞둔 현 시점에 이르기까지 어떤 과정을 거쳐 한국 제1보수정당의 수장으로 성장하고 유력한 대선주자로 부상해왔는지 그 행보와 여론 반응 변화를 살펴보았다.

분석을 통해 고연령, 저학력, 이념적 보수, 영남 및 충청지역을 중심으로 한 박근혜의 고정지지층이 정치 입문 초기부터 박정희 전 대통령의 후광효과의 결과라기보다는 2004년 탄핵역풍으로 위기에 빠진 한나라당 당 대표로서 당 개혁과 국가정체성 투쟁을 이끌어가는 과정에서 형성된 것임을 확인할 수 있었다. 당 대표 초기에는 중도개혁보수노선을 내세워 상생의 정치와 당 개혁을 이끌었으며, 탄핵 직후 4·15총선에서는 기대 이상의 성과를 이끌어 불과 석 달 만에 역전된 여야 지지율을 재역전시키는 리더십을 발휘한 결과라는 것이다. 그러나 탄핵 이후 구 여권이 추진한 국가보안법, 과거사청산 등 4대 법안 개폐에 상생 대신 국가정체성 사수를 내걸고 대여 전면전을 치루는 과정에서 보수지도자로서의 이미지가 공고화된 것으로 볼 수 있다.

박근혜는 자신의 대중적 인기와 당 지지율이 동반 하락했지만 당 주류로서 정치적 기반을 형성했으며, 이 힘을 바탕으로 2007년 한나라당 대선경선에 도전했고, 이명박과 아슬아슬한 접전을 펼칠 수 있었다. 비록 박근혜가 지나치게 보수성향의 지지층에 의존함으로써, 청계천 복원의 실적을 앞세워 중도층, 진보층 일부까지 지지층으로 확대한 이명박에게 대선후보 자격을 넘겨주었지만 정치적 신뢰라는 정치자산을 쌓았다는 점에서 의미 있는 성과를 남겼다고 할 수 있다. 또한 이명박 정부 시기에는 정부 여당의 주류로부터의 견제에 맞서면서 일거수일투족을 주목받는 정치인으로 부상했고, 차기 예비 대선후보 지지율 조사에서 독주하고 있다.

그러나 이러한 강점들에도 불구하고 박근혜에 대한 여론의 반응을 고려할 때 2012년 대선까지 넘어야 할 중요한 딜레마가 남아 있다. 첫째, 세종시 이후 이명박 대통령과 해빙무드에 접어들었지만 다시 냉각될 개연성이 존재하며, 그 경우 친박계 지지층이 이탈할 가능성이 높고 친이계 지지층 흡수를 통한 외연 확장이 쉽지 않을 것으로 보인다. 둘째, 박근혜가 갖고 있는 강한 보수적 이미지와 차기 대선에서 부상하고 있는 진보친화적 아젠다 사이의 간극으로 인해 상당한 이념적 포지션 이동이 불가피하지만, 기존 지지층의 유지와 지지층 확장이라는 두 마리 토끼를 동시에 잡는 것이 쉽지 않다. 셋째, 지난 대선부터 박근혜의 높은 도덕성에 대한 신뢰에도 불구하고 국정운영 능력에 대한 여론의 불신이 제약요인으로 작용할 것이라는 점이 지적되어 왔다.

종합하면, 첫째 현재 압도적인 지지율 우위를 바탕으로 미래권력으로까지 인식되고 있지만 박근혜의 앞날은 순탄치만은 않을 전망이다. 무엇보다 2012년 대선은 이전 선거와 공격과 수비가 바뀌어 실시하는 선거다. 2007년 정권심판론으로 공격에 섰던 한나라당과 현 여권은 2012년에는 방어를 해야 하는 것이다. 물론 현직자의 출마를 제한하는 단임제하에서 한국의 역대 대선에선 보통 현 집권세력에 대한 회고적 평가retrospective voting보다는 미래 집권비전과 능력prospective voting경쟁이 투표 결정에 보다 큰 영향을 미쳐 왔다.[16] 정부여당이 집권후반기에 높은 지지율을 유지하며 현 정부에 대한 심판론의 예봉을 무디게 할 경우, 특히 야당이 집권당 지지율에 못 미칠 정도로 대안으로서의 존재감을 보여주지 못할 경우 공수 역전에 따른 부담은 최소화될 수 있다. 즉, 중간평가로서의 성격이 강한 지방선거와 달리 대선에서는 도전자가 '정권심판론'만으로 선거에서 우위를 점할 수 없다는 점이 고려되어야 한다. 그러나 미래 비전과 정책추진 능력에 대한 평가 자체가 현 정부 여당의 업적에 대한 회고적 평가를 상당 부분 반영하게 되고, 이명박 정부가 집권 말기로 갈수록 현재의 국정지지기반을 유지한다는 것이 쉽지 않다. 더구나 외연 확대를 위해서는 이명박 대통령 지지층의 흡수가 절실한데, 현 정부에 대한 차별화 수위와 시점을 잘못 정할 경우 낭패를 볼 가능성이 적지 않다. 박근혜로서는 공수교대 상황이 껄끄러울 수밖에 없는 대목이다.

둘째, 2007년 무기력했던 현 야당세력이 최소한 2007년에 비해 자신감과 활력을 찾아가고 있으며 상당한 지지기반을 갖춘 야당 후보군이 형성되어가고 있다. 제1야당인 민주당은 10·3전당대회를 통해 한

---

16 Jhee, Byong-Kuen and Geiguen Shin (2007), "Democratization and Changing Voting Behavior: A Case Study of Korea," *Korean Observers* 38. 1. 33~63.
정한울 (2007), "한국에서 경제투표는 가능한가?" 이내영 · 이현우 · 김장수(편) 〈변화하는 한국유권자: 패널조사를 통해 본 5·31지방선거〉, 서울: 동아시아연구원.

나라당 출신이며 중도노선을 강조하고 있는 손학규를 당 대표로 선출하고 486정치인의 부상으로 세대교체의 흐름을 만들어내면서 지지율 상승 추세로 돌아섰다. 또한 2007년 대선에서는 대선에 도전한 야권 후보들의 지지율을 모두 합해도 10% 내외에 불과했지만, 현재는 노무현 전 대통령 서거의 수혜를 받은 유시민, 한명숙, 손학규 등 10% 내외의 후보군 지지율만 합쳐도 박근혜 지지율에 근접하고 있는 상황이다.

2007년 대선에서 당시 구 여권 후보들이 무기력할 수밖에 없었던 것은 노무현 전 대통령 지지율과 당시 여당 지지율이 10~20%대로 추락하여 한나라당 지지율의 3분의 1 수준으로 떨어질 정도로 구 여권의 정치적 기반이 붕괴된 상황이었기 때문이다. 그러나 2006년 지방선거, 2007년 대선, 2008년 총선 등 세 차례의 전국선거에서 구 여권에 대한 유권자들의 정치적 심판이 이루어졌고, 두 전 대통령 서거를 계기로 야당 지지율이 10%P 이상 상승하면서 20% 중반대 지지율을 회복한 상태다. 최소한 정치적 재기의 발판은 마련된 상황이다. 반면 현 여당인 한나라당 지지율은 2007년, 2008년에 비해 10~15%P 하락하여 30% 중반대까지 떨어져 양당 간의 지지율 격차는 10%P 내외로 좁혀졌다.

셋째, 강한 야당 후보군이 부상할 경우 여당 내부에서 박근혜 대세론은 급격히 위축될 가능성이 높다. 만약 야권이 현재의 회복세를 발판으로 국민들에게 대안세력으로서 신뢰회복에 성공할 경우 다른 후보들보다 박근혜가 더 큰 타격을 받을 수 있다. 즉, 확장력이 결여되고 결빙된 지지층의 딜레마로 인해 당 내부에서부터 박근혜의 독주체제에 대한 균열과 도전이 거세질 수 있다. 즉, 박근혜 지지율의 정체에 대한 우려가 크기 때문에 야권 예비후보군 지지율의 작은 상승세에도 박근혜 경쟁력에 대한 회의가 쉽게 확산되고 당내 경쟁자로의 지지 이탈이 속도를 낼 수 있다는 것이다.

다만 어떠한 상황에서도 박근혜는 역대 선거에서 일시적인 바람에 기대어 떴다 가라앉은 대선주자들과는 다른 모습을 보여줄 것이 확실해 보인다. 지지율의 결빙과 불확장성, 강한 보수적 이미지 등 어느 것 하나 쉽게 극복하기 어려운 제약요인도 있지만 다른 정치인들이 갖지 못한 정치적 신뢰라는 자산을 갖고 있기 때문이다. 한번 형성되기는 힘들어도 일단 형성되면 쉽게 깨지지도 않고, 일단 깨지고 나면 다시 복원하기 어려운 것이 바로 정치적 신뢰다. 지지율은 단기간 변동이 가능하지만, 정치적 신뢰는 견고하고 쉽게 와해되지 않는다. 2012년 대선에서 박근혜가 자신의 최대 자산인 정치적 신뢰를 기반으로 어떤 드라마를 써나갈 수 있을지 귀추가 주목된다.

김종욱 | 동국대 북한학연구소 연구교수

냉전과 탈냉전의 회색 아우라, 박근혜

5

●'박근혜 현상'이라는 단어부터가 왠지 낯설다. 신드롬Syndrome이라고 규정하기도 그렇고, 본질이나 객체의 외면을 나타내는 상이란 의미에서 현상Phenomenon 정도로 접근하는 것이 타당할 듯하다. 특히 남북문제, 대북정책에서 나타나는 '박근혜 현상'은 더욱 미묘하다. 그런 의미에서 박근혜의 이미지는 '냉전과 탈냉전의 회색 아우라Aura'라고 정의할 수 있을 것이다.

공자의 《대학》에 "사물에는 본말이 있고 사건에는 시종이 있으니 선후를 알면 도에 가까워지는 것이다 物有本末 事有終始 知所先後 則近道矣"라는 대목이 있다. 박근혜 현상을 제대로 읽기 위해서는 본말과 시종, 선후에 좀 더 객관적으로 접근해야 한다. 그런 면에서 박근혜가 구상하는 남북문제와 대북정책의 본말과 시종, 선후를 정확하게 이해했는지에 대해서는 아쉬움이 남는다. 그러나 분단에서 평화와 통일로 나아가는 삶의 과정 속에서 정치는 막대한 영향력을 미치고 있으며, 그런 점에서 집권당의 유력한 차기 대선후보인 박근혜의 대북관과 대북정책에 대한 이해와 분석은 그 자체만으로도 의미가 있다고 판단된다. 국민의 정부와 참여정부 10년간 대북정책이 정권 교체 이후 180도 역전되어버린 현재의 상황은 이 점을 더욱 명증하게 보여준다.

이 글의 내용 전개는 다음과 같다. 박근혜가 살아오면서 보고 느낀, 그리고 어린 시절부터 축적된 북한에 대한 관점은 어떤 것일까? 그러한 관점이 정치인 박근혜에게 어떤 영향을 미쳤을까? 자신의 관점과 현실이 충돌하는 상황에서 박근혜는 어떤 판단을 내리게 될까? 먼저 이러한 의문을 따라가보고자 한다.

또한 정치인 박근혜를 둘러싼 한반도 주변환경과 지지기반 및 한나라당의 이념지형을 추적해보고자 한다. 즉, 박근혜가 헤쳐가야 할 주변상황에 대한 해석을 통해 어떤 내용과 방향으로 외교안보 리더십을 만들어나갈지 예측해보는 것이다. 이것은 보수적 경직성과 현실이 충돌하는 지점에서 보여줄 박근혜의 잠재된 리더십에 관한 내용이다. 가장 충격적인 사건은 2002년 박정희 전 대통령의 딸인 박근혜가 김일성 주석의 아들이자 현재 북한의 최고 권력자인 김정일을 만난 것이다. 이는 박근혜의 현실적 유연성을 보여주는 사건이었다. 그러나 정치인 박근혜의 북한관은 선거라는 과정 속에서 정반대의 모습으로 등장한다. 바로 이것이 보수적 경직성과 현실적 유연성이 충돌하는 회색지대다.

2012년은 한반도 주변정세가 요동치는 정점이 될 가능성이 높다. 남북한, 미국, 중국, 러시아의 권력변동이 발생하는 시점이기 때문이다. 그만큼 2012년 대한민국 대선의 결과는 외교안보 영역에서 상징적 의미를 갖는다. 또한 박근혜가 주장하는 '3단계 통일론'이 현실적으로 구현될 것인지 아닌지 판가름 나는 시점이기도 하다.

그러나 만약 박근혜가 대통령이 된다 하더라도 보수적인 대북정책을 전개할 것인지, 혹은 전향적인 대북정책을 전개할 것인지 예측하기란 결코 쉽지 않다. 그것은 대통령 개인의 판단에만 근거한 결정이 아니라 한반도 주변상황이라는 객관적 환경에 상당한 영향을 받을 수밖에 없기 때문이다. '얼음공주'라는 별칭처럼 대쪽 같고 차가운 반북反北적 태도를 취할지, 아니면 육영수 여사와 같은 온화한 태도를 취할지 궁금하다.

남한사회에서 박정희 전 대통령에 대한 평가는 극단적이다. 박정희 전 대통령은 국가성장 신화를 이룩한 인물로서 보수진영의 존경을 받는 한편, 진보진영으로부터는 독재자라는 비난을 피하지 못하고 있다. 그리고 그 극단적 평가 속에 박근혜가 존재한다. 박정희 전 대통령의 후광 없이 박근혜가 존재할 수 있었을까? 한국전쟁 이후 남한사회를 뒤덮었던 반공 열풍은 독재의 든든한 자원이 되었다. 모든 것은 반공의 '블랙홀'에 휩쓸려 들어갔고, 그 억압의 토대 위에서 성장이 이루어졌다. 반공의 억압 위에 세워진 성장의 바벨탑, 그 후광 속에 성장한 박근혜에게 북한은 어떤 모습으로 투사되었을까?

이 글은 의문을 풀기 위한 작업이 아니라 의문을 던지는 작업이라고 하는 것이 옳을 듯싶다. 이러한 의문들은 앞으로도 우리 앞에 지속적으로 나타날 것이기 때문이다. 그리고 어떤 사건과 계기, 시점마다 우리는 박근혜의 발언과 실천을 목도할 수 있을 것이다. 자, 이제부터 냉전과 탈냉전의 회색 아우라 속으로 들어가보자.

현실적 외교정책과 박근혜 리더십

◆

무엇인가 보일 듯 말 듯, 무엇인가 알 듯 말 듯 알기 어려운 박근혜의 이미지. 그것은 회색의 아우라에 비교될 수 있다. 받아들이는 사람에 따라 다양하게 인식된다는 면에서 닮아 있다. 냉전적 발언과 탈냉전적 발언이 교차되어 발화되고, 그 내용에 따라 다르게 해석되는 경향성, 종잡을 수 없음, 막연한 기대, 막연한 불안이 교차하는 박근혜의 북한관과 대북정책을 보면서 어떻게 이해하고 접근하는 것이 옳은 방법일지 판단하기 어렵다. 그것은 박근혜의 퍼스낼리티 때문만은 아니다. 정부의 성격, 정당의 지형, 시대적 상황의 변화, 남한 국민들의 정서, 북한의 태도 등 다양한 영향력들의 콜라주와 결합된 퍼스낼리티라는 점에서 접근이 더욱 용이하지 않다는 것이다.

"우리의 소원은 통일/꿈에도 소원은 통일"을 노래하던 시절에서 흡수통일과 햇볕정책이 쟁투를 벌이고 있는 시대로의 변화는 격세지감을 느끼게 한다. 감성적이고 일방적인 통일의 필요성을 느끼던 시대, 그것이 전쟁을 통해서든, 흡수를 통해서든 통일은 진리이고 가야 할 지향이라고 사고하던 시대는 서서히 잊혀지고 있는 듯하다. 통일이 남북한 구성원 모두에게 너무나 큰 희생을 강요하는 것이라면, 이제는 그것에 대해 '정당한 회의'를 표시해야만 하는 시대로 진입했다. 이념적 적대성에 의해 일방에 의한, 일방의 승리로 결정되는 통일이 얼마나 억압적이고 위험을 동반하는 것인지 성찰해야 한다. 충분한 접촉을 통한 서로간의 이해와 관용의 시간을 갖지 않은 통일의 길이 얼마나 혹독한지, 또한 얼마만큼의 배제와 독선을 유발시킬 것인지 직시해야 한다.

한국전쟁 이후 반공이념에 의해 모든 것이 재단되었던 역사, 지금도 대한민국 내부구성원들이 북한을 바라보는 관점에 의해 대결하고 있는 상황, 광화문 사거리를 맞대고 보수와 진보가 격렬한 시위를 벌이는 낯익은 광경, 두 차례의 서해교전 속에서도 금강산관광지와 개성공단에 불이 꺼지지 않았던 역설의 풍광, 인도적 지원도 할 수 없다는 광기 속에 벌어진 '천안함 사건'의 슬픈 기억 등……. 해석할 수 없고, 설명되진 않지만 무던하게 반복되는 대결과 협력의 변주곡들이 21세기 탈냉전시대임에도 한반도에서는 벌어지고 있다.

한반도를 둘러싼 주변상황은 일대 전환기에 돌입하고 있다. 2012년 대한민국은 18대 대선이 예고되어 있고, 북한은 강성대국 원년을 공언하고 있다. 미국과 러시아는 차기 대통령 선거가 예정되어 있고, 중국도 제5세대 지도부가 들어선다. 일본을 제외한 모든 주변 국가들의 세력 교체가 이루어지는 시점이 바로 2012년이다. 따라서 2012년 새롭게 들어설 대한민국의 대통령은 변화의 국면에서 새로운 외교적 리더십과 전략을 집행해야 할 막중한 임무가 있는 것이다. 또한 남북관계에 있어서도 일대 전환적인 시점의 한가운데에 서 있다.

2012년 대한민국 대선에서 국민들이 어떤 인물을 대통령으로 선택할 것인지 예상하는 것은 너무 이르다. 우리나라처럼 역동적이고 변화무쌍한 대통령 선거에서 사전적 예측이란 어쩌면 점성술사의 몫일지도 모른다. 그럼에도 불구하고 한나라당에서는 박근혜, 김문수, 오세훈 등의 대선후보군이, 야권에서는 손학규, 정동영, 유시민 등의 대선후보군의 이름이 오르내리고 있다. 한나라당은 경선이라는 절차를 통해 대선후보가 선출될 것이다. 야권은 각 정당별 경선과 경선 이후 야권후보 단일화에 의해 대선후보가 선출될 것이다. 단, 야권이 단일후보를 성사시킬 수 있을지 여부는 현재까지 점성술사의 몫이다.

이제부터 한나라당의 유력 대선후보로 거론되는 박근혜의 대북정책, 외교정책 등의 흐름을 짚어보고자 한다. 현재 시점뿐만 아니라 과거부터 현재까지의 흐름을 살펴보고, 그 역사적 추적을 바탕으로 전개될 미래의 방향을 예측하는 데 상상력을 발휘하고자 한다. 이 글은 진보적 시각으로 바라본 박근혜에 대한 평가작업이 될 것이다. 현직 정치인, 그것도 집권당의 유력 대선후보에 대한 평가와 예측이라는 점이 무척 낯설기도 하고, 많은 오해를 불러일으킬 수 있다는 생각에 두려움이 앞선다. 그러나 이·글을 통해 특정 개인을 의도적으로 과대포장하거나 폄하할 생각은 추호도 없다.

'냉전적 아비투스'[1]와 현실적 구조의 충돌

피에르 부르디외Pierre Bourdieu의 '아비투스habitus'는 성향체계, 습속 등으로 해석할 수 있다. 즉, 태어나고 자라온 생활조건 안에 각인되어 축적된 성향을 의미하며, 아비투스에 의해 다양한 실천과 관계가 구성된다. 따라서 아비투스는 '계급이나 사회구성원의 라이프스타일과 가치관이 일관성을 가지게 되는 원천'이다.[2] 이러한 아비투스와 함께, 개인은 사회라는 장場에서 사회자본[3], 문화자본[4] 정치자본[5] 상징자본[6] 등 관계자본의 형성을 통해 세력을 확대·유지하며, 영향력을 확장한다.

---

1 "인간의 신체를 제약하는 것은 축적된 역사로서의 사회적 제도만이 아니다. 장구한 역사는 인간 안에 체화되어 지속적인 성향을 이루며, 이 성향이 인간의 충동과 욕구에 대한 충족을 끊임없이 억제하고 있다. 이것이 부르디외의 아비투스 개념이다." 루이 핀토 지음, 김용숙·김은희 옮김 (2003), 《부르디외의 사회학 이론》, 서울: 동문선, p. 48.

2 질 에얄·이반 젤라니·엘리노어 타운슬리 지음, 임현진·정일준·정영철 옮김 (2007), 《자본가 없는 자본주의》, 서울: 시유시, p. 104.

3 "사회자본은 지속적인 네트워크 혹은 상호면식이나 인정이 제도화된 관계, 즉 특정한 집단의 구성원이 됨으로써 획득되는 실제적인 혹은 잠재적인 자원의 총합을 의미한다." 피에르 부르디외 (2006), "자본의 형태,"《사회자본: 이론과 쟁점》, 서울: 도서출판 그린, p. 75.

4 "문화자본은 가정환경 등으로 형성된 내면화된 문화적 능력과 함께 교육을 통해 획득된 학력과 같이 제도화된 것의 총합을 의미한다."

먼저 박근혜의 아비투스와 사회자본에 대한 추적부터 시작해보자. 한국전쟁 직후에 태어난 세대는 반공을 국가의 유일한 정체성으로 규정한 시대에 살았다. 반공은 곧 국가의 이념이며, 북한과의 대결에서 승리하는 것은 상식이며, 이를 위해 봉사하는 것이 국민의 의무였던 시대다. 또한 5·16군사쿠데타 이후 군부독재 시대에 교육을 받고 사회에 배출된 세대다. 특히 박근혜는 박정희 전 대통령의 딸로서 성장했고, 1970년대 유신체제에서 '퍼스트레이디'의 역할을 담당했다. 그녀에게 북한은 아버지와 대결하는 정적政敵이었고, 어머니를 죽인 원수였다. 1979년 박정희 전 대통령이 시해弑害된 후 그녀는 아버지의 죽음을 애통해하면서도 퍼스트레이디로서 국가안보의 상징인 휴전선, 즉 전방의 상황을 제일 먼저 묻고 점검했다. 박근혜의 의도와 무관하게 냉전적 아비투스가 부지불식간不知不識間에 체현되었다고 할 수 있다.

이런 상황은 지금도 지속되는 것으로 보인다. 2007년 11월 2일 '서초포럼' 특강 이후 기자들과의 인터뷰에서 북한의 핵 실험에 대한 질문에 박근혜는 다음과 같이 답했다.

"90년대 이후 대북정책의 최대 목표는 북한 핵 저지였다. 그런 면에서 지난 10여 년간의 대북정책은 완전 실패다. (…) 1968년 1월 21일 밤

---

5 "정치자본은 이 자본을 보유한 사람들에게 공공적 재화와 서비스의 사적 전유appropriation의 형태를 보장해주며 가족적 관계들의 망을 통해 전수되고 궁극적으로 정치적 명문가의 구축을 가능하게 한다." 피에르 부르디외 지음 · 김용권 옮김 (2005),《실천이성: 행동의 이론에 대하여》, 서울: 동문선, p. 35.
6 "상징자본은 사회자본, 문화자본, 정치자본의 결합을 통해 부여되는 권위의 총합을 의미한다." 정선기, "생활양식과 계급적 취향," 현택수 외 지음 (1998),《문화와 권력: 부르디외의 사회학의 이해》, 서울: 나남출판, p. 64.

이 떠올랐다. 당시 북한 무장간첩 31명이 청와대 앞까지 침투했지만 지금은 북한의 핵 위협이 국민 모두의 집 앞까지 왔다."

박근혜에게 냉전시대의 기억은 아비투스로 침잠되어 계기가 있을 때마다 다시 환기된다고 말할 수 있다. 기억은 사라진 것 같지만 어느 순간 불현듯 나타나 현실과 겹쳐진다. 많은 시간이 지났다고 하지만 박근혜의 냉전적 아비투스는 현실과 끊임없이 충돌하면서 회상되고, 현실을 규정하는 주요한 요인이 되고 있는 것이다.

또한 박근혜를 둘러싼 사회적 관계망은 유신체제를 지탱했던 인물들이었다. 육영재단과 정수장학회로 이어진 시기에 그녀는 박정희 전 대통령과 육영수 여사의 그늘 아래서 이와 연계를 맺은 사람들을 중심으로 관계망을 형성했다. 1998년 국회의원에 당선된 이후 약간의 부침이 있었지만 현재까지 한나라당 출신 및 관계자들과 정치적 뜻을 함께 하고 있다. 이처럼 박근혜를 둘러싼 사회자본은 반공과 보수주의적 인물 중심의 관계망이다. 또한 장기간 형성된 아비투스와 맺어진 사회자본은 반공과 보수주의적 방향성을 내포하고 있다. 박근혜가 정치에 입문하기 직전에 쓴 다음 글에서 냉전적 아비투스와 보수주의적 입장이 드러난다.

"그대 평화를 바라거든 전쟁에 대비하라." 아버지의 일기장에 크게 적혀 있는 이 옛 명언을 읽으며 아버지의 심정을 생각해본 적이 있다.[7]

---

7 〈한국논단〉, 1997년 1월호, p. 167.

이 글의 제목은 '염원하셨던 조국의 평화통일 이룩되는 날: 아버지 생각하며 통곡할 날'이다. 평화통일을 이룩하기 위해 전쟁을 대비해야만 하는 긴박한 준전시 상황이 바로 1970년대 일상의 풍경이었다. 적대의 역사 속에서 생성된 북한의 이미지는 타도의 대상이었으며, 화해할 수 없는 대상이었다. 박근혜는 1997년 상황 속에서도 철저한 보수주의적 안보관이 비판받는 것을 이해할 수 없다는 심경을 다음과 같이 밝혔다.

> "지금까지도 북한은 세계에서 가장 호전적인 집단이며 호시탐탐 우리를 노리고 있다고 자타가 인정하면서, 하물며 국력이 지금보다 훨씬 미약했던 당시 우리나라가 살아남기 위해서는 그만큼 강하게 대처해야 했던 필요성을 굳이 외면하는 모순을 나는 이해할 수가 없다."[8]

위의 글을 인용하는 것은 옳고 그름을 판단하기 위해서가 아니라, 냉전적 가치와 관점이 생활세계에 어떻게 내면화되고, 그 내면화된 성향이 어떻게 표출되는가를 보기 위함이다.

박근혜의 인생 궤적은 북한과 화해할 수 없을 것 같다는 느낌이 들 정도의 수준이다. 그럼에도 불구하고 박근혜는 2002년 북한을 방문하여 김정일을 만났다. '센세이션sensational'한 '미스터리mystery', 그 자체다. 1960~1970년대 남북한의 최고책임자이자 최대의 정적이었던 박정희와 김일성의 자식이 서로 손을 잡고 악수를 나누고 회담을 가졌다. 역사적 화해라고 규정할 수도 없고, 정치적 쇼나 해프닝으로 치부할 수도 없는 상징적 만남이다. 그런 점에서 박근혜는 냉전적 아비투스와 사

---

8 〈한국논단〉, 1997년 1월호, p. 167.

회자본만으로 설명하기 어렵다. 다음 박근혜의 회고 내용을 보면 더욱 극명해진다.

> "개인적인 아픔보다는 남북관계와 미래가 더 중요했습니다. 당시 김정일 위원장과 아버지 세대의 7·4공동성명 합의사항을 2세들이 열매 맺을 수 있도록 노력하기로 합의했고, 이산가족 상설면회소 설치, 한국전쟁 때 행방불명된 군인들의 생사확인, 금강산 댐 공동조사, 남북통일 축구 개최 등에 합의했는데, 대부분 지켜졌거나 진행 중에 있습니다. (…) 북한 방문 기간 동안 가슴이 찡할 때가 한두 번이 아니었고, 세계에서 유일한 분단국인 우리의 현실이 서글펐습니다. 이제 남북이 공동으로 발전하고, 우리 민족이 사이좋게 잘살 수 있도록 함께 노력해야 합니다. 그런 날이 오기를 손꼽아 기대해봅니다."[9]

변화된 현실을 인정하는 발언인 듯 보이면서도 여전히 냉전적 아비투스가 공존하고 있다. 박근혜는 방북 3년 후 미국 존스홉킨스대 국제관계대학원 오찬간담회에서 "북한은 통일의 대상이자 한국의 안보 위협이라는 이중성이 있지만, 군사적으로는 한국의 적"이라고 규정했다. 2006년 선거유세 기간 중에는 금강산 관광과 개성공단 사업이 "북한의 핵 무장에 대한 재원 마련에 도움이 되는 사업이기 때문에 잠정적으로라도 일체 중단해야 한다"고 주장했다.

이렇듯 냉전적 아비투스와 살아온 삶의 궤적에 의해 형성된 사회자본이 북한을 바라보는 박근혜의 기본입장이라고 볼 수 있다. 그럼에도

---

9 http://www.parkgeunhye.or.kr(검색일: 2010. 10. 2)

불구하고 변화된 현실과 구조에 따라 상이한 반응을 보일 수밖에 없는 것도 사실이다. 즉, 냉전적 아비투스와 현실적 구조 사이에서 박근혜는 끊임없이 충돌할 것이다. 그 충돌의 강도가 박근혜의 리더십에 위협요인이 될 수도, 반대로 기회요인이 될 수도 있을 것이다.

냉전·보수적 지지기반과
탈냉전 한반도 주변정세와의 충돌

◆

이제 정치인 박근혜를 만들어낸 정치자본에 대해 추적해보려고 한다. 정치자본은 정치인으로서 박근혜의 신념과 의지, 정책과 비전을 현실적으로 구현하기 위해 가장 중요한 부분이다. 한나라당은 집권당이라는 측면에서 다양한 정보를 통해 실질적인 실험을 전개할 수 있는 유리한 조건을 갖추고 있다. 물론 친이-친박계로 갈라져 권력을 점유하기 위한 내부싸움이 전개되고는 있지만, 박근혜의 정치를 실현하기 위한 기반으로써 한나라당(친박계)은 중요한 정치자본이다. 친이계 의원들과의 접촉면을 넓히는 것도 정치자본을 확대하기 위한 것이다. 한나라당 내부정치는 '누가 대선에서 승리할 가능성이 높은가'에 따른 통계 싸움이다. 그 통계 싸움에서 앞서간다면 누수는 그만큼 적어질 것이고, 정치자본은 탄탄해질 것이다.

통계 싸움의 핵심은 국민여론이다. 국민여론에서 핵심은 지지기반이다. 어떤 지지기반 위에 서 있는가에 따라 전략구사 방향과 방식이 변하기 때문이다. 전통적으로 박근혜의 지지기반은 영남과 충청권의 보수적 유권자를 주축으로 수도권의 보수적 유권자와 일부 중도적 유권자가 결합된 형태로 구성되어 있다. 지지율은 대체적으로 20~30% 수준이다. 즉, 박근혜는 냉전·보수적 유권자 지지기반 위에 서 있는 것이다.[10] 여기에 수도권 지역의 이명박 대통령을 지지했던 유권자가 결합되어야 파괴력을 확보할 수 있다. 후보로서의 위치와 대통령으로서의 위치는 확연히 다르다. 당선을 위해서는 후보로서 자신의 지지기반에 충실할 수밖에 없다. 대통령은 전 국민을 대상으로 통치행위를 하는 것이지만 후보는 다수 득표를 획득하기 위한 전략을 실행해야 하기 때문이다.

전 세계에 탈냉전이 구조화되었지만, 한반도 주변정세는 냉전과 탈냉전 사이에서 우왕좌왕하고 있다. 앞으로 전개될 상황은 탈냉전의 흐름이지만, 탈냉전에 입각한 정책적 입장에 서게 되면 지지층과 갈등을 겪을 수밖에 없는 처지에 놓이게 된다. 즉, 박근혜의 정치자본과 현실 사이의 충돌지점이 도처에서 발생한다는 것이다. 이런 위험을 방지할 수 있는 방법은 입장을 서서히 선회하는 중도주의 전략을 구사하는 것이다. 입장을 갑자기 바꾸면 지지층의 이탈 속도는 빠르게 진행될 것이다. 서서히 선회하면서 중도층을 흡수하는 방향으로 가야 한다. 그것이 박근혜를 둘러싼 한반도의 주변정세다.

그렇다면 돌아가는 주변정세를 살펴보자. 정책은 객관적 상황에 대

---

10 "2007년 초 박근혜의 지지층을 심층 분석해보면 수도권에서의 지지도는 대략 20%에 못 미치지만, 충청권과 경남권, 경북권에서는 모두 30% 가량의 고정적 지지표를 확보하고 있는 것으로 나타난다. (…) 계층적으로는 저학력층과 저소득층에서 상대적으로 지지도가 높은 '서민형' 지지층의 특성을 보여 화이트칼라, 고학력 중산층을 중심으로 '중산층형' 지지층을 형성하고 있는 이명박 전 시장과 대비되었다. 이념노선에서 박근혜는 대선 주자 가운데 가장 보수적 위치에 있었다. (…) 이런 점에서 볼 때 박근혜를 지지하는 층은 '서민형 보수층'으로서 그동안 우리 선거에서 전통적으로 한나라당을 지지해왔던 유권자라 할 수 있다." 김헌태 (2009), 《분노한 대중의 사회: 대중여론으로 읽는 한국정치》, 서울: 후마니타스, pp. 83~84.

한 정확한 판단에 근거하여 생산되어야 한다. 정책이 현실에 근거를 두고 있지 않을 때, 실천력을 담보할 수 없음은 불문가지다. 전 세계적인 탈냉전의 흐름은 이미 1990년대부터 시작되었고, 이제 구조화되고 있다. 하지만 한반도에서는 탈냉전임에도 불구하고 냉전의 먹구름이 가시지 않고 있다. 햇볕정책 10년의 성과들은 이명박 정부에 들어서서 후퇴하는 모습을 확연히 드러내고 있다.

미국은 스마트파워smart power로 규정되는 새로운 접근을 시도하고 있다. 이것은 부시행정부 외교 전략에 대한 반면교사적 관점에서 출발했다. 군사력의 혁신을 통한 강화, 외교적 설득력, 경제발전, 풍부한 정보자원에 근거한 강력하지만 스마트한 비전을 제시하고, 경성권력으로서 하드파워hard power와 연성권력으로서 소프트파워soft power를 하나로 묶는 21세기 새로운 외교전략이다. 클린턴은 "경직된 이데올로기가 아니라 원칙과 실용주의가 결합된 데 바탕을 두어야만 하며, 감정과 편견이 아닌 사실과 증거에 뿌리를 두어야 한다"며 스마트파워 시대를 규정했다.[11] 또한 오바마는 '일방주의' 외교전략에서 벗어나 '다자주의' 외교전략으로의 전환을 선언했다. 외교전략을 전환한 핵심적 이유는 미국이 과거보다 더욱 막강한 힘을 가지고 있음에도 불구하고, 미국의 도덕적 권위가 전례 없이 추락했다는 현실적 판단에 근거한다. 도덕적 권위의 추락은 미국을 세계로부터 고립시켰다. 이런 상황을 타개하기 위한 반성적 성찰의 결과가 바로 다자주의 외교전략으로 방향을 전환하는 것이었다.

중국의 역할도 간과할 수 없다. 중국은 'G-2'로 불리며 급속하게 세

---

11 〈아시아투데이〉, 2009년 1월 14일.

력을 확장하고 있다. 즉, 동북아 및 동아시아 지역에서 중국의 역내 비중은 점점 강화되고 있으며, 중심국가로서 확고한 입지를 구축하고 있다. 이제 동북아 지역의 주요 현안에 있어 중국의 입장을 무시할 수 없으며, 중국과의 긴밀한 협력이 전제조건이 되는 상황이다. 이런 상황에서 북중관계는 그 어느 때보다도 견고해지고 있다. 그 이유는 남북한의 '신냉전 갈등구조'에 기인한다.[12] 남북관계, 북중관계, 북미관계가 선순환하는 구조로 작동하지 못했기 때문에 북한과 중국 간의 관계가 상당히 빠른 속도로 진전된 것이다.

북한의 입장에서 2012년 강성대국 진입의 상징적 징표를 만들어낼 수 있는 방법은 경제분야의 성과다. 이미 북한 스스로도 강성대국의 마지막 관문으로 경제 강성대국이 남아 있다고 밝혔다. 경제 부분에 대한 성과 없이 강성대국으로 진입할 수 없다. 따라서 북중 간의 경제 협력과 관계 증진에 속도를 높이는 이유도, 남한에 대한 대화 제안과 접촉을 확대하려는 의도도 이 측면에서 이해할 수 있다. 이산가족 상봉문제를 제외하고, 북한의 대남대화 제의에 대해 한국정부가 화답한 것이 없다. 이러한 상황이 지속되는 가운데 2010년 11월 23일 북한 군軍이 연평도에 대한 포격 도발을 감행했다. 책의 마무리 시점에 발생한 연평도 포격사건은 이 글 전체를 엉클어놓을 것이라고 예상했다. 그러나 필자는 이 글의 전개가 연평도 포격사건에도 불구하고 전체적인 방향에서 타당하다고 생각한다.

우선, 북한이 도발한 연평도 포격사건의 일차적 의도는 미국과의 직

---

12 김종욱 (2009), "오바마 행정부의 동북아시아 외교 전략과 우리 정부의 정책방향," 《통일정책연구》, 제18권 1호, pp. 18~19.

접 대화에 있다는 점이다. 북한은 연평도 포격사건 이전에 남한에 대한 대화 제의 등 유화적 입장을 보였고, 10월 16일 북한 외무성 대변인은 "전 조선반도의 비핵화를 실현하기 위한 6자회담 9·19공동성명을 이행하려는 우리의 의지에는 변함이 없다"라는 논평을 발표하는 등 6자회담 참가 가능성을 간접적으로 내비쳤다. 이에 대한 반응이 없자, 11월 12일 우라늄 농축 원심분리기 수백 대를 미국에 공개했다. 그리고 뒤이어 연평도에 포격을 가했다. 이러한 일련의 조치는 북미직접대화를 촉구하기 위해 '나쁜 수단'을 활용했다는 것을 의미한다.

둘째, 북중관계를 지렛대로 하여 남한의 태도를 명확히 할 것을 요구하는 방법으로 북한이 연평도 포격을 선택했다는 점이다. 기존 방식으로는 반응이 없는 국제사회에 대해 더욱 강력한 방식을 통해 반응을 유도하는 전술이다. 지속적인 긴장과 갈등, 군사적 충돌을 지속할 것인지, 아니면 대화를 통해 북한이 요구하는 것을 줄 것인지에 대한 선택을 강요하는 것이다. 이런 전반적인 흐름은 북한의 강성대국 시간표와도 연관된다. 2012년을 강성대국 원년으로 선포한 북한의 입장에서 2011년에 어떠한 형태이든 실질적인 성과를 만들어내야 하는 절박함이 있다. 그것을 끌어내기 위해 가장 폭력적인 도발방식을 채택한 것이며, 향후에도 다양한 방식의 긴장 유발책을 사용할 것으로 예상된다. 따라서 2011년은 긴장 속의 완화무드 조성의 흐름이 형성될 것이라 판단된다.

문제의 핵심은 박근혜의 연평도 포격사건 이후 대응행태다. 박근혜는 연평도 포격사건 직후인 11월 24일 "모든 수단과 방법을 다 동원해 자위권 차원에서 대응해야 한다", "북한이 우리 국민과 영토에 대해 직접적으로 무차별 포격을 한 것은 명백한 도발행위이자 선전포고나 다름없다. (…) 모든 수단과 방법에는 외교적, 군사적 모든 수단이 다 있다. (…) 북한의 추가 도발 징후가 보인다면 더 철저하게 응징해야 한다"고 주장했다(《문화일보》 2010년 11월 25일)[13]. 이는 박근혜의 외교안보 문제 리더십에 대해 검증할 수 있는 계기가 될 것이다.

대응의 방식에는 외교적, 군사적 수단이 있다. 갈림길이다. 이제 대화와 외교의 국면으로 전환해야 한다. 현재 벌어지고 있는 북한에 대한 응징 수위의 경쟁도, 햇볕정책의 유용성 논쟁도, 이명박 정부 대북정책에 대한 비판도 중요하지 않다. 핵심은 대한민국 국민의 생명권을 안전하게 보장하는 것이다. 이를 위해서는 싸우지 않고 해결하는 것이 최선이다. 남북한 간의 군사적 대응은 또 다른 희생을 전제하는 것이다. 국민의 희생 위에 세워진 승전보가 무슨 의미가 있는 것인지 성찰해야 한다. 다시는 이런 참극이 발생하지 않도록 대화에 착수하고, 외교적 채널을 통해 문제의 근원을 제거하는 방향으로 나아가야 한다. 그렇지 않는다면 지속적인 보복의 군사적 대응으로 한반도의 긴장을 더욱 격화될 것이다. 그래서 더욱 현명한 접근이 필요하며, 특히 정치의 역할, 정치인의 역할이 부각되는 것이다.

앞서 말했다시피, 2011년부터 2012년은 긴장 속의 완화무드라는 환경이 조성될 것으로 판단된다. 이 기회를 잘 활용해야 한다. 그런 점에서 박근혜의 정치자본 축적에는 위기요인으로 작용할 수 있다. 유화국면에서 남북관계의 속도와 방향에 대한 태도에 따라 한나라당 내부의 혼선과 동시에 지지기반인 유권자들의 반발이 발생할 수 있기 때문이다. 한반도가 탈냉전 흐름으로 전환하면서 그에 따라 남한정부가 어떤

---

13 "박근혜, 북 도발 모든 수단·방법 동원 대응해야", 〈연합뉴스〉, 2010. 11. 25.

정책을 선택할지 그 방향에 대해 박근혜의 입장을 지속적으로 묻게 될 것이다. 이에 대해 답할 수밖에 없는 것이 대선후보로서의 숙명이다. 이 결정의 기준은 대선 승리를 위한 냉전·보수적 입장의 유지일지, 아니면 탈냉전 흐름에 맞는 새로운 외교안보의 리더십을 구축할 것인지 여부다. 지지기반과 한반도 주변환경의 충돌이라는 함수를 어떻게 풀어나갈 것인지가 박근혜에게 주어진 또 하나의 퍼즐이다.

마지막으로 박근혜의 상징자본에 대한 추적이다. 국민들이 '박근혜' 하면 떠오르는 단상은 박정희 전 대통령의 딸이라는 점이다. 피습사건과 그 이후의 "대전은요?"도 아니며, 이명박과 치열하게 경쟁한 후보도 아니다. 가장 큰 후광은 역시 박정희 전 대통령이다. 현재의 박근혜를 있게 한 것으로 자신이 살아온 삶의 과정, 위기와 기회를 활용했던 정치력, 정치인으로서 대중과 전개한 커뮤니케이션 능력 등을 다양하게 열거할 수 있지만, 그 중심에는 '박정희 신드롬'이 자리 잡고 있다. 박근혜의 이미지는 경제발전의 상징이며, 보수의 상징으로서 박정희 전 대통령의 이미지에 의해 투영·여과되어 나타난다.

박정희 전 대통령의 보수적 이미지에 의해 형성된 박근혜 지지층은 자신에게는 정치적 자산이지만, 남북관계와 대외정책을 결정할 상황에는 제약요인으로 등장할 가능성이 높다. 한반도에서 남북관계의 경색국면이 지속되는 것은 위험성의 확대재생산을 의미한다. 상대가 있는 협상에서 자신의 관점만을 주장한다면 타협도 결론에도 도달할 수 없다. 역으로 타협에 의한 결론에 도달한다면, 그 타협과정이 보수적 지지층과 충돌할 수 있다. 딜레마 상황이다. 이미 우리는 노무현 전 대통령 재임시절 이와 같은 현상을 확인했다. 노무현 전 대통령을 지지하는 유권자들과 참여정부 정책이 충돌하면서부터 지지율은 급락했다.

외교안보 분야에서는 이라크 파병, 한미 FTA 등을 주요한 사례로 들
수 있다.

박정희 전 대통령 시절의 냉전적 질서는 이미 사라졌다. 당대 반공은
통치의 유력한 수단이었고, 북한은 정적이기도 했지만 통치를 위한 좋
은 파트너이기도 했다. 위기의 순간마다 안보 위협을 유력한 위기극복
의 기제로 활용했다. 수많은 인권유린의 상황도 반공이라는 도그마 속
에서 용인되었다. 그러나 지금은 탈냉전 시대다. 과거의 관점과 수단으
로 현실을 돌파하는 것은 불가능하다. 따라서 현실적인 접근이 필요하
다. 이념의 프리즘으로 통과되어 실행되는 정책은 현실의 벽을 넘을 수
없다. 현실에 발을 딛고 정책을 추진하는 것이야말로 박정희 전 대통령
의 상징자본 그늘에서 벗어날 수 있는 길이다. 또한 이것이 '박근혜식
리더십'을 만들어가는 과정이 될 것이다.

보수적 경직성과 현실적 유연성이
충돌하는 회색의 아우라

박근혜 개인으로 돌아가보자. 박근혜의 리더십은 부드럽고 유연한 이미지와 단호하고 원칙 있는 이미지가 결합되어 나타난다. 온화한 미소 뒤에 원칙의 칼을 숨겨두고 있는 모습이랄까, 유연한 몸짓 뒤에 단호한 뒷모습이랄까? 어떤 한 가지로 단정할 수 없는 융합된 이미지를 연상케 한다.

외교안보 영역에서도 박근혜에게는 보수적 경직성과 현실적 유연성이 동시에 표출된다. 보수적 원칙을 유지하면서 현실주의적 접근을 한다면 장점으로 작동할 수 있을 것이다. 역으로 현실적 접근을 하면서 중요한 순간마다 보수적 경직성이 현실적 정책을 가로막는다면 단점이 될 수도 있다. 또한 일관성 없는 이미지로 비추어질 수 있다. 즉, 어느 진영에게도 지지받지 못하거나 모두에게 지지받을 수도 있거나, 그런 리더십 말이다. 그래서 회색의 아우라다.

그 상징적 사건이 2002년 북한을 방문하고 김정일 국방위원장을 만난 것이다. 누구도 상상하지 못했던 일을 실천했다. 여러 가지 논쟁이 있었지만 아마도 박근혜였기 때문에 파장이 상상 외로 적었다고 볼 수 있다. 아이러니다. 진보주의자가 김정일을 만나면 남남갈등의 폭발적 소재가 된다. 그러나 보수주의자가 김정일을 만나면 남남갈등이 폭발하지 않는다.[14] 그런 점에서 박근혜의 2002년 방북은 현실적 유연성을 보여주는 상징적 사건이다.

> "대북정책이 어느 한 정권의 전유물이 되거나 당리당략에 좌우되지 않고 장기적이고 안정적으로 추진되기 위해서는 무엇보다도 국내정치와 분리되어야 하고, 초당적인 협의과정이 필요합니다. 저는 오래전부터 여야가 함께 초당적 대북정책 결정기구를 만들어야 한다고 주장해왔습니다. (…) 대북정책을 둘러싼 공방은 방향 자체보다는 정도와 방법의 차이에 대한 것인데, 서로가 극단적으로 상대방을 반통일 세력이나 친북좌경세력으로 비난해서는 안 됩니다. 서로 상대방이 보지 못하고 무심코 지나치는 부분을 지적하고 보완하는 역할을 하면서 국민적 합의와 공감대를 이루어가며 추진한다면 대북정책은 오히려 우리 국민을 단결시키고 민족의 발전에 기여할 수 있을 것입니다."[15]

박근혜는 방북 소감기에서 대북정책이 국내정치와 분리되어야 한다는 근거에서 초당적 협력의 필요성을 제시했다. 또한 대북정책을 둘러싼 극단적 대립을 극복하고 차이를 인정하는 자세가 필요함을 역설했다. 상당히 전향적인 자세이며, 유연한 입장의 표명이다. 그러면서도 '원칙우위론'과 '안보우위론'을 강조했다. 원칙론은 일종의 상호주의를 의

---

14 우스갯소리로 "남북문제는 보수주의자들이 전개하면 더 잘될 것이다"는 말이 나올 법한 상황이다. 이는 이명박 정부가 들어서면서 거짓으로 드러났다.
15 http://www.parkgeunhye.or.kr(검색일: 2010. 10. 2)

미하는 것으로 판단된다. "우리 스스로가 마치 무언가에 쫓기듯이 원칙도 중요시하지 않고" 진행하는 방식은 올바르지 않다는 입장이다. 서서히 가더라도 원칙만은 지켜야 한다는 남북관계에 있어 원칙 중시 '우보론牛步論'이다. 그리고 남북관계의 진전만을 위해 안보체제를 훼손해서는 안 된다는 안보우위론을 주장한다. 즉, 한반도 안보체제의 핵심인 한미동맹을 약화시키는 남북관계 진전에 대한 반대 입장이다.

이 정도 수준이라면 박근혜의 대북정책을 현실적 유연성에 근거한 접근으로 판단할 수 있을 것이다. 그러나 문제는 국내 정치와 대북정책을 분리해야 한다는 박근혜의 주장이 일종의 함정으로 등장한다는 점이다. 현재 박근혜는 정치인이다. 정치인은 정치적 관점에서 대북정책을 주장할 수밖에 없다. 대한민국 국회에는 여야가 존재한다. 공존의 미학보다는 갈등과 충돌로 나타나는 한국정치의 현실에서 절충주의적 입장이 설 자리는 많지 않다. 어느 입장에 서 있는가를 판단하고 반대 입장에 서 있는 사람들에게 입장선회를 요구하는 것이 현실이다. 또한 이 복잡한 남북관계는 시도 때도 없이 새로운 사건과 갈등을 발생시킨다. 정치인은 이 사건에 대한 입장을 결정하고 표명해야 한다.

정치는 고고한 자태를 선보이는 도덕군자道德君子의 행위가 아니다. 정치적 입지를 확보·강화하고 세력을 규합하고 목표로 전진하기 위해서는 어쩔 수 없이 쫀쫀하고 비도덕적 행위도 사용해야만 하는 것이 현실이다. 특히 선거라는 특수한 환경에서 지지자 결집을 위해서는 더욱 강력한 입장과 반대편에 대한 공격을 마다하지 말아야 한다.

2007년 한나라당 경선과정에서 이명박과 치열한 접전을 벌여야만 했던 상황에서 현실적 유연성은 사라지고 보수적 경직성이 돌출되었다. 그것은 아무리 대북정책을 정치와 분리하고 싶어도 그럴 수 없는 정치와 선거의 환경 때문이기도 할 것이다. 2002년 김정일과의 만남을 통해 남북관계 현안에 대한 합의를 도출했음에도 불구하고 여전히 북한을 국가로 인정할 수 없다는 입장을 강조했다. 박근혜는 "북을 국가로 인정한다고 해서 평화가 찾아온다고 착각하지 말라", "헌법의 영토 조항을 지키면서 통일로 나아가야 한다" 등의 입장을 제시했다.[16] 북한을 국가로 인정할 수 없다는 것이다. 그러나 문제는 국가로 인정하지도 않는 북한의 최고책임자 김정일과 남북문제 현안에 대한 합의를 했다는 점이다. 이에 대해서는 "북을 국가로 인정하지 않더라도 다른 한편으로 교류협력을 통해 평화통일로 가야 한다"[17]는 논리로 대응했다. 이런 태도는 현실적 유연성이라고 볼 수 없다. 입장은 명료할 필요가 있다. 북한을 국가로 인정할 수 없다는 논리와 그래도 교류협력을 해야 한다는 논리는 들어보면 유연한 입장으로 보일지 모르지만, 상대방에게는 전혀 다른 뜻으로 해석될 것이기 때문이다. 오히려 당시 방북에 대해 잘못된 행동이었다고 규정하는 것이 정직한 것이다.

이런 상황이 발생하는 것은 정치라는 영역 때문이다. 정치라는 공간에서 정치인은 항상 어디에 서 있는지를 확인해줘야 한다. 그래야 선택을 할 수 있기 때문이다. 그래서 거짓말을 할 수도 있고, 좀 더 과장된 액션을 취할 수도 있다. 박근혜가 서 있는 한나라당은 보수적 지지층의 기반 위에 서 있다. 정치과정에서 지지층의 입장을 무시하며 현실적 유연성을 발휘하는 것은 쉽지 않다. 그래서 늘 선거 이후에 그 과정을 해명해야 하고, 어떤 특정한 행위의 배경에 대해서도 설명해야 하는 것이다. 그런 측면에서 박근혜가 향후 대선까지의 정치일정에서 대북정책

16, 17 〈민족21〉, 2007년 8월호, p. 104.

에 대한 현실적 유연성보다 보수적 경직성을 보여줄 가능성이 높다고 판단하는 것이다. 2006년 박근혜 홈페이지의 글을 보면, 이런 가능성을 확인하게 해준다.

"현 정권이 들어선 후 그동안 우리나라는 상식적으로 이해할 수 없는 일들이 자주 일어났습니다. 간첩이 민주화 인사가 되고 장군을 조사하고, 송두율, 강정구 교수 문제 그리고 보안법폐지 주장 등 (…) 급기야 전시작전권 문제, 북한 핵실험까지 그리고 지금 고정간첩 문제까지 (…) 이 정권의 잘못된 국가관과 안보관에 대한 결과가 서서히 그리고 단계적으로 나타나고 있습니다. 지금 일어나고 있는 사건들이 어쩌면 시작일지도 모른다는 생각은 저만의 생각이 아닐 것입니다. 이제부터 시작이라면 앞으로 어떤 일들이 얼마나 더 일어날지 큰 걱정입니다. (…) 지도자의 잘못된 국가관과 안보관이 국가와 국민에게 미치는 영향은 치명적이고 지속적으로 이어지고 역사의 평가는 오랜 시간 동안 철저하고 가혹하게 이어진다는 것을 알아야 합니다. (…) 그동안 힘들게 이루어놓은 외교와 경제를 기반으로, 현 정권은 그들만의 생각과 사상으로 나라를 위험한 방향으로 운영한 것입니다. 정부는 아직도 힘들고 어렵게 사는 국민들이 많이 있다는 것을 잊고 있거나, 아니면 생각조차 하지 않고 무시한 것입니다. (…) 우리나라 경제가 성장할 수 있었던 것은 투철한 안보기반이 있었기에 가능했습니다. 아무리 좋은 설계도면이 있어도 지진으로 흔들리고 있는 땅 위에 집을 지을 수는 없습니다. 지금은 흔들리고 있는 안보와 외교를 정상화하고, 우리가 이 지진을 멈출 수 있는 방법을 온 국민이 함께 심각하게 생각해야 할 시점입니다. 부디 다 같이 힘을 합쳐서 이 위기를 이겨내기 바라면서 (…)."[18]

이 글은 2006년 10월 '386 간첩단 사건'에 대한 박근혜의 단상을 실은 것이다. 이 글을 보면 현실적 유연성 속에 도사리고 있는 보수적 경직성의 단면을 볼 수 있다. 이것이 정치적 레토릭인지, 아니면 신념인지 확인할 방법은 없다. 여기서 유추할 수 있는 것은 안보와 관련된 문제가 발생했을 때 전개될 박근혜의 입장이다. 이 보수적 경직성이 현실을 돌파하는 데 도움이 될 것인지 박근혜 스스로 자문해봐야 한다.

---

18 http://www.parkgeunhye.or.kr/board/mboard.asp?exec=view&strBoardID=Lecture&intPage=6&intCategory=0&strSearchCategory=|s_name|s_subject|&strSearchWord=&intSeq=114224(검색일: 2010. 10. 1).

3단계 통일론 VS 보수적 리더십

—◆—

"우리가 지향하는 통일이 어떠한 통일인지를 확실히 생각해봐야 한다.
우리가 지향하는 통일이 자유민주주의 통일인지, 인민민주주의 통일도
허용하는 것인지를 확실히 해야 한다. 특히 자유민주주의가 우선하는
지, 통일 그 자체가 우선하는지 명확해야 한다."[19]

박세일 교수의《대한민국 선진화 전략》중 통일에 대한 입장이다. 통일
에 대한 원칙적 입장에 있어 '합리적 보수주의' 진영의 핵심적 논리인
것으로 판단된다. 자유민주주의를 최선의 가치로, 확고한 원칙으로 하
지 않는 통일은 무용하다는 입장으로 보인다. 이는 한나라당의 입장과
도 거의 유사하다. 이런 측면에서 박근혜도 유사한 입장을 가지고 있을
것으로 판단된다. 박근혜의 통일론은 '3단계 통일론'이다. '평화정착(북
핵 제거)-경제통일-정치통일'이라는 3단계 통일방안은 마지막 단계에
서 '자유, 인권, 복지라는 인류보편의 가치 실현'을 목표로 하고 있다.[20]

---

19 박세일 (2006),《대한민국 선진화 전략》, 파주: 21세기북스, p. 97.

즉, 통일의 구체적 상은 자유민주주의 체제로의 정치적 통합이다.

박근혜는 최종적 통일과정을 상당히 장기적인 관점으로 바라보고 있다. 즉, 북핵 완전 제거, 군사적 대립 해소, 실질적 평화정착이라는 단계를 거쳐, 남북 경제공동체를 건설하는 경제통일을 이루고, 정치적· 영토적 통일로 가자는 것이다. 그리고 마지막 단계인 정치적 통일에 성급하게 매달리지 말고 장기적인 관점에서 접근하자는 입장이다. 이런 프로세스에 대해 대체로 동의한다. 당위로서의 통일이 가져올 희생이 통일보다 더 큰 것이라면, 우리는 지혜롭게 기다려야 한다는 점에서 말이다. 단계적이고 점진적인 접근을 통해 통합의 리스크를 최소화하며 남북한이 상생·공영할 수 있는 선순환적 통일과정으로 가야 한다. 그러나 개별 사안에서 박근혜의 보수적 경직성이 드러난다. 그 보수적 경직성을 현실적 유연성으로 극복하지 못한다면, 단계론은 그저 구상일 뿐이며 현실에서 작동하지 못할 가능성이 높다.

그 개별사안들을 살펴보자. 주적개념 삭제 반대가 박근혜의 입장이다. 즉 한반도 적화통일을 규정한 노동당 규약을 그대로 유지하고, 핵무기를 보유하고 재래식 무기의 40%를 휴전선 인근에 배치하고 장사정포로 안보를 위협하는 북한을 주적으로 규정하는 것이 타당하다는 입장이다. 또한 핵을 포기하지 않는다면 금강산관광과 개성공단을 통한 제재와 함께 국민의 세금이 들어가는 일체의 지원을 중단해야 한다는 입장을 견지하고 있다. 이명박 정부에서 진행하고 있는 PSI(proliferation security initiative; 대량살상무기 확산방지구상)참여에도 찬성이다. 1단계 평화정착 과정에서 불거질 수밖에 없는 사안에 대한 입장

---

20 〈민족21〉, 2007년 8월호, p. 105.

이 강경하다. 노동당 규약 변경과 선핵 포기론으로 규정할 수 있을 것이다. 문제는 남북관계는 상대가 있는 게임이라는 것이다. 보수적 입장에서 강력한 요구를 한다면 상대방이 요구를 받아들일 가능성은 낮아진다. 또한 역지사지로, 강력한 요구에 뒤따르는 또 다른 협상을 해야만 한다. 예를 들면 노동당 규약 변경에 대해 국가보안법 폐지라는 협상카드를 내민다면, 선 핵 포기 주장에 대해 남한의 비핵화 사실 여부에 대한 검증을 요구한다면, 금강산관광과 개성공단 중단에 맞서 강경한 대남 적대행위로 대응한다면, 그 협상과정은 분쟁의 지속이 될 것이다.

그래서 더욱 현실적 유연성이 필요하다. 이는 박근혜 본인이 주장한 것처럼 7·4남북공동성명, 6·15남북공동선언에 대한 이행과 준수를 명확히 하는 것이다. 또한 10·4선언에 대해서도 전향적인 입장을 표명해야 한다. 여야의 정권교체가 진행되는 상황에서도 국가 정상이 합의한 사항을 다음 정권의 국가 정상이 이행하지 않는 것은 스스로 협상력을 약화시키는 것이다. 적어도 합의한 정신과 핵심적 원칙, 주요한 합의사항은 실천되어야 한다. 현실성이 떨어지거나 더 나은 대안이 있는 것은 합의정신에 입각해서 대화와 실사를 통해 변경할 수 있다. 그러나 전체를 부정하는 행위는 다음 협상의 무의미성을 의미한다. 그런 점에서 보수적 입장을 견지한다고 하지만 현실적 유연성을 발휘해야만 남북관계가 한 단계 진전할 수 있다. 또한 그래야 박근혜의 단계적 통일론도 다음 단계로 넘어갈 수 있다.

박근혜가 냉전적 아비투스와 냉전·보수적 지지기반 위에 서 있는 현실적 유연성을 지닌 리더십을 발휘할 것인지, 아니면 정치적 목적을 위해 현실적 유연성을 포기하는 리더십을 발휘할 것인지 확인하는 것은 그다지 많은 시간이 걸릴 것 같지 않다.

소용돌이치는 한반도,
그리고 2012년의 역동성

2012년에는 상당한 변화가 나타날 것임을 쉽게 예측할 수 있다. 앞에서 밝혔듯이 일본을 제외하고 대한민국은 12월, 미국은 11월, 러시아는 3월에 각국의 대통령 선거가 있고, 중국은 제5세대 지도부가 등장한다. 북한은 강성대국 진입 원년으로 설정하고 있고, 당 창건일인 10월 10일 약 32년 만에 조선노동당대회가 열릴 것이라는 관측이 제기되고 있다. 남북한 및 한반도 주변국들의 권력이동이 발생하는 시점이 바로 2012년이다.

2012년에 권력을 장악하기 위해 각 국가들은 외교적 측면에서도 성과를 축적하려고 노력할 것이다. 동시에 새로운 권력을 추구하는 집단은 정부의 외교정책에 대한 집중적 비판을 진행할 것이다. 그만큼 2011년에는 외교안보정책에 있어서 여러 측면에서 다양한 변화가 예측된다. 특히 'G-2'로 상징되는 미국과 중국의 권력이동은 한반도 정세에 상당한 영향력을 미칠 것이다. 오바마 대통령은 2012년 '핵 없는 세계 구상'을 제시했다. 이를 달성하기 위해서 미-러 간의 핵 군축 문제에 있어 구체적인 성과를 도출해야 한다. 또한 북한, 이란의 핵문제에 대한 일정한 성과도 달성해야 한다. 중국의 제5세대 지도부는 동아시아에서 확장하고 있는 외교력을 더욱 견고하게 만들어나가야 한다. 특히 중국은 북한과의 경제협력 강화에 주력하고 있다. '북-중-러'로 연결되는 경제협력지대는 새로운 경제성장지대로 변화될 개연성이 높다. 여전히 동북아시아 지역에서 관건은 남북관계의 진전 여부일 것이다. 북핵문제를 어떻게 해결할 것인가? 북한은 권력승계 작업을 어떻게 진행할 것인가? 남북관계의 항배는 어디로 향할 것인가? 그리고 2012년 남북한과 한반도 주변국가 각각의 권력변동은 어떻게 전개될 것인지가 초미의 관심사항일 수밖에 없다.

아이러니하게도 한국과 미국 정부는 '엇박자' 정권에 들어섰다. 한국에 보수적 정당이 집권하면 미국에는 진보적 정당이 집권하고, 한국에 진보적 정당이 집권하면 미국에 보수적 정당이 집권하는 양태가 반복되고 있다. 이런 관계로 인해 한미동맹에 큰 문제가 없고 튼튼하다는 양 국가의 표명에도 불구하고, 실질적으로 수많은 이견과 갈등이 공존했던 것이 사실이다. 2012년에도 이와 유사한 상황이 발생할 것인지 지켜보는 것도 재미있을 듯하다. 이 상황이 재현된다면, 오바마 정부가 재집권에 성공하면 한국은 한나라당이 재집권하게 될 것이고, 오바마 정부가 재집권에 실패한다면 한국은 야당이 집권하게 될 것이다. 물론 두고 볼 일이다.

문제는 2012년 대변동의 시점까지 한반도 문제에 대한 안정적 관리구조가 정착되어야 한다는 것이다. 안정적 관리구조가 정착되지 못할 경우 상당한 위험성을 내포하며 남북관계가 요동칠 수 있기 때문이다. 북핵문제의 해결공간인 6자회담이 장기표류하고 있고, 남북관계는 풀릴 기미가 보이지 않고, 북한과 중국의 관계는 더욱 밀착되고 있다. 정도의 차이는 있지만 과거 냉전질서의 구도와 비슷한 상황이 나타나고 있다. '북-중-러'와 '한-미-일'의 삼각동맹식 대결구조의 형태를 뜻한다. 이미 '신냉전'적 구도가 드러나고 있다는 점에서 더욱 우려할 만한 상황이다. 특히 최근 발생한 북한 군의 연평도 포격사건은 동북아지역에서 신냉전 갈등구조가 어떠한 파국적 상황을 발생시킬 수 있는지를 보여주는 극명한 사례라고 할 수 있다.

　이런 우려와 반대로 상황이 호전될 경우도 고려할 필요가 있다. 이명박 정부는 임기 절반을 넘어서서 후반기에 접어들고 있다. 남북관계에 있어 과거와 달리 유연한 태도를 취할 가능성이 높아지고 있다는 점이다. 북한도 마찬가지다. 권력승계 국면에서 국내 정치의 안정과 주변관계의 안정적 관리는 필수적이다. 또한 강성대국 진입의 결정적 열쇠라고 북한이 스스로 주장하는 경제에서의 강성대국 건설[21]을 위해서도 주변국과의 관계개선과 실질적인 경제협력이 필수적이다. 즉, 북한 강성대국의 최종적이며 가시적 성과는 경제문제다. 북한이 경제문제를 해결하기 위해서는 주변국과의 관계개선을 통해 경제협력을 추진해야 할 것이며, 북핵을 매개로 한 프로세스에서 최대한의 외부자원을 끌어들여야 할 것이다.

　미국과 중국의 입장에서도 6자회담의 재개를 통해 북핵문제의 평화적 프로세스를 재가동해야 하며, 미국과 중국의 관계개선 및 강화를 통해 동북아시아 지역을 넘어서 세계적 문제에서 공동의 협력을 추구해야 한다. 따라서 2011년은 유화국면으로 접어들 가능성이 높은 환경에

---

21 "21세기 강성대국을 건설하기 위해서는 수령중심으로 '사상의 강국'을 만드는 것부터 시작하여 군대를 혁명의 기둥으로 튼튼히 세우고 그 위력으로 경제건설의 눈부신 비약을 일으키는 것이 우리 장군님의 주체적인 강성대국 건설 방식이다.",《로동신문》정론, 1998년 8월 22일.

있다고 할 수 있다. 실질적인 정권교체가 이루어지는 2012년에는 급격한 정책의 변화를 추진하기 어려우며, 동시에 여러 가지 돌발요소가 발생할 개연성이 높아지기 때문에 안정적인 관리가 어려울 것으로 예상된다.

이명박 정부가 들어서면서부터 남북관계 상황은 지속적으로 위태로운 국면이다. 이명박 정부 집권 초기부터 지속된 남북한 쌍방의 '무시 대 무시'의 '치킨게임'이 중단될 것 같지 않다. 이와 동시에 6자회담의 장기 공전은 북핵문제 관련국들 간의 대화와 해결을 위한 노력을 가로막고 있다. 따라서 지역문제에 있어 한국과 미국 간의 공조, 북한과 중국 간의 공조구도가 강화되면서 다자간 문제해결을 어렵게 하고 있다. 북핵문제의 해결 없이 남북관계의 순조로운 발전은 불가능하다. 6자회담을 통한 다자간 해결구도 없이 한반도의 평화체제와 동북아시아 지역의 발전에 진전은 있을 수 없다. 그만큼 남북관계와 북핵문제 해결에 대한 리더십이 요구되는 것이다. 이러한 리더십은 외교안보 관료시스템과 전문가들에 의해 만들어지는 것이 아니다. 정치가 필요하다. 실사구시의 해결방법을 찾고 그것을 현실화시킬 수 있는 힘은 정치에서 발생한다. 그리고 그 정치를 펼칠 수 있는 리더십이 요구된다. 그런 차원에서 2012년 이전까지 전개될 대한민국 국회의원 총선거와 대통령 선거 준비과정에서 정당들의 리더십이 중요하며, 2012년 당선될 대통령의 외교안보 문제에 대한 리더십이 중요하게 부각되고 있다. 그 이유는 소용돌이칠 2012년 한반도의 미래에 어떤 외교안보 리더십이 구축될 것인지는 남북관계뿐만 아니라 동북아시아 지역에도 상당한 영향을 미칠 것이기 때문이다. 또한 2012년 이후부터는 한반도 평화체제 구축을 위한 실질적인 논의와 구체적인 실천이 이루어질 수 있을 것으로 판

단된다. 그렇게 외치던 '통일 대통령, 평화 대통령'이 남북관계 개선의
물꼬를 트던 시절을 넘어 실질적으로 잡초를 제거하고 거름을 주고 추
수를 하는 시대로 접어들 것으로 보이기 때문이다.

제1기 레이건과 제2기 레이건 사이,
그 언저리 어딘가에?

◆

이제 상상력을 발휘해보자. 만약 박근혜가 대한민국 제18대 대통령에 당선된다면 어떻게 외교안보정책을 펼쳐야 할 것인가? 너무 이른 상상일 수도 있다. 그러나 김문수, 박근혜, 손학규, 오세훈, 유시민, 정동영(이상 가나다 순) 등 여야의 대선 후보로 거론되는 인물들이 대통령에 당선된다면 어떤 외교안보정책을 펼칠 것인지 상상해보는 것과 어떻게 펼쳐나가야 할지 고찰하는 것은 의미 있는 작업이 될 것이다.

미국의 레이건 대통령은 냉전을 종식시킨 인물이다. 레이거노믹스Reaganomics와 네오콘Neo-Con으로 상징되는 이 시기에 냉전은 종식되었고 사회주의 붕괴의 기반이 만들어졌다. 레이건 정부는 사회주의체제의 근본적인 성격이 사악하고 침략적이기 때문에 소련과의 평화공존보다는 소련체제의 근본적인 수정 내지 해체를 목표로 했다. 이런 전략하에 군비경쟁을 통한 소련에 대한 경제적 압박, 경제·기술전을 통한 압박과 제재, 동구 반체제 운동에 대한 지원 강화, 소련과의 갈등적인 외교관계 지속, 다양한 심리전을 통한 전략적 우위 확보 등을 추진했다.[22] 네오콘은 소련에 대한 안보태세의 강화, 미국과 소련의 도덕성 차이 부각, 인권상황에 대한 적극적인 문제제기 등을 추진했다. 이것이 레이건 1기 외교안보전략의 핵심이었다. 현재 이명박 정부의 대북정책과 일정 수준에서 유사한 모습을 보여주고 있다. 이런 관점에서 이명박 정부가 추진하는 대북정책이 북한 고사를 통한 붕괴전략이 아니냐는 세간의 의구심은 단지 의구심이 아니라 현 정부 외교안보 라인들의 심정적 공감대를 형성하게 한다. 최근 위키리크스가 폭로한 내용 중 북한에 대한 한국 관료들의 발언은 이 같은 흐름을 반증해준다. 그 내용을 보면 "북한은 이미 경제적으로 붕괴했고, 김정일 사후 2~3년 내에 정치적으로 붕괴할 것"[23]이라고 했으며, 현인택 통일부 장관은 2009년 7월 20일 캠벨 차관보와의 회동에서 "김정일의 사후 북한은 굉장히 달라질 것이고 한미 및 국제사회의 상당한 경제적 원조를 필요로 하게 될 것"이라며 북한의 급작스런 붕괴 시 한미 양국은 "한반도 통일을 향해 빠르게 움직여야 할 것"이라고 말했다.[24]

보수주의자들은 북한을 붕괴되어야 할 대상으로 생각한다. 함께 공존할 수 있는 대상으로서 가치가 없다고 판단한다. 이 무시전략은 곧바로 대화의 불필요성, 의도적인 무시, 강력한 제재와 압박으로 표출된다. 긴장은 격화되고 이를 제어할 힘은 약화된다. 따라서 이 제어할 힘을 만들기 위해 군사력 증강, 군사적 동맹체제의 강화, 북한에 대한 제재와 압박을 위한 전 방위 외교 추진 등에 막대한 예산과 인력을 투입할 수밖에 없다. 그러나 레이건 집권 2기에 강경정책은 선회할 수밖에

---

22 홍현익, "냉전종식의 주역: 레이건과 고르바초프,"《한국정치학회 1998년 춘계학술회의 논문집》, pp. 227~231 참조.
23,24 당시 천영우 외교부 차관, 캐슬린 스티븐스 주한미 대사와의 오찬에서 발언(2010.2.17),《한겨레신문》, 2010년 12월 2일.

없었다. 레이건 대통령의 임기 말이라는 환경이 중요한 요인으로 작용했다. 또한 다수파인 민주당의 소련과의 대화 압박, 군비증강과 지역분쟁의 적극 개입에 따른 미국 국민의 반감 확산, 이란-콘트라 추문으로 인한 레이건에 대한 인기 추락 등의 요인이 동시에 작동하며 소련 고르바초프와의 대화를 모색하는 국면으로 접어들게 되었다.[25]

박근혜는 어떤 정책을 추진할 것인가? 필자는 레이건 2기 방식의 정책을 추진할 것으로 판단한다. 보수적 경직성을 내재하고 있지만 현실적 유연성에 방점을 둘 것이라고 예측되기 때문이다. 이명박 정부는 북한과의 대화를 단절했다. 압박을 통한 '버릇 고치기'라는 명분으로 대화에 나서지 않고 있다. 그렇게 집권 전반기가 흘러갔다. 남긴 것은 없다. 제재와 압박의 효과는 나타나지 않았고, 북한과 중국과의 관계는 더욱 강화되었다. 6자회담은 표류하고 있으며 북핵문제 해결을 위한 어떠한 성과도 보이지 않는다. 단지, 이산가족 상봉이 실현되었을 뿐이다. 아무것도 하지 않은 정책이 '비핵·개방·3000'이었다. 그 결과는 북한의 연평도에 대한 포격으로 귀결되었다. 북한의 공격행위는 결단코 용납될 수 없다. 문제는 이런 상황에 이르기까지 사전에 방지하지 못한 한국 정부의 대북정책이다.

박근혜는 남북 간의 현안을 해결하기 위해서 남과 북의 대화는 더욱 확대되고 본격화되어야 한다는 입장을 밝히고 있다. 단, 끌려 다니는 대화가 아닌 상호주의에 입각한 대화의 확대가 필요하다는 것이다. 이를 위해서 정상회담에도 적극적이다. 이런 박근혜의 생각은 이미 2002

---

25 홍현익, "냉전종식의 주역: 레이건과 고르바초프,"《한국정치학회 1998년 춘계학술회의 논문집》, pp. 227~231.

년 방북에서도 나타났다. 따라서 남북한 대화국면이 열릴 것이다. 단, 원칙을 지키는 대화에 방점을 두고 있다. 서로가 약속한 것들은 반드시 지켜야 한다는 것이다. 만약 그렇지 않다면 다양한 제재와 압박을 추진할 것이며, 오히려 더욱 강력한 실천을 전개할 수도 있을 것이다. 만약 북한이 약속을 이행한다면 상당한 지원책을 제공할 용의가 있음도 표명했다. '당근과 채찍'으로 묘사되는 접근이다. 즉, 약속을 이행하면 보상하고, 불이행하면 상응한 불이익을 주겠다는 것이다. 북핵문제 해결에 대한 미국의 입장과 너무나 유사하다. 문제는 당근과 채찍을 동시에 구사하더라도 대화의 창구는 열어두어야 한다는 것이다. 이것마저 닫는다면 이미 당근은 당근으로서의 의미를, 채찍은 채찍으로서의 의미를 상실한다. 그런 측면에서 박근혜의 구상은 일정한 한계를 내재하고 있다. 원칙 없는 지원은 하지 않을 것이고 투명성이 보장되지 않는 인도적인 지원은 하지 않을 것이며, 처벌도 명백하게 보여주겠다는 것이다. 2007년 2월 미국 내셔널프레스클럽 초청에서 이런 입장을 '대담하고 포괄적인 접근방안'이라고 명명했다. 즉, 명백한 처벌과 분명한 포상을 원칙으로, 철저한 국제공조를 바탕으로 꾸준히 압박과 협상을 병행하는 '냉철한 접근hardheaded approach'을 하겠다는 것이다.

논리는 명쾌하다. 그러나 위압적이다. 명백한 처벌과 분명한 포상이라는 관점은 교사와 학생관계에서 성립되는 것이다. 대화와 협상을 해야 하는 이유는 한반도의 최대 위협요인인 북핵문제를 해결하기 위함이다. 6자회담의 합의사항은 '말 대 말, 행동 대 행동'이다. 상대방을 면전에 두고 처벌과 포상을 하겠다는 말은 상대방에게도 여기에 상응하는 말을 유발할 것이다. 문제는 행동이다. 말은 부드럽게 해도 된다. 행동에서 원칙을 보여주는 것이 제대로 된 협상이다. 그런 점에서 현실적 유연성이 필요하다고 제기하는 것이다. 2009년 5월 6일 스탠퍼드대 강연의 한 대목이 눈에 띈다.

> "미국도 참여하고, 중국도 참여하고, 남북한과 러시아, 일본 등 관련 국가들이 다 참여해서, 참여국 모두가 합의하는 동북아 평화정책을 만드는 것입니다. 단순히 북핵문제의 해결에만 국한할 것이 아니라, 북한문제의 해결, 나아가 동북아 평화 차원에서 접근해야 합니다. 동북아 평화체제구축을 위한 다자안보 프로세스를 추진하면서, 그 속에서 북한문제의 해결을 도모하는 것입니다. 북미 불가침 합의와 같은 협정문보다도 실질적인 평화의 환경을 만드는 것이 더 중요할 것입니다."[26]

지역차원의 평화라는 개념에서 출발하여 실질적인 평화환경을 조성하겠다는 생각은 실효적인 구상으로 보인다. 이와 같은 실사구시의 자세가 필요하다. 한반도문제는 남북한이 당사자임에도 불구하고 주변 국가들과의 관계를 고려하지 않을 수 없는 이중적 어려움이 있다. 따라서 남북관계와 동북아지역 상황을 모두 고려하는 현실적 유연성이 절실히 요구되는 것이다. 한미동맹도 중요하지만 중국과의 관계도 고려하지 않을 수 없다. 이런 흐름을 한미동맹을 파괴하는 '친중親中노선'으로 폄훼해서는 안 된다. 사각퍼즐을 맞추기 위해서는 한 면만 봐서는 불가능하다. 보이지 않는 다른 다섯 개 면을 종합적으로 파악해야 한다. 그것보다도 너무나 복잡한 것이 남북관계이며, 한반도 주변환경이다.

---

26 http://www.parkgeunhye.or.kr(검색일: 2009. 10. 2)

경직된 이념주의인가?
실사구시 현실정책인가?

북한의 김정일을 만나 본 남한의 지도자급 인사는 김대중, 노무현, 박근혜, 정동영 네 명이다. 두 전직 대통령은 세상을 떠났다. 살아 있는 인물은 박근혜와 정동영 단 두 명이다. 이 사실은 상징적 의미를 담고 있다. 현 집권당은 박근혜, 야당인 민주당은 정동영이 북한의 최고지도자인 김정일과 협상을 통해 실질적인 합의를 이끌어낸 경험을 가지고 있다. 이 경험은 남북문제에 있어서 중요한 자산이 될 것이다.

박근혜에게 있어 북한의 최고지도자와 만나 협상을 전개한 경험은 중요한 자산이다. 그것은 일종의 '신뢰자본'을 가지고 있다는 것을 의미하며, 남북관계 진전에 있어 기초공사를 해놨다는 것을 의미하기 때문이다. 문제는 박근혜가 가지고 있는 이중적 모습이 어떻게 표출될 것인가에 있다. 경직된 이념주의에 경도되어 냉전·보수적 정책으로 갈 것인지, 아니면 변화하는 현실을 직시하고 실사구시의 현실적인 정책으로 갈 것인지의 문제다. 오랫동안 축적된 기억과 실천을 바꾸기란 쉽지 않다. '세 살 버릇 여든까지 간다'는 말처럼 이미 확립된 가치와 이념을 넘어서는 판단과 실천은 말처럼 쉬운 것이 아니다.

또한 자신의 지지기반에 반대되는 방향과 정책을 선택하기는 힘들다. 그래서 지도자는 항상 외롭고 힘든 결정을 해야 한다. 그리고 결정된 것을 실천해야 하고 실천에 따르는 책임을 감당해야 한다. 박근혜 본인이 얘기해왔듯이 원칙은 지키되 대화를 중단하지 않는 실사구시의 방향을 유지할 필요가 있다. 또한 국내 정치와 분리된 초당적 입장을 견지해야 한다. 그것이 남북문제에 있어 지도자에게 요구되는 덕목이기 때문이다. 그런 점에서 다음 한홍구 교수의 보수주의에 대한 입장을 경청할 필요가 있다.

> "보수주의자들은 '과거로부터 물려받은 지혜로서의 전통을 유지'하기 위해 노력하는 사람들이다. 그러나 그들이 맹목적으로 전통을 고집하는 것은 아니다. 그들은 정녕 지켜야 할 것을 지키기 위해 버릴 것을 버릴 줄 알고, 개혁을 주장하고 최소한 포용하는 사람들이다."[27]

진정한 보수주의는 맹목적으로 과거의 전통을 고집하는 것이 아니라, 시대의 상황에 맞게 지킬 것은 지키고 버릴 것은 버릴 줄 아는 지혜를 보여주는 것이다. 그리고 나와 뜻이 다르다고 하여 배척하는 것이 아니라 상대편의 입장을 존중하며 포용할 줄 아는 것이 진정한 보수주의다. 이미 가치를 잃은 냉전적 요소는 과감히 버려야 한다. 평화와 통일을 위해서는 실사구시의 자세로 개혁적 주장을 수용해야 한다. 대한민국을 구성하고 있는 주인인 국민들은 보수주의자들로만 구성된 것도, 진

---

27 한홍구 (2008), "'참된 보수'를 아십니까: '똥과 된장'만큼 다른 수구와 보수의 차이," 《대한민국史 01》, 서울: 한겨레출판, p. 143.

보주의자들로만 구성된 것도 아니다. 다양한 사람들이 다양한 주장과 실천을 하며 조화를 이루어가는 것이 사회다. 상대방의 의견을 존중하는 것, 차이를 차별로 배격하지 않고 차이를 인정하고 더 큰 하나를 만들어가는 것이 미덕이다.

1950년 한국전쟁이 발발하고 남북한 각각이 서로를 멸시하고 대결하는 시대가 육십갑자나 되었다. 분단과 분열, 갈등과 대결의 시대를 이제는 종식시켜야 한다. 공존과 공생의 미덕이 자리 잡고, 상생과 공영을 위한 새로운 기틀을 마련해야 한다. 남북한은 그 대결의 시대에도 만남과 협상을 통해 가야 할 길을 마련해두었다. 7·4남북공동성명, 남북기본합의서, 6·15공동선언, 10·4선언이 그것이다. 설계도는 있다. 이제 도면에 따라 지반공사를 하고 기초공사를 하고 골조를 세우고 건물을 짓는 일만 남았다. 그런데 함께 만든 설계도마저도 부정한다면, 건물을 세우는 것은 불가능하다. 이럴 때일수록 보수주의자들이 즐겨 사용하는 원칙을 지킬 필요가 있다. 합의한 사항은 이행한다. 쌍방이 신뢰를 지킨다. 이 몫은 지도자의 주요한 리더십이 될 것이다. 이념과 노선을 넘어서 너무나도 현실적인 정책을 실천하는 박근혜를 보고 싶다.

◆ 사회자 | 이철희

◆ 참가자 | 김종욱

김헌태

안병진

정한울

왜 우리는 박근혜 현상에 주목해야 하는가

좌담

박근혜 현상의 정의

이철희　　　우리가 처음 의기투합해서 '박근혜 현상'에 관하여 주목해보자는 데는 나름대로의 이유가 있었잖습니까? 최근 우리 사회에서 박근혜 현상을 바라보는 시각들이 다들 다르죠. 아주 크게 보는 사람이 있는가 하면, 가볍게 바라보는 사람도 있고, 중립적으로 바라보는 사람도 있을 텐데, 어떻든 간에 박근혜 현상에 주목하는 이유에 관해서 얘기를 해봤으면 좋겠습니다. 좌담의 주제는 크게 박근혜 현상에 주목해야 하는 이유와 박근혜 현상을 만들어낸 정치적 개인적 구성요소, 박근혜의 세대적 지지층과 지역기반, 정치컨설턴트로서의 대선에 대한 예측과 당부로 나누어 본문에서 다하지 못했던 이야기를 나눠보도록 하겠습니다. 박근혜 현상에 대해서 일찌감치 주목을 하셨던 안 교수님부터 말씀해주실까요.

안병진　　　사실 한국에서는 정치심리학적 분석에 관심이 많지 않습니다. 물론 미국도 그런 추세고요. 정치심리학은 과학적이지 않다는 생각들이 좀 있거든요. 정치심리학이 죽어 있는 영역인 거죠. 그러다 보니 대중적으로는 어마어마한 현상들이 발생했을 때, 이론적으로 설명할 수 없는 것들이 있습니다. 박근혜 현상도 그런 경우고요. 이는 정치심리학적 연구의 부재에 있는 게 아니냐고 생각해볼 수 있죠. 이제 정치이론가들이나 정치 현실에 있는 사람들이 정치심리학적 관점에서 본격적인 분석을 해야 할 필요가 있지 않은가, 이론과 현실의 간극을 메워야 될 때가 된 것 아닌가 하는 생각이 있었던 겁니다.

김헌태　　　2004년 국가발전전략연구회 창립 세미나에서 발제를 한 적이 있습니다. 당시 박근혜가 한나라당 대표로 있으면서 총선에서 선전해 한참 지지도가 높을 때였죠. 한나라당 의원 중 한 사람이 "다음 대선에서 한나라당 후보는 누가 될 거라고 보느냐?"라고 묻더군요. 그때 저는 이명박이라고 대답했습니다. 박근혜에 대한 지지도가 더 높았지만 말이죠. 사실 노무현 전 대통령이나 이명박 대통령은 중요한 몇 가지 기준에서 평가해보면 70~80점이 넘는다고 본 겁니다. 즉, 대통령을 예측할 때 노무현이나 이명박 두 사람은 이전부터 대통령이 될 만한 평가점수가 나왔죠. 하지만 박근혜는 대중성은 있지만 차별성이나 시의성 부분에서는 잘 모르겠습니다. 그런 점에서 보면 2012 대선만큼 예측하기 힘든 선거도 없는 것 같아요. 가장 큰 이유는 박근혜가 절대적인 기준만으로 볼 때는 과거 대통령들에 비해 떨어지는데, 상대적으로 보면 다른 어떤 후보보다 앞서 있다는 것이죠. 즉, '상대적 우위'라고 할 수 있습니다. 여기서 '상대적 우위'란 압도적인 우위를 점하는 박근혜와 나머지 후보들의 대립구도를 뜻합니다. 지난 대선에서는 이명박이 박근혜의 경쟁자였고, 정동영 역시 여당 후보로서는 나름대로 큰 의미가 있었죠. 하지만 이번처럼 한 사람과 나머지 후보들의 대립이라는 구도는 흔치 않습니다. 그런 점에서 박근혜 현상을 한 번 들여다볼 필요가 있다고 생각합니다.

이철희　　　대권주자들만 놓고 보면 박근혜는 단순히 여러 후보 중 한 명이 아니죠. 박근혜는 지지율 측면에서 압도적인 우위를 누리고 있습니다. 현재 한나라당의 대권구도는 '대권주자 여러 명 중에서 누가 제일 잘났느냐'라는 우열구도가 아니라 '박근혜로 갈 것이냐, 아니냐'라는 찬반구도인 게 현실입니다. 우리가 오늘 토론을 하는 이유도 이런 현실이 왜 발생했는지 밝혀보자는 것입니다. 사실 이런 토론이 모험이나 철없는 시도로 비추어질 수도 있을 겁니다. 시선이 곧 권력이듯, 보는 관점에 따라 다르니까요.

정한울　　　사실 저는 박근혜라는 개인을 관심 있게 본 적은 없습니다. 주로 정책 아젠다나 이슈 관련 여론조사 데이터를 작성하는 게 주요 업무였기 때문이죠. 그러다 2010년에 차기 대선 예비주자 여론조사를 시작하면서 관심을 갖게 되었습니다.

　글을 쓰면서도 느꼈지만 '박근혜 현상'이라는 개념을 어떻게 정의할까 하는 것이 고민이었습니다. 제 스스로 정의 내리기 힘들었을 뿐 아니라 다른 사람들이 '박근혜 현상'이라고 할 때 무엇을 떠올리는지 감이 안 잡히더라고요. 그래서 '박근혜 현상'이라는 개념을 사용할 때 사람들의 공통적인 인식을 짚어보고자 했습니다. 우선 '현상'이라는 표현을 군이 붙이는 것은 보통이나 정상 상태가 아닌, 무언가 '특별하다'는 의미가 내포되어 있는 듯합니다. 그렇다면 왜, 어떤 의미에서 박근혜를 특별하게 생각할까? 그래서 박근혜와 관련된 여론조사 결과와 언론의 보도자료를 정리해보니 박근혜를 특별히 주목하는 몇 가지 공통요인들이 있었습니다.

첫째는, 앞에서도 말씀하셨지만 박근혜는 차기 대선주자 여론조사에서 다른 후보들에 비해 상당한 우위를 점하고 있었습니다. 그리고 둘째, 여론조사에서 나타난 정치적 기반을 놓고 보면 다른 정치인들과 다르게 자신만의 안정적인 지역기반을 가지고 있다는 점도 특별한 현상이었습니다. 3김 당시에는 후보들이 자신만의 특정 지역기반으로 갖고 있었지만, 그 이후로는 그런 현상이 나타나지 않았거든요. 특정지역의 압도적인 지지기반을 갖고 있는 정치인으로는 박근혜가 유일한 것 같습니다. 셋째로는, 정치적으로 대통령급의 영향력을 행사해왔다는 점입니다. 이명박 대통령이 취임한 후에 친이계의 정치적 견제를 받으면서 상당한 갈등을 겪었죠. 하지만 결국은 정치적으로 생존했을 뿐 아니라, 대통령의 의중이 실린 세종시 수정안 논란 과정에서 '여당 속의 야당' 역할을 하면서 원안을 관철하는 리더십과 영향력을 발휘했습니다. 마지막으로, 정치적 자산 측면에서 '정치적 신뢰와 도덕성'이라는 강점을 가지고 있다는 것입니다. 이는 다른 정치인들이 갖고 있지 못한 특별한 자산이죠. 자료를 분석하면서 보니, 반대파든 지지파든 '박근혜는 신뢰할 만한 정치인'이라는 이미지에 공감하고 있더라고요. 사실 많은 사람들이 대부분의 정치인에 대해 굉장한 불신을 갖고 있잖아요. 2007년부터 1~2년 주기로 실시한 정치인 신뢰도 조사를 살펴보면, 다른 정치인들은 시기에 따라 변동 폭이 컸지만 박근혜는 안정적으로 높은 순위를 지켜왔습니다. 이런 점들이 박근혜를 특별한 사람으로 만드는 것 같아요.

그런 점에서 보면 '박근혜 현상'이라는 표현에는 정치적 편견이 깔려 있는 것 같습니다. 이렇게 차별화된 정치인에게 국민들이 특별한 관심을 보이는 건 당연한데, 굳이 '현상'이라는 용어까지 사용할 필요가 있을까 싶어요. '현상'이라는 말을 붙여 박근혜를 바라보는 것은 오히려 '박근혜가 실제 역량보다 과대평가되고 있다'는 의미를 내포하고 있는 것 같습니다. 즉, '박근혜 현상'이라는 용어 자체가 박근혜를 평가절하거나, 심하게 말하면 무시하는 시각이 깔려 있는 듯합니다.

이철희　　　'박근혜 현상'이라는 네이밍naming 자체에 어떤 관점이 담겨 있는 것 아니냐, 과연 명과 실이 일치하느냐 하는 말씀인 것 같습니다. 제가 굳이 '현상'이라는 표현을 붙인 이유는 3김 이후 우리 정치에서 지도자로 부상하는 과정을 설명할 때 박근혜 사례를 빼놓고는 설명하기가 쉽지 않기 때문입니다. 박근혜의 부상이 과연 정치지도자의 일반적인 성장과정인지, 3김 이후 정치지형에 변화가 생겨 지도자가 성장하는 메커니즘이 바뀐 것은 아닌지 살펴보자는 것이지요. 여러 사례들 중에서 유독 박근혜 현상에 주목하는 것은 '명과 실이 불일치하다'는 폄훼나 다른 저의가 있어서는 아닙니다. 박근혜가 어떻게 대중적인 지도자로 성장할 수 있었는지 해명하지 못한다면, 이후 정치지도자를 꿈꾸는 그 누구도 성공하지 못하리라는 '충정의 진의' 때문에 '현상'이라는 표현을 쓴 것입니다.

김종욱　　　저는 진보진영의 관점에서 '박근혜 현상'을 설명하는 것이 의미가 있다고 생각합니다. 이명박이 대통령 후보가 되었을 때 우리는 그 현실을 무시했어요. 즉, '저 사람은 CEO 아니야?' '사업밖에 모르던 사람이잖아'라는 것이었죠. 박근혜도 마찬가지였죠. 다음 대선에서 상당히 독보적인 지지를 받고 있음에도 불구하고, 의도적으로 그 현실을 받아들이지 않으려는 경향이 있었습니다. 박근혜가 대중으로부터 독보적인 지지를 얻을 수 있는 이유가 무엇인지, 왜 박근혜 현상이 발생했는지에 대한 연구나 조사는 하지 않은 채 말이죠. 진보진영 일부에서는 다음 대선은 끝난 것이 아니냐는 자괴심들이 분명히 존재합니다. 물론 지난 지방선거에서 야당이 승리하면서 이런 흐름이 줄어들기는 했지만요.

또 한 가지는 차기 대선에서 박근혜에 대한 지지율이 30%가 넘는다는 것은 상상할 수 없다는 태도입니다. 즉, 박근혜에 대한 지지도가 과잉 인플레이션된 것이 아니냐는 것입니다. 의도적으로 무시하는 태도와 지나치게 과장하는 태도가 동시에 발생하고 있는 것이죠. 과거에는 박근혜를 너무 무시했던 것 같고, 어느 시점부터는 과잉 인플레이션이 되었던 것 같고, 이제 드디어 박근혜를 제대로 보기 시작한 것 같아요. 그런 점에서 보면 박근혜를 해부해야 할 필요성이 있죠. 앞으로 수도권에서 30~50대 유권자들이 박근혜를 주목하게 될 듯한데, 이 책이 유권자들에게 유용한 단서를 제공하리라고 봅니다.

지도자로서의 박근혜

이철희　　　이제부터는 지도자로서 박근혜의 리더십에 관하여 이야기를 나눠볼까요? 이런 질문이 가능할 것 같은데요. 박근혜가 과연 리더로서 적격한 면모를 갖추고 있는가? 엄청난 국가적 비전을 제시해서 대중적인 동의를 끌어낸 것도 아니고, 광범위한 세력을 구축해서 밀어붙이는 것도 아닌데…, 예전과는 무언가 다른 것 같아요. 저는 고연령층을 중심으로 나타나는 박근혜에 대한 편집偏執 현상이 박근혜의 스타성에서 기인한 것이 아닌가 싶습니다. 대중들이 박근혜의 리더십에 진짜 동의하고 있느냐, 진짜 국가 지도자로 염두에 두고 있느냐, 과연 어떨까요? 혹시 마음이 가는 스타로 바라보는 것은 아닐까요? 이제부터 이 부분을 살펴보자는 것이죠. 만약 대중이 박근혜를 스타로 받아들인다면, 이는 박근혜를 기존 정치에 대한 불만을 표출하는 상징으로 인식하는 측면도 있을 겁니다. 아직도 박근혜가 지도자로 받아들여지지 않았다는 가설을 던진다면, 이에 대해서는 어떻게 판단하시는지요?

김종욱　　얼마 전에 수업을 했는데 주제가 유신체제였어요. 발표한 학생이 아버지와 토론을 했대요. 자신이 "유신체제와 박정희를 상식적으로 이해할 수 없다"라고 했더니, 아버지가 아주 간명하게 얘기하더래요. "박정희 대통령은 먹고살 거리를 만들어주었다"고요. 다른 가치보다 먹고사는 것이 중요한 시대에 일자리를 주었다는 이유가 대중으로 하여금 박정희를 지도자로 받아들일 수 있도록 했다는 것이죠. 박정희에 대한 기억과 향수가 박근혜와 오버랩된 면이 있습니다. 그렇게 보면 박근혜는 아직까지 검증된 지도자라고 볼 수 없죠. 박근혜는 박정희에 대한 검증과정을 거쳐야 할 것입니다. 박정희는 박근혜에게 장점이 되는 동시에 아킬레스건처럼 존재합니다. 회색지대인 거죠. 도대체 설명이 안 되는, 지도자로 검증되었다고 보기 어려운 부분이 있습니다. 대선까지 2년 정도 시간이 남아 있죠. 이제부터 박근혜에 대한 제대로된 리더십 검증이 시작된다고 볼 수 있을 겁니다.

이철희　　리더로선 아직 검증이 된 게 아니다, 이런 거죠?

김종욱　　　이제부터 본격적인 단계라는 겁니다.

안병진　　　물론 박근혜가 아직 지도자로서 검증은 안 됐지만, 이미 유권자들이나 시민들은 큰 리더로 간주하고 있는 듯합니다. 다만 지식인들이 그 사실에 대해 불편해하는 것 같아요. 하지만 대중들이 박근혜를 큰 지도자로 바라보는 건 분명합니다. 지식인 일각에서 박근혜는 진정한 리더의 기준에 부합되는 인물이 아니라 그런 이미지만 갖고 있다고 말합니다. 하지만 저는 결코 그렇게 생각하지 않아요. 한국에서는 세밀한 정책을 제시하고 검증하는 것만이 진정한 정치라고 생각하는 경향이 있습니다. 물론 지도자가 구체적인 비전을 제시하는 것도 중요하지만, 시대정신에 대한 정의를 내리고 그것을 자신의 삶으로 녹여냈는지도 중요합니다. 우리는 지도자의 개인적인 삶이나 이미지는 평가해야 될 영역이 아니라고 생각하는데, 이는 정치에 파시즘을 등장하게 만드는 안 좋은 경향이에요. 시민들은 자신의 욕구가 정치에서 해결이 안 되면 다른 쪽에서 찾게 되어 있습니다. 박근혜에 대한 리더로서의 검증이 필요하겠지만, 이제 전통적인 리더의 기준에서는 벗어날 때가 된 것 같습니다. 어쨌든, 유권자들은 이미 박근혜를 리더로 받아들이고 있기 때문입니다.

김헌태　　　저는 페미니스트는 아니지만, 박근혜의 여성성과 관련해서 박근혜를 바라보는 남성적 시각에 대해 짚어볼 필요가 있다고 봅니다. 분석해보면, 두 가지 문화적 지점이 있어요. 먼저 지식인이 아닌 권력층, 지배계급, 또는 기득권의 입장에서는 박근혜가 남성 중심적 권력문화와 떨어져 있다는 게 상당히 불편하다는 것입니다. 사회의 권력

내부에는 비제도적 권력이 작동하는 통로가 있게 마련인데, 여성은 남성적 정치문화 바깥에 위치해 있다고 볼 수 있어요. 다시 말해, 무대 뒤에서 이야기하는 것이 불가능하다는 말입니다. 예를 들면 밤의 정치, 즉 술 정치라든지, 학연 지연 등을 통한 인맥 정치가 잘 통하지 않아요. 그런 점에서 박근혜는 남성 중심적 권력구조가 강한 한국사회에서 파워 엘리트들간의 뒷거래, 즉 이면계약이 불가능하다고 볼 수 있습니다. 즉, 박근혜는 대중들이 볼 수 없는 '그들만의 공간'에 진입하는 것이 어렵다는 얘기죠. 가끔 유력인사들이 박근혜와 밤늦게까지 술을 마시지 못했다는 푸념을 듣곤 합니다. 정치인이든 언론사든 대기업 사장이든 박근혜와 신뢰를 쌓기 어렵다는 것을 의미합니다. 술을 같이 마셔보지 않으면 믿기가 힘들다는 것이죠. 이것이 첫 번째 지점입니다.

또 하나는 미디어의 재현 관행입니다. 어차피 박근혜를 직접 만나 겪어보고 아는 사람은 없습니다. 우리들 개개인이 아는 '박근혜'는 곧 미디어가 만들어낸 존재인 것이죠. 한국 대중매체의 재현 관행상, 박근혜는 항상 여성을 재현하는, 즉 남성과는 다른, '꽃' 같은, 연약한, 수동적인, 그리고 불안정한 이미지로 나타납니다. 박근혜가 남성보다 강한 멘털리티mentality를 가졌다고 볼 수 있는 요소들이 많은데도 말이죠. 예컨대 2006년 핵실험 정국을 들 수 있죠. 아마 추석 때였죠. 언론이 아무런 근거도 없이 '안보에 대한 불안 때문에 이명박 지지도가 올라갔다'고 해석하는 것을 보고 매우 의아했어요. 어떤 데이터를 봐도 직접적으로 뒷받침할 만한 근거가 없었거든요. 그럼에도 불구하고 지식인이나 언론에서 안보 때문에 박근혜보다 이명박의 지지도가 올라갔다는 거예요. 이는 '안보는 남성적인 것'이라는 선입견에서 만들어진 논리구조라고 볼 수 있습니다. 즉, 한국사회에서 매스미디어의 재현 관행은 박근혜라는 정치인을 끊임없이 지도자의 프레임이 아닌 여성의 영역으로 밀어낸다는 거예요. 사회적 권력 엘리트들이 중심이 된 매스미디어 구조에서 끊임없이 여성의 이미지를 부각시키며, 박근혜를 여성이라는 정체성에 가두는 것이죠. 이 두 가지 측면에서 보면 남성 중심의 권력 엘리트들이 지배하는 한국사회에서 여성 지도자, 또는 여성 대통령이라는 존재는 매우 이질적입니다.

안병진　　　그 말씀에 공감합니다. 그렇다면 당시 이명박 지지도가 올라가고 박근혜 지지도가 내려간 것은 어떻게 해석할 수 있을까요?

김헌태　　　그 당시 데이터를 분석해보면, 이명박은 수도권에서는 이미 지지도가 올라가던 추세였고, 한반도 대운하 홍보 차 지방을 돌고 있을 때였습니다. 그래서 저는 이 현상을 명절효과로 보았죠. 즉, 이명박은 청계천 신화 등으로 수도권을 중심으로 지지층을 확보했죠. 추석 명절에 수도권의 중도층, 이명박 지지층이 고향을 방문해 부모와 이야기하는 과정에서 이명박 지지도는 더욱 확장되었다는 것입니다. 반면, 박근혜는 진공상태였습니다. 너무 입을 다물고 있었습니다.

정한울　　　저도 당시에는 관심 있게 안 봤는데요, 이번에 자료를 정리하다보니까 당시 이명박 지지율이 역전되는 과정을 보면 '청계천 성공'이 주요했던 것 같아요. 고건 지지층이 이탈하면서 박근혜보다는 이명박 쪽으로 움직였던 것이죠.

　많은 전문가들이 박근혜의 지지기반은 확장성이 없다고 지적합니다. 과거 여론조사 데이터까지 훑어보니 이러한 현상은 박근혜가 정치에 입문한 뒤부터 일관되게 나타났습니다. 2004년 탄핵 이후 당 대표로 성장한 시기부터 이후 여당에 맞서 한나라당을 이끌던 시기를 보면, 초기 10%대 지지율에서 20% 중반대로 올라선 이후에는 계속 그 정도 수준에서 정체되어 있습니다.

고건이 사퇴하기 전까지 차기 대선주자 여론조사에서는 고건이 앞서 있었어요. 한나라당 지지층에서는 좀 더 강력한 대항마가 필요했고, 결국 이명박 쪽으로 쏠림현상이 나타났죠. 고건이 출마를 포기하자, 고건 지지층은 보수적 색깔이 강했던 박근혜보다는 상대적으로 이념적 색깔이 옅었던 이명박 쪽으로 쏠린 겁니다.

이철희　　이 부분은 본문에서 다루고 있으므로 짧게 넘어가겠습니다. 박근혜라는 정치인이 남성 중심의 정치문화와 기존의 엘리트 질서를 깬다는 것은 긍정적인 의미가 크다고 볼 수 있을 것 같네요.

김헌태　　'여성 정치인이 깨끗하다'라는 것은 나쁜 말이에요. 장점처럼 들리지만 '여성 정치는 남성 정치와 다르다'는 또 다른 구분짓기일 뿐더러, 정치적 네트워크에 한계가 있다는 평가로 연결될 수 있습니다. 즉, 각 계층에 대한 정치적 대표성이 결여되고 혼자만 고고하다는 얘기가 되어버리는 것이죠. 정치라는 건 혼자 하는 게 아니잖아요. 정치는 어떤 의미에서 보면 깨끗함을 목표로 하는 게 아닙니다. 민주주의 원칙으로 보면 모두가 한 표씩 갖고 있지만, 사실 사회경제적 자원을 움직이는 힘은 소수 엘리트들이 쥐고 있습니다. 결국 깨끗하다면서, 그들과 융합하지 못하고 고립된다면 정치력이 딸려 정치를 제대로 할 수 없습니다.

박근혜의 리더십

이철희　　　정치에는 양면성이 있는 것 같습니다. 결국 한국 정치를 이루었던 남성 중심의 정치 이면에서 이른바 부당거래가 이루어졌고, 대중은 사실상 이들이 정치를 독점했다는 식으로 느끼고 있는 듯합니다. 이런 관점에서 박근혜를 주목해보는 것도 재밌네요.

자, 이제 박근혜 현상의 구성요소로 무엇이 있는지 살펴보도록 하죠. 우선 한나라당, 열심히 박수쳐준 보수언론, 지역주의, 박정희 모델에 대한 향수 등이 있을 수 있겠죠. 그중에서도 박근혜 본인의 리더십이 가장 중요한 포인트가 될 것 같은데요, 지식인들 사이에서는 의외로 박근혜 리더십을 폄훼하는 분위기가 적지 않은 것도 사실입니다. 어쨌든 박근혜 리더십이 무엇일까요?

정한울　　　제가 리더십 유형을 분류하지는 못하겠습니다만, 박근혜 리더십이 실체가 없다는 주장이나 검증되지 않았다는 주장에는 동의하지 않습니다. 우선 검증받은 지도자와 그렇지 않은 지도자를 나누는 기준이 모호하기도 하고요. 오히려 저는 박근혜는 한나라당 대표 및 2007년 대선 경선 후보 과정을 거치면서 가장 많은 검증을 받은 정치인이라고 생각합니다. 또한 보수층이라는 특정계층에 집중되어 있다는 한계가 있지만 리더십에 대한 긍정적인 평가를 가장 많이 받고 있는 정치인도 박근혜라고 볼 수 있고요.

박근혜의 리더십은 노무현 전 대통령 탄핵 이후 한나라당의 위기 상황을 배제하고는 이해하기 어렵습니다. 김대중 전 대통령에 이어 노무현 전 대통령이 등장까지, 10년 정권을 뺏긴 보수층과 한나라당 지지층의 박탈감은 상당히 컸어요. 이러한 박탈감과 상실감에 결정타를 날린 것이 탄핵이었죠.

당시 신문자료를 살펴보면, 열린우리당 지지도는 50%가 넘었고, 한나라당 지지도는 10%대로 떨어졌어요. 2004년 탄핵 직후 실시한 4·15 총선에서 제1야당이었던 한나라당이 50석 정도의 군소 정당으로 전락할 것이라는 예측기사가 실릴 정도로 한나라당은 위기상황에 빠져 있었죠. 한나라당 지지층과 보수층에서는 큰 위기의식과 더불어 한나라당의 정치적 재기가 어렵지 않겠냐는 절망감까지 확산되어 있었지요. 그러다 박근혜가 한나라당의 새 대표로 선출되면서 당의 지지율은 회복되었고, 총선에서 112석이라는 기대 이상의 선전을 하게 된 거죠. 최소한 보수층과 한나라당 지지층에게는 박근혜 리더십을 확실하게 각인시켰다고 할 수 있습니다.

박근혜의 정치적 리더십은 아버지로부터 물려받은 부분도 있지만, 한나라당과 보수정당의 위기를 정면 돌파하면서 스스로 만들어낸 부분도 간과할 수 없을 만큼 큽니다. 박근혜는 당 대표로 취임하자마자 총선공동대책위원장으로 개혁적 보수노선을 표방하는 박세일을 영입했고, 당 개혁 및 총선정국을 이끌면서 부패 정당, 차떼기 정당, 탄핵 정당이라는 이미지를 바꾸는 데 기대 이상의 성과를 거두었습니다. 이 과정을 보면, 보수성향의 유권자들에게 박근혜의 리더십은 마치 구원자와도 같았을 겁니다. 나이든 세대들이 박근혜의 손 한번 잡으려고 매달리고, 부둥켜안는 모습은 단순히 연출이 아니라 그런 심리를 표현하는 것이 아닌가 싶어요. 최소한 보수층에게는 박근혜의 리더십에 대한 검증이 이루어졌다고 봐야 합니다. 박근혜 리더십을 만들어낸 요인 역시 외부에서 온 것이 아니라 박근혜 자신에게 있었고요.

김종욱　　　저는 박근혜를 폄하하고 싶지는 않습니다만, 박근혜만큼 자산이 많은 사람도 없는 것 같아요. 박정희 전 대통령이라는 후광이 있고, 정치권에 무혈입성처럼 들어왔고, 지역주의 자산을 가지고 있고, 아버지로부터 물려받은 엄청난 보수층 인프라가 존재하지요. 그런 자산을 가지고도 2007년 한나라당 경선에서 패배했어요. 2007년 한나라당 경선과정에서 이명박과 경쟁했을 때 보수 유권자들의 선택은 결국 이명박이었다는 겁니다. 보수 유권자들의 욕망이 무엇인지, 당의 소명이 무엇인지 대한 경쟁과정에서 박근혜가 한발 뒤처졌다는 것이죠. 박근혜가 당의 위기 국면에서 큰 역할을 했지만, 항상 핵심 테제는 보수적이었다는 겁니다. 보수적인 방식으로 보수적인 유권자들을 밖으로 분출하게 하는 방식으로 한나라당의 내부 위기를 극복할 수는 있을지언정, 전 국민들이 느끼는 욕망, 당대의 현실적인 욕망을 응집할 수 있을까 하는 부분에서는 박근혜 리더십의 한계를 지적할 수 있을 듯합니다.

그런 면에서 보면, 박근혜는 '70% 이상이 다른 자산에 의해서 만들어진 리더'라는 한계가 있다는 것이죠. 현재 한나라당이 30~40%대의 지지율을 유지하고 있는 상황에서, 만약 야권에서도 단일화가 지지부진하고 올망졸망한 후보들이 난립한다면, 오히려 여권에서는 박근혜 대세론이 아닌 다양한 시도가 발생할 가능성이 높습니다. 권력은 적당히 나눌 수 있는 것이 아니기 때문에 분파적으로 갈 수밖에 없고, 박근혜에게는 상당한 위협요인이 내재하고 있는 것이죠.

안병진　　　박정희 전 대통령의 후광에 관해서, 저는 다른 의견입니다. 어마어마한 후광을 가지고 정치 쪽에 진입한 사람들은 많이 있었죠. 하지만 대부분 그 후광은 거품으로만 작용했고, 정치에서 큰 자산이 되지 못했습니다.

박근혜가 이끈 천막 당사는 어마어마한 리더십이에요. 지난 대선 때 제가 개혁파 쪽 전략가들에게 "무슨 고민을 그렇게 많이 하나? 2등 브랜드가 1등 브랜드 잡아먹는 방법은 간단하다. 많은 방법이 있지만 그 중 한 가지는 과도할 정도의 헌신성을 인정받으면 된다. 진정성이 중요하다. 진정성도 없고 그 정도의 헌신도 안 하면서 대선에 승리하려는 것은 도둑놈 심보다"라고 했더니 이해를 못하더라고요. 어쨌든 박근혜는 아버지의 후광효과가 아니라 자신만의 헌신과 진정성으로 치열한 검증과정을 돌파했다는 점을 우리는 분명히 봐야 됩니다.

또 다른 측면에서는 지난 대선에서 이명박한테 패배했다는 사실입니다. 다소 과장해서 결정론적으로 얘기하면, 그 당시에는 패배할 수밖에 없다고 생각합니다. 왜냐하면 당시는 '실행의 시대'였기 때문이에요. 성과와 실행이라는 자산을 가지고 있는 사람이 누구였나요? 박근혜가 실행한 게 있었나요? 당시 대중들은 노무현 전 대통령에 대한 강한 피로감을 느끼면서 강한 실행력을 원했죠. 그런 시대적 화두 속에서 신뢰라는 것은 어울리지 않았어요. 하지만 저는 역으로 박근혜가 잘했다는 거예요. 물론 진정한 큰 지도자가 되기 위해서는 대선 국면 때마다 '여론조사를 통해 본 지금의 시대정신은 이러니까, 우리는 이렇게 포지셔닝을 해야 한다'라는 판단이 필요합니다. 하지만 큰 지도자로서 국민에게 인정받기 위해서는 10년을 내다보면서 어떤 화두를 가지고 한국사회를 바꿀 것인가를 고민해야 합니다. 개혁적 보수파들이 대선에서 실패하는 이유를 모르는 경우가 많습니다. 당시의 시대정신에 맞춰 적절히 대응한다고 해서 성공할 수 있는 것은 아니거든요. 지도자는 시대적 흐름과 그 흐름 속의 시대정신을 간파하는 능력이 있어야 합니다. 이 두 가지가 일치하지 않으면 그 누구도 성공할 수 없어요. 지난 대선 당시 시대정신으로 보면 박근혜가 대통령이 될 수 없었어요. 하지만 당시 박근혜의 정치적 화두와 시대정신이 일치하지 않았다고 해서 박근혜의 정치력을 부정적으로 평가할 수는 없습니다. 오히려 박근혜가 내세운 '신뢰'라는 정치적 화두는 향후 천민보수와 천민자본주의가 판치는 한국 자본주의의 대개편을 위해서는 20년을 내다보는 화두였고, 아주 잘 제시했죠. 그런 점에서 비록 패배했지만 박근혜의 정치적 화두를 제대로 보여줬다고 생각합니다. 시대정신은 변화하며, 박근혜의 운과 조응하는 시대가 올 수 있다고 생각해요.

이철희　　　박근혜는 시대적 흐름을 상징하고 있는 것일까요? 혹은 대변하고 있는 것일까요? 이명박 대통령은 당시 시대와 맞는 것 같았잖아요. 그렇다면 박근혜는 지금 우리 시대와 맞습니까? 이런 질문이 가능할 것 같네요.

박근혜 리더십이 형성되는 과정을 잘 살펴보면, 2004년 총선 때 한나라당 구원투수로 급작스럽게 대표직을 맡으면서 120석이라는 기대 이상의 성과를 거두었죠. 그것으로 리더십을 인정받는 계기가 되었고요. 그때 '아, 박근혜가 대중성이 있구나' 또는 '한나라당 내에서 큰 인물이 되겠구나' 하는 기대감이 있었죠. 하지만 리더로서 부각된 이유는 총선 이후 17대 국회가 개원하자마자 열린우리당이 추진한 4대 개혁법, 특히 국보법이나 사학법을 막아냈기 때문입니다. 그렇게 보면 박근혜는 강경적 보수 스탠스를 가지고 성공한 겁니다. 본인이 의도했든 안 했든 강경보수 성향이 박근혜 리더십의 한 축을 이루고 있었다는 것이죠. 그렇다면 우리가 너무 성급하게 박근혜를 개혁적 보수인 것처럼 판단하는 것도 지나치게 긍정적으로 평가하는 우호 프레임일 수도 있다고 봅니다.

지금 미국 공화당을 보면 강경보수가 다시 득세하고 있습니다만, 대개 선거에서 지고 난 뒤에는 강경파들이 득세하는 것이 상례잖아요. 박근혜의 경우 지난 대선 때 한나라당 경선에서 패배한 이유가 강경보수 내지는 보수대표성이라는 틀에 갇혀 있었기 때문이라는 분석도 가능합니다. 그래서 지금 복지 같은 카드를 꺼내서 지지기반을 확장시켜 보려는 것이죠. 그게 어느 정도 성공할지는 모르겠습니다. 정리하면 박근혜 리더십이 구축된 결정적인 계기를 꼽는다면 보수대표성 강화, 강경보수 스탠스 고수라고 할 수 있다는 말입니다. 이런 포지셔닝positioning 측면을 좀 더 강조해보면 개인의 인성이나 품성, 기타 여러 가지 매력적인 요소들에 대해선 다소 인색하게 봐야 할 여지가 있습니다.

정한울　　　저 역시 박근혜 리더십 형성 과정을 놓고 볼 때 박근혜 리더십에 근본적인 변화가 있었고 그것이 현재의 보수 성향의 리더십을 공고히 하고 있다는 점을 말씀드리고 싶습니다. 즉, 박근혜가 보수층과 한나라당 지지층의 구원자로 등장하기는 했지만, 대표 취임 초기에는 개혁적 보수노선을 내걸고 당시 여당과는 상생의 정치노선을 강조했습니다. 그러나 개혁노선에서 벗어나 강한 보수노선으로 전환하는 데 불과 몇 개월이 안 걸렸더라고요. 총선 이후 3개월이 지난 7월부터 본격적으로 정부와 전면전을 선포하며 국가 정체성 이슈를 강하게 치고 나갔죠. 저는 그것이 박근혜가 당 대표는 됐지만 당내 기반이 약한 상황에서 당을 장악하는 전략의 일환이었다고 생각합니다.

당시까지만 해도 당의 비주류였고, 구원투수로 영입된 인물인데, 당이 위기에 놓인 상황에서 당 개혁을 더욱 과감하게 추진해야 한다는 입장과 5공 정통성을 유지해야 한다는 이념을 설파하면서 논쟁이 불붙게 되었고, 당 개혁파와 보수파 모두에게 공격받는 상황에 직면하게 되었죠. 이런 상황에서 당내 지지기반을 형성하는 데 박근혜의 보수성향이 보수파와 친화적인 측면이 있었고요. 또한 탄핵 이후 당시 구 여권이 4대 개혁법안을 들고 나오면서 보수의 기반 자체를 제도적으로 공격했는데 그에 대한 반발감도 크게 작용했을 것으로 보입니다. 이 시기 전후로 신문 기사에 나온 박근혜의 발언은 상생과 반성, 개혁의 키워드 대신 노무현 정부와의 전면전, 국가정체성 사수 등 굉장히 강하고 보수적인 언행으로 돌아섰습니다. 이것이 박근혜를 보수파의 대표 주자로 각인시키는 데 지대한 역할을 했다고 봅니다.

중요한 것은 지금 박근혜가 갖고 있는 강한 이념적 보수성은 박정희 전 대통령으로부터 받은 것이라기보다 당 대표 시기에 스스로 노선을 전환하면서 후천적으로 형성된 측면이 더 크다는 겁니다. 2002년 박근혜가 한나라당을 탈당하여 한국미래연합을 창당했던 시점부터 2004년 당 대표로 선출되어 개혁노선을 이끌던 시점까지 여론조사 데이터를 살펴보면 영남권과 보수층이 주요 정치적 기반이 아니었습니다. 세대별로도 20~30대 지지층이 적지 않았고요. 당시 한나라당의 제왕적 총재체제 개혁을 명분으로 이회창과 대립하면서 뛰쳐나온 상황이기에 한나라당에서는 개혁파로 인식됐고, '제3후보'로서의 특성을 가지고 있었던 거죠. 특히 탄핵 이후 당시 언론기사들을 검색해보면 한나라당 지도부가 박근혜를 새 당 대표로 영입하려 했던 이유 중 하나가 박근혜가 가진 한나라당 내 개혁파로서의 이미지였어요. 수도권에서의 득표

력도 인정하고 있었고요. 실제 탄핵 이후 당 개혁 과정과 총선에서 한나라당의 오만함을 반성하고 환골탈태하겠다는 약속이 어느 정도 먹힐 수 있었던 겁니다. 따라서 박근혜의 보수대표성과 강한 이념적 보수성이 선천적으로 주어진 요인이라기보다는 자신의 이념적 포지셔닝 과정에서 형성되었다고 보는 것이 맞다고 생각합니다.

김헌태　　전 차기 지도자의 가능성을 평가할 때 크게 대중성, 차별성, 시의성 세 가지 기준만으로 예측할 수 있다고 봅니다. 일단 많이 알아야 되고, 남과 달라야 하고, 자신만의 대중성이 시대에 맞아야 합니다. 이 세 가지를 갖추고 있으면 차기 지도자로서 가능성이 있죠.

그중 핵심이 바로 대중성입니다. 즉, 노무현 전 대통령이 청문회에서 명패를 던지고 삼당합당에 반대하는 소신을 보여준 것이라든지, 이명박 대통령이 39세에 현대 사장이 되었다든지, 또 청계천 복원을 했다든지 하는 성공적인 이미지 같은 것이죠. 하지만 박근혜는 그런 대중성이 약하게 느껴져요. 여기서 대중성이란 결국 단순히 지지율을 넘어 3분의 2 국민에게 공감 또는 갈채를 받은 적이 있냐는 것입니다. 박근혜에 대한 환호와 지지는 그동안 보수층을 중심으로만 형성되었던 것입니다. 이는 과거 한나라당 경선 당시에 제기된 박근혜 지지층의 확장성 문제와도 연결됩니다.

이명박 대통령은 한일 국교수교에 반대하면서 시위를 주도하고 또 현대 사장이 되었어요. 중도층을 포함한 많은 국민의 공감을 얻어냈던 부분이지요. 노무현 전 대통령 역시 막노동자 출신의 변호사라는 대중성은 단순히 진보만이 아닌 보수에게도 의미 있는 경력이었죠. 그래서 당시 지지도가 올라가면서 거의 70%에 가까운 국민한테 지지받았던

적이 있습니다. 그런데 박근혜는 그런 경우가 없었어요. 반대편 지지층에게서까지 박수를 받은 적이 많지 않죠. 그런 부분들이 한계로 보입니다.

박근혜는 정치력이라기보다는 대중적 인기를 중심으로 당을 이끌었던 것 같습니다. 보수적 대중성에 대해 말하자면, 박근혜의 헌신성은 사실 고귀한 자가 낮은 데로 임하는 식의 이미지입니다. 밑바닥에서 혈투를 벌여 만든 현실적 이미지가 아니죠. 즉, 낮은 자가 높은 곳으로 올라간 현실적 리더십이 아닌, 위에서 아래로 내려온 것 같은 리더십입니다. 이는 사실 박근혜가 가지고 있는 한계입니다. 즉, 대중들과는 거리감이 있다는 것이죠.

그런 의미에서 또 한 가지를 연결해보자면, 박근혜의 아우라가 누구의 것이냐 하는 문제입니다. 다시 말해 박근혜의 아우라가 박근혜인지, 아니면 육영수인지, 박정희 전 대통령인지 따져봐야 하는 것입니다. 사실 박근혜 이미지의 원형을 보면 육영수 여사의 이미지로 보입니다. 박근혜가 할머니들에게 손을 내미는 모습 등에서 육영수 여사의 이미지가 오버랩되지요. 박근혜는 위에서 낮은 곳으로 온 귀족의 이미지를 가지고 있습니다. 또한 박근혜의 이미지가 가지는 귀족성과 함께 박근혜 이미지의 원형이 퍼스트레이디라는 것입니다. 이는 곧 나는 '잡놈'들과 어울리지 않겠다, 또 정치 밑바닥에서 흙탕물 튀기며 이전투구하는 무리와는 거리를 두고, 나아가 신성한 이미지를 만들겠다, 이것이 가능할 수 있죠. 따라서 본문에서도 언급했지만 박근혜 리더십의 핵심은 바로 거리두기입니다. 이 거리두기는 양면성을 가집니다. 높이 있기 때문에 숭앙할 수 있지만, 멀기 때문에 배척당합니다. 사실 박정희 전 대통령의 아우라는 이명박이 가져가서 소진했습니다. 중요한 점은 박근혜가 세상을 보는 잣대는 육영수 여사의 잣대와 동일할 수 있습니다. 자기 이익을 위해 원칙을 지키지 않는 시정잡배와 거리를 두는 귀족적 공간이죠. 그리고 그 같은 지체 높은 귀족이 모진 현실판에서 정치를 한다는 헌신성이 박근혜의 이미지를 구성하고 있죠. 마치 에바 페론Eva Peron처럼요. 다시 말해 서민들에게 자비로운 손을 내미는 이미지가 시대 상황과 일정 수준에서는 부합되지만, 그런 이미지가 가진 위험성도 무시할 수 없습니다.

이철희 박근혜 현상을 구성하는 부분은 이 정도로 얘기하면 될 것 같습니다. 개인적으로 흥미로운 대목을 하나 꼽자면 박근혜와 보수언론의 연대입니다. 박근혜가 이만큼 성장한 건 보수언론의 절대적인 도움이 있었기 때문입니다. 반추해보면, 보수언론은 노무현 전 대통령에 대해서는 일거수일투족을 비판했는데, 반대로 박근혜에 대해서는 무엇이든 칭찬해주고 좋게 봐주었습니다. 박근혜가 거두절미한 채 말 한마디에 그쳐도 보수언론이 그것을 잘 해석하고 열심히 설명해주었단 말이죠. 보수언론이 반反노무현 전선을 만들기 위해 박근혜를 동원했다고 볼 수도 있습니다. 따라서 반노무현 전선이 없어지면 박근혜의 연대가 약화될 수도 있습니다. 제가 어떤 칼럼에서 지적한 적도 있는데, 야당일 때는 박근혜가 선거의 여왕일 수 있었지만 정권이 바뀌고 나서는 그렇지 않은 듯합니다. 정권이 교체된 후 특히 세종시 수정 논란 때부터 보수언론이 박근혜를 일방적으로 밀어주는 구도가 눈에 띄게 느슨해진 것이 사실이죠.

안병진 보수언론이 박근혜를 바라볼 때 불편함, 어색함, 곤혹스러움이 있는 것 같습니다. 몇 년 전부터 우리나라 보수언론들이 새로운 시대의 비전을 찾고 있죠. 개혁적 성향의 지식인들 중심으로 공화주의가 제기되었을 때, 가장 빠른 반응을 보였던 쪽은 진보진영이 아니라 조·중·동, 보수진영이었어요. 보수언론의 칼럼을 잘 보면 공화주의를 제대로 풀어나갈 당론을 요구하고 있습니다. 어떤 공동체를 만들 것인가 하는 화두를 던진 것이죠.

김현태　　　아까 남성주의적 권력문화를 얘기했지만 봉건적 민본주의 문화라는 게 우리 사회 내부에 여전히 존재합니다. 저는 대통령 부인을 국모라 생각해본 적이 없거든요. 그럼에도 불구하고 우리 사회에는 유교적 민본주의, 또는 봉건적 민본주의와 작동하는 공간이 있습니다. 박근혜가 '아버지의 꿈이 복지국가'라고 말하는 것이 전략적이라고 생각하지 않아요. 군사정권 때 많은 정책이 복지정책이었거든요. 우리나라의 복지의 뼈대를 만든 것은 군사정권이었지 민주정부가 아니거든요. 김대중 전 대통령 때 일정 수준이 강화되었지만 어지간한 사회복지는 군사정권이 만든 것입니다. 실제 군사정권이 평등교육 정책을 했잖아요. 물론 재벌이라는 기업을 도구처럼 여기며 활용하고, 이 때문에 부패하긴 했습니다. 그러나 많은 정책들이 마지막 순간에 '서민을 위해서'라는 화두로 던져졌습니다.

　당시 권력은 대부분 재벌의 목을 조르는 절대권력입니다. 당시는 정치권력이 우리 사회의 중심이었던 반면, 지금은 누가 봐도 재벌에게 사회적 권력이 넘어갔습니다. 상당한 부분의 권력이 자본권력, 경제권력 중심의 사회로 넘어갔죠. 그런 의미에서 언론이 눈치를 보는 것도 이제 정치권력이 아니거든요. 관료와 정치가 경제권력에게 저자세를 보인지는 꽤 됐어요. 그런 의미에서 박근혜가 그들에게 주는 악몽이 있을 수 있어요. 자기보다 위라는 악몽이죠. 언론 재벌 입장에서, 또 대기업 오너 입장에서는 박근혜가 가진 귀족성이 상당히 불편할 수도 있다는 것입니다. 그래서 아주 중요하다고 생각지는 않지만 이런 흐름에서 보면 '아버지의 꿈이 복지국가' 같은 봉건적 민본주의적 지도자의 위치는 경제권력이나 자본권력에게 불편할 수도 있습니다. 언론에게도 마찬가지입니다.

안병진　　　그리고 이런 측면이 있죠. 진보진영에서는 옛날부터 박정희 현상에 대해서 과소평가해온 흐름이 있잖아요. 박정희 현상의 핵심은 실행력이면서 동시에 포퓰리스트라는 것입니다. 예를 들면, 복지라든지 의료보험, 그린벨트 같은 게 있겠죠. 이명박 대통령은 박정희의 DNA를 일부 갖고 있긴 하지만 포퓰리스트라는 점에선 부족한 점이 있죠. 박근혜가 왜 강점을 갖고 있냐면, 실행력은 검증해봐야겠지만 박정희가 가지고 있는 DNA와 육영수가 가지고 있는 DNA가 함께 어우러져 있어요.

대중들은 자신들이 보고 싶은 것을 보거든요. 박근혜를 통해서 어떤 사람은 육영수를 보고, 어떤 사람은 박정희를 보는 거죠. 그런 점에서 박근혜는 실행력과 귀족주의적 성향, 포퓰리스트적 기질을 동시에 갖고 있어요. 노무현 전 대통령은 서민적인, 아래로부터의 포퓰리스트였고, 이명박 대통령은 이익의 정치성향을 가지고 있죠. 지금 시대의 대중들은 거친 포퓰리스트를 원하지 않고 정제된 포퓰리스트를 원한다는 것이죠. 박근혜는 절제와 품위의 귀족적 포퓰리스트로 규정할 수 있고, 그런 점에서 지금 분위기와 조응하는 면이 있습니다.

이철희　　　다른 분들이 긍정 모드니깐 제가 평가의 균형을 맞추기 위해서 인색한 평가를 해보겠습니다. 인정해야 될 기량이 많다는 사실을 부정할 수는 없지만 그럼에도 불구하고 전적으로 박근혜 개인의 역량으로만 볼 수 없는 다른 요인도 점검해봐야 한다는 것이 제 입장입니다. 특히 저는 보수언론의 지원을 비중 있게 보는 편인데, 보수언론이 탄핵 이후 반노무현 정서를 이른바 국민 정서로 만들기 위해 얼마나 많이 노력했습니까. 그것은 노무현 개인에 대한 반대가 아니고 진보나 개혁에 대한 반대였단 말이죠. 지금도 보수언론은 한나라당이 중도로 가려 하면 강하게 반대하고 있잖아요. 결국 보수언론이 보수를 지키기 위해서 그 보수대표성을 자임하고 있는 박근혜를 선택해서 지지해준 것이 기본구도라고 한다면, 박근혜가 복지노선으로 끝까지 갈진 모르겠지만 그렇게 하면 기본적으로 양자 간에 불화가 생길 수 있다는 생각이 듭니다. 제 느낌으로는 보수언론이 박근혜를 바라보는 시선이 과거에 비하면 안 좋아진 게 사실입니다. 과거처럼 미더워하지는 않는 것 같습니다. 그런데 지금 박근혜는 보수대표성만으로는 안 되니깐 중도로 확장하는 것 같은데, 지금까지 자신을 도와줬던 보수언론이 이에 대해 안티를 걸 수 있는 형국이죠. 물론 이 문제는 본인이 어떻게 풀어 가느냐에 달린 것이겠지요.

이제 주제를 바꿔서 굉장히 재미있는 주제로 가볼까요. 박근혜와 세대에 대한 이야기입니다. 여론조사를 해보면 세대별로 박근혜에 대한 지지율이 많이 다르죠. 여론조사에 대해서는 김헌태 소장이 강호를 평정한 1인자이고, 정한울 선생은 숨은 고수이신데, 두 분은 어떻게들 생각하십니까?

박근혜와 세대변수

정한울　　지금 여론조사 결과를 보면 20~30대에서도 차기 주자 지지도는 박근혜가 1, 2위를 다투는 거 같아요. 젊은 세대에서도 저력이 있다는 평가가 가능한데 다른 세대와 비교해볼 때 20~30대는 박근혜에게 역시 약점인 계층인 것 같습니다. 절대적 수치로 보면 낮은 지지율이라고 할 수 없지만 어쨌든 박근혜의 평균 지지율보다 상당히 낮은 편이거든요. 40대에서 평균 지지율이 나오는 것 같아요. 즉, 50~60대에서 나오는 압도적인 지지율이 박근혜의 지지율을 이끌고 있는 거죠. 그런 걸 보면 젊은이에게 매력적인 캐릭터는 아닌 것 같다는 생각이 듭니다.

결국 확장성 문제가 제기되는데 최근 언론보도들을 통해서 젊은 층, 호남지역에서 박근혜 지지율이 많이 높아졌다면서 지지기반이 확장된 거 아니냐는 해석이 나오는데, 저는 그렇게 생각하지 않습니다. 최근 30%대를 넘어선 지지율이라는 것이 기존의 지지계층 외에 새로운 지지기반이 이입된 결과라기보다는 주로 한나라당 지지층의 결집이랄까, 지지의 집중도가 높아진 결과이기 때문입니다.

그 이유는 이명박 정부가 출범한 이후 처음으로 화해와 공존 국면이 등장한 데서 찾아야 한다고 봅니다. 사실 박근혜는 현 정부 출범 이후 대통령과 지속적으로 갈등관계를 유지해왔거든요. 한나라당 지지층의 입장에서 보면 당연히 곤혹스러울 것 같아요. 자기가 지지했던 정부가 성공해야 되는데 박근혜가 여당 속의 야당으로 대통령을 견제하는 상황이 지속되다보니 한나라당 지지층, 이명박 대통령 지지층에서 박근혜에 대한 거부감이 적지 않았던 것이 사실입니다. 예를 들면 세종시

의 경우 충청·호남권 말고는 수정안 내용에 찬성하는 사람이 많았잖
아요. 내용이 틀린 건 아닌데 박근혜가 반발하면서 정부가 위기 상황에
처했고 한나라당 지지층, 대통령 지지층 일부를 이탈하게 한 것이죠.
세종시 이후 박근혜의 지지율이 20% 중반대로 떨어지고, 한나라당 지
지층과 이명박 대통령 국정 지지층에서 박근혜 지지율이 과반수에 미
치지 못한 이유가 여기에 있는 겁니다. 어쨌든 6·2지방선거 이후에 대
통령과 박근혜 사이에 타협이 이루어지게 되면서 박근혜에게 거부감
을 갖던 한나라당 지지층이 박근혜 쪽으로 돌아선 결과이지 20~30대
중도층으로 지지층이 확장된 결과는 아닙니다.

이철희 최근 조사에선 박근혜가 호남에서도 높은 지지율을 보이
고 있어요. 물론 다른 지역에 비하면 약하죠. 어쨌든 전문가들의 이야
기를 들어보거나, 2009년 재·보궐 선거와 6·2지방선거 결과를 보면
아무리 박하게 봐도 반MB는 기본적으로 45% 정도 되는 것 아닙니까?
그 45%가 집중적으로 분포돼 있는 곳이 호남이고, 세대로 보면 20~
30대라는 거죠. 이 반MB정서가 강한 층에 대해 박근혜가 공략을 시도
한다면 MB와 각을 세우는 것이 불가피한데, 최근 들어 박근혜의 지지
율이 좀 더 확장된 건 역시 박근혜가 MB와 각을 세우지 않고 공존하기
때문입니다. 그렇다면 약간의 모순이 있다고 봐야 할 것이고, 조만간
박근혜가 선택해야 하는 순간이 오고 있다고 봅니다.

김헌태 가끔 박근혜의 호감도가 30대보다 20대에서 더 높은 현상
이 일어나지 않나요?

정한울　　　그런 현상이 나타나는 경향도 있는 것 같지만 자신 있게 얘기하진 못하겠습니다.

김헌태　　　아마 20세에서 25세에서 박근혜의 지지도가 그 위 연령대보다 분명히 높을 거예요. 확인을 안 해봐서 모르겠지만 20대 후반보다는, 18~25세에서 박근혜 지지도가 더 높게 나타날 수 있습니다. 그런 현상은 이렇게 해석해볼 여지가 있어요. 25세 이하에서는 항상 보수적 성향이 나타나곤 합니다. 부모님께 용돈을 받는, 즉 경제적으로 종속된 한계라고 생각할 수도 있습니다. 그러나 이를 또 다른 시각에서 보면 탈이념적, 탈지역적 세대에게서 나타나는 팬덤 현상으로 볼 수도 있습니다. 20대에서 박근혜 팬클럽이 나타나는 현상은 연령에 따른 현상이라기보다는, 마치 대중적 스타를 좋아하는 것과 같은 팬덤 현상과 결부된 현상일 수 있다는 것입니다.

김종욱　　　학생들에게 정치적 의견을 누구에게 구하냐고 물어보면, 아버지라고 대답하는 비중이 높습니다. 즉, 아버지의 삶과 일상을 따라가고 신뢰하는 것이죠. 20대의 경우 다른 신뢰할 만한 대상을 발견하지 못하는 측면이 있는 것 같고요. 지방선거가 끝나고 난 다음에 박근혜 지지율이 30%대에서 20%대로, 7~8%나 떨어졌더라고요. 그건 일시적인 현상이긴 하지만 상당한 진폭이 있다는 것이죠. 수도권을 보니까 서울은 20% 정도를 계속 유지하는데, 많은 표들이 박근혜에게 모이지 않는 현상이 있습니다. 과거에 이명박 대통령을 만들어냈던 층이 여전히 박근혜에게 가지 못하는 상황이지요. 또한 TK와 PK의 차이도 발견됩니다. PK가 박근혜 지지도에서 유동성이 높다는 것은 TK와 PK 간에 박근혜를 바라보는 차이가 분명히 있다는 말입니다. 박근혜가 가진 문제인 확장성 한계 및 지지도의 유동성 측면을 어떻게 극복할 수 있는지가 관건이겠죠. 박근혜 본인이 이 문제를 해결하지 못하면, 유권자의 유동성에 의해 확장성이 가로막히는 상황에 봉착할 수 있고, 이런 상황은 한나라당 내분으로 갈 잠재적인 측면이 있다는 점에서 문제가 많습니다.

김헌태　　최근 한국의 20~30대 유권자에 대해 분석하는 특강을 했는데, 지금의 20대는 세대 특성이 많이 다릅니다. 〈중앙일보〉 데이터를 중심으로 분석해보면, 지금 20대의 경우에는 창발성이나 자기 정체성이 뚜렷하며, 개성적입니다. 개인의 자유와 권리를 중요시하는 서구적 리버럴의 특성이 지금 20대에게서 나타납니다.

안병진　　저는 20대들이 박근혜에 대한 어떤 느낌과 태도를 가지고 있는지 분석해볼 필요가 있다고 생각해요. 물론 박근혜의 지지율에서 20대가 차지하는 비중이 적은 건 사실이지만, 보수 후보로서는 상대적으로 높은 지지를 받고 있거든요. 그것이 20대들의 어떤 성향과 연관성이 있는지 연구해볼 필요가 있다는 것이죠. 긍정적인 측면도 있고요. 예를 들어, 김제동은 다른 개그맨에 비해 그렇게 유머가 뛰어나지 않거든요. 그런데도 20대들에게는 상당히 인기가 많다는 말이죠. 저는 그것이 김제동이 가지고 있는 유머의 품격 때문이라고 봅니다. 배를 잡게 하진 않지만 사람들과 소통하는 유머인 것이죠. 혹시 박근혜의 화법이나 스타일도 20대들의 취향과 공감할 수 있는 것이 아닌가 싶어요. 박근혜의 트위터를 통한 소통 방법이 그렇죠. 절제된 미학과 인생의 본질이 담겨 있는 일본의 하이쿠 시처럼 박근혜의 화법에서도 그런 부분이 있는 듯합니다.

저는 신문 칼럼에서 박근혜를 미국의 매케인과 자주 비교하면서, 한계점에 관한 얘기를 많이 하거든요. 민주당 부통령 후보로까지 거론됐지만, 결국 매케인은 스탠스가 꼬일 수밖에 없었죠. 매케인의 스탠스를 더 꼬이게 만든 건 상대 진영에 매케인보다 탁월한 진정성을 가진 후보가 있었다는 것이었어요. 그런 점에서 박근혜의 스탠스를 꼬일 수 있게 만드는 가능성은 무엇일까요? 귀족적 포퓰리스트들은 대중과의 거리감 속에서 존재한단 말이죠.

이철희　　　저는 박근혜가 20대와 공감하기보다는 불화하는 측면이 더 크다고 봐요. 20대는 오프라인을 통해 정보를 습득하지 않잖아요. 문화적으로도 상당히 자유롭고, 박정희에 대한 기억이 없기 때문에 박근혜를 객관적으로 볼 수 있는 세대입니다. 이명박 정부 들어서 20대들이 현안에 대해 민감하게 반응하는 이슈를 보면 미네르바 논란, 손석희나 김제동 방송 하차 이런 것이거든요. 그런데 이에 대해 박근혜가 언급하고 있는 게 없거든요. 따라서 불화하는 측면이 많을 것 같다는 것이 제 생각입니다. 물론 박근혜가 자기 목소리를 내면 그때 가서 더 엄정한 판단을 하겠지만, 아무래도 제 눈에는 불화의 가능성이 더 커 보입니다.

세대 논의는 이 정도로 하고, 지역으로 가보죠. 언론에서 호남지역의 박근혜 지지율에 대해 이런저런 분석과 전망을 내놓고 있는데요. 지지율이 믿을 만한 것인지, 실제로 투표에서도 두 자리 수 득표율이 가능한지 여부를 논의해볼 수 있겠죠. 또 박근혜가 수도권에 안착했느냐 하는 것도 이야기해볼 수 있을 겁니다. 이명박은 대선 당시 수도권 후보였잖아요. 수도권에서 압도적인 승리를 이뤄내서 대승할 수 있었던 것은 누구나 아는 사실이죠. 충청권도 잘 봐야 될 것 같아요. 6·2지방선거 때 한나라당이 굉장히 약세였는데, 박근혜는 여전히 강세란 말이죠. 어머니 육영수 여사의 고향이 충청이라는 사실이나 박근혜가 세종시 원안을 고수해준 사실이 영향을 주고 있는 것으로 볼 수 있을 겁니다. 그리고 지역과 관련해 마지막 포인트는 PK와 TK가 하나로 움직일 수 있을까 하는 것입니다. 노무현 전 대통령 서거 후 PK는 TK와 다른 여론의 흐름을 보였기 때문입니다. 자, 지역과 박근혜를 하나의 주제로 삼아서 얘기를 좀 더 해보죠.

박근혜와 지역변수

김종욱　　　호남 문제는 정권이 한 번 더 돌아가야 될 것 같습니다. 진보진영이 한 번 더 정권을 획득하는 과정이 지나면 호남 유권자들의 태노에 변화가 생길 겁니다. 따라서 최근 호남지역에서 박근혜 지지율이 높게 나오는 것은 일시적인 현상으로 보는 것이 맞지, 일정한 경향성이 형성되었다고 보기는 어려울 것 같습니다. 호남이 박근혜나 한나라당을 좋아할 이유도 별로 없고요. 현재로서는 예측하기 어렵지만 스윙보터swing voter라고 할 수 있는 수도권 지역 30~50대 중산층이 2012년 선거에서 가장 중요한 세대 계층이지 않을까 싶습니다. 다음 선거에서도 마찬가지지만, 이 세대와 계층에게 리더로서 신뢰를 주지 못하면 선거에서 승리하는 것이 쉽지 않을 것입니다. 박근혜의 수도권 지지율이 안착되었다고 할 수는 없을 것 같고, 호남에서는 아직도 여지가 남아 있다고 생각합니다.

이철희　　　그러니까 지지율로 보면 수도권에서 타 후보에 비해 결코 약세인 것이 아닌데, 다른 지역에 비해서는 약하다고 볼 수 있죠.

정한울　　　데이터를 보면 수도권 특히 서울이, 박근혜가 확장성의 한계를 갖고 있다고 생각하게 만드는 주된 이유입니다. 무엇보다 세종시 효과가 크다고 봅니다. 박근혜가 세종시 원안을 관철하는 과정에서 충청권에서는 지지율을 상당히 높였지만 MB 지지층, 특히 수도권에서는 박근혜에 대한 거부 분위기를 확인할 수 있습니다. 서울에서 올해 박근혜 지지율의 변화 과정을 살펴보면 평균적으로 20%를 못 넘어요. 경기·인천은 서울에 비해 높지만 평균적으로 20%를 약간 웃도는 수준입니다.

　예전에 노무현 전 대통령 지지층이 이탈하는 과정에 대해 논문을 쓰다 자료를 검토했는데, 반대층에서 먼저 이탈하고, 중도층, 지지층 순으로 지지자들이 이탈했습니다. 2002년 대선 때 노무현 대통령의 손을 들어줬던 충청권과 서울에서 지지층이 빠지는 데 행정수도 이전 안이 크게 작용했던 것으로 보입니다. 그 당시에 노무현 대통령이 행정수도 이전 안을 강하게 밀어붙이자 서울에서 지지율이 내려앉고 대신에 이명박에 대한 지지율이 올라가는 느낌을 받았습니다. 서울 유권자들이 민주주의 옹호와 권위주의에 저항하는 분위기도 강하지만, 동시에 지역개발 이슈에 대해서도 대단히 민감하게 반응해왔던 것이 사실입니다. 행정수도를 빼앗기는 것에 대한 반감이랄까 이런 것이 노무현 정부에 대한 지지를 철회하게 했고, 현재 박근혜 역시 행정부처 이전을 고수한 원안을 관철시키면서 수도권의 거부 인식을 훨씬 공고히 한 게 아닌가 싶습니다.

이철희　　　박근혜가 아직 수도권에서 안착하지 못하고 있는 이유는 이렇습니다. 예컨대 세종시 논란처럼 수도권의 이해가 박근혜의 소신과 안 맞는 부분이 있다는 것입니다. 민주주의에 대해 가장 민감하게 반응하는 곳이 수도권인데, 다른 한편으로는 지난 총선에서 뉴타운 열풍처럼 개발이나 경제주의가 강한 곳 역시 수도권입니다. 여기에서도 박근혜의 약세를 지적할 수 있습니다. 많은 것이 뒤섞여 있는 곳이 수도권인데, 그걸 담아내는 그릇으로 박근혜가 좀 마땅치 않는 대목이 있는 것 같다는 이야기입니다. 그래서 안착이 안 됐다고 보는 것이죠. 이런 점이 실제 지지율로도 나타나고 있는지 봐야 하는데, 정 선생 얘기로는 그렇다고 보는 거죠.

김헌태　　　저는 지역별 분석보다는 존재감의 무게에서 차이가 있다고 봅니다. 다시 말해 톱 여배우인 김혜수가 나오고 상대적으로 중량감이 떨어지는 남자배우들이 나오는 모습과 비교할 수 있죠. 박근혜는 가장 좋아하는 후보 여론조사에서 1위지만, 가장 싫어하는 후보에서도 1위입니다. 이러한 현상은 다른 데서도 찾아볼 수 있습니다. 〈조선일보〉는 사람들이 가장 좋아하는 신문이지만, 가장 싫어하는 신문이기도 합니다.

　부르디외의 이론을 빌려오자면, 정치인이 가지는 상징성은 일종의 상징적 자본의 영역이라고 생각해볼 수 있어요. 사회자본과 문화자본이 겹치는 부분도 있겠지만 만일 특정한 정치인이 가진 대중성을 상징자본의 총량이라고 본다면 박근혜의 자본총량은 다른 대선주자들과 차이가 납니다. 상징자본에서의 우위는 나머지 경제자본, 사회자본, 문화자본의 영역에서도 우위에 선다는 것을 의미합니다. 사회적, 경제적 권력을 배치, 재배치할 수 있는 힘이라는 측면에서 박근혜가 우위에 있는 것입니다. 이를 좀 더 간단히 표현하면 무게감 정도로 거칠게 표현할 수도 있습니다만, 만일 무게감에서 체급 차이가 나게 되면, 서울에서도 지지도가 가장 높고, 호남에서도 지지도가 가장 높은 식으로 지역별로 고르게 높게 나타나는 현상이 따라옵니다. 좀 더 구체적으로 보면 여론조사에서 유명한 사람을 넣어 어떤 질문을 해도 그 사람이 가장 높은 평가를 받게 됩니다. 만일 "복지에 대해 누가 가장 많이 안다고 생각하세요?"라는 질문을 하고 그 보기를 박근혜와 최근 복지정책의 전도사 역할을 하는 '복지국가 소사이어티' 대표인 이상이 교수를 대입하면, 박근혜가 더 높게 나오는 것과 같습니다. 이상이 교수의 인지도가 상대적으로 낮기에 그렇습니다.

이처럼 상징자본의 총량 자체가 차이 난다고 가장한다면, 지역별 비교와 같은 세부 비교는 의미가 없어집니다. 단, 최종적으로 인지도가 높다고 해서 반드시 선택된다고 볼 수는 없습니다. 대선이 가까이 올수록 모든 후보들의 인지도가 함께 상승하고, 그때는 일정 수준 특성의 차이가 보이기 시작하기 때문입니다. 쉽게 말해 모든 후보가 유명해져 있고, 각 후보에 대해 국민들의 이목이 집중되기 때문에, 여론 지형이 가지는 역동성에 따라서는 다른 현상이 나타날 수도 있어요. 노무현 전 대통령이 이인제를 이길 수 있었던 것도 그러한 측면이 있죠. 아직까지는 인지도 측면이 중요하지만 점점 대중들은 후보자에 대해 속성이나 특성을 중심으로 평가하게 될 것입니다. 지금은 인기투표 수준의 선택일 수 있지만, 시간이 지날수록 정치적 선택의 개념으로 바뀌기 때문에 지금의 호남에서의 우위와 같은 현상은 뒤바뀌게 될 수 있지요.

안병진　　가장 많이 지적하는 게 박근혜는 지지층 확장성이 없다는 거잖아요. 그렇다면 지지층을 확장하기 위해서는 어떻게 해야 할까요?

김종욱　　한 번의 조사결과로 모든 것을 판단할 수는 없지만, 한국사회여론연구소에서 올 11월에 한 정기조사 결과를 보면, 국민들의 여론은 시장 개방에 대해 다들 찬성하고요. 복지노선이나 성장노선이냐는 질문에는 팽팽하게 맞섭니다. 그런데 20~40대의 특징은 시장에 대한 국가 개입에 상대적으로 반대 입장이면서, 성장보다는 복지노선에 더 우호적인 이중적 성향이 나타납니다. 단, 20대의 경우는 특이하게 30~40대에 비해서 국가의 시장개입에 대해서는 약간 우호적인 경향이 나타나고요. 그래서 박근혜가 주장하는 복지를 강조하는 담론이 일면 대중적인 흐름과 부응한다고 할 수 있겠지요. 하지만 박근혜가 주장하는 복지는 박정희 정권시절의 국가개입적 복지를 연상시키는 측면이 있습니다. 그것도 핵심적으로는 성장이라는 축을 통한 2차적 복지 정책이라고 할 수 있지요. 그런 측면에서 20~40대에서 박근혜 지지도는 확장성이 떨어질 수 있다고 생각합니다. 특히 박근혜의 복지 개념이 박정희 전 대통령으로부터 받았던 아비투스라고 한다면, 그것을 교정하는 것이 쉽지 않을 겁니다. 따라서 특히 30~40대 유권자들과 파열음이 발생할 가능성이 높다는 측면을 고려해야 할 겁니다.

이철희　　자, 마지막으로 내가 만약 박근혜를 도와주는 정치 컨설턴트라면 어떤 조언을 해줄 수 있을까요?

2012년 대선과 박근혜의 승리전략

김헌태　최근 박근혜의 대북정책이 많이 좌로 이동하지 않았나요?

김종욱　고민스러운 것이 뭐냐면, 한반도에서 역설적인 일이 벌어졌다는 거죠. 양 독재자의 자식들이 만나서 화해를 한 거죠. 박근혜와 김정일의 만남 자체가 한반도에서는 상징적인 장면이라고 생각됩니다. 그런데 박근혜도 정치라는 공간에 들어가면 어쩔 수 없더라고요. 정치라는 건 쪽수 싸움이기 때문에, 표가 많이 나오는 입장에 서서 발언할 수밖에 없습니다. 예를 들면 '우향우' 하는 정치, 선거라는 5일장이 열릴 때마다 우경화의 방향으로 계속 가게 되지요. 왜냐면 이쪽 유권자들이 계속 물어보니까요. "너 진짜 이쪽 맞아?", "정체성이 우리와 같아, 달라?" 하고 물어보면, 같다고 얘기할 수밖에 없는 한계가 있습니다. 일상적인 국정 운영과는 다른 정치영역이 존재하기 때문이죠. 그런 측면에서는 상당히 우려됩니다. 앞으로 대선이라는 큰 장이 열릴 텐데요. 2012년 대선 공간에서 예를 들면 "나 예전에 김정일 만났어. 남북이 만나야 되겠어"라는 얘기를 하기 어려울 겁니다. 오히려 보수적이고 강경한 입장을 취할 가능성이 높겠지요. 이것은 정치적 결단의 문제인데 박근혜는 그런 선택을 할 이유가 없지요. 대통령이 된 이후에도 그런 선택을 하기는 어려울 겁니다. 그래서 승리를 위해서라면 지금 같은 보수적 입장으로 가는 게 맞는 것 같습니다.

이철희　지금 김문수가 보수대표성을 가져보겠다고 밀고 들어오는 모양인데, 이런 김문수를 대하는 방식이 박근혜의 고민 중 하나겠

죠. 박근혜가 다시 보수대표성을 강화시키는 쪽으로 갈 것이냐 아니면 그냥 내버려두고 지렛대로 활용할 것이냐 하는 건 중요한 선택일 겁니다. 이런 점 때문에 박근혜의 컨설턴트라는 상황을 의제擬制해서 어떤 조언을 할 수 있을까 하고 질문을 드린 겁니다. 만약에 박근혜가 여러분을 초대해서 전략을 알려달라고 청한다면 각자 무슨 얘기를 하실 건가요?

정한울 　　글쎄요. 우리 정치권과 언론을 보면, 박근혜의 지지층 확장성 문제와 함께 이념적 스탠스에 많은 관심이 모이고 있습니다. 사실 박근혜뿐만 아니라 상대편인 민주당 역시 이념적 스탠스 문제는 깊이 생각해볼 필요가 있습니다. 최근 언론보도를 통해 여야를 막론한 '이념적 좌클릭'이 이슈인데요. 이러한 현상이 나타나는 이유는 결국 정치권이 유권자들과의 이념적 거리를 좁혀 지지기반을 확대하려 하기 때문입니다.

문제는 지금 한국사회의 전체적인 이념적 분위기가 어디로 가고 있느냐는 것과 국민들의 눈에는 박근혜가 어디쯤 위치하는 것으로 비추어지느냐는 겁니다. 민주당이나 진보진영에서는 한국사회가 진보-보수의 이념 축에서 '진보'와 '복지', 즉 좌쪽으로 이동했다고 주장합니다만 제 생각은 다릅니다. 자신의 이념적 위치를 응답하는 주관적 이념지표가 한국 국민들의 이념적 지형 변화를 종합적으로 보여주지는 않지만 최소한 정치적 분위기와 경향성을 보여준다고 생각합니다. 유권자 스스로 생각하는 자신의 이념적 위치 변화과정을 보면 노무현 정부 초기에는 좌로 가다가 노무현 정부에 대한 비판여론이 고조되면서는 중도를 넘어 오른쪽으로 이동했고, 이명박 정부가 들어선 후에는 다시 중도 방향으로 이동하고 있어요. 이것이 민주당이나 진보진영에서 말하는 것처럼 좌쪽으로 더 나아간 것은 아니지만 유권자들의 이념적 선호가 최소한 보수에서 중도쪽으로 회귀하고 있는 것만큼은 데이터상으로 확인되는 사실입니다.

박근혜의 이념적 스탠스에 관심이 가는 이유는 국민들 눈에는 여전히 박근혜가 상당히 오른쪽에 치우친 것으로 보이기 때문입니다. 지금 사회적인 이념적 유턴 현상으로 인해 다수의 평균적인 유권자들과 박근혜의 이념적 포지션 간에 간극이 벌어지고 있습니다. 그러나 우리 연구원에서 주기적으로 조사한 결과를 보면, 유권자들이 생각하는 박근혜의 이념적 포지션은 아직 상당히 오른쪽에 있습니다. 사회적인 이념적 분위기가 보수화되고 있을 때 보수적인 한나라당 지지층에게는 문제가 되지 않지만, 현 정부에 들어와 이념적 유턴 현상이 나타나고 있는 상황을 고려하면 이는 박근혜가 풀어야 할 숙제임에는 분명해 보입니다. 특히 상대 후보의 이념적 위치도 중요할 텐데요. 만약 상대 후보가 중간에 가까운 사람이라고 보면 박근혜가 이념적 위치를 이동해야 한다는 압력은 더욱 커질 것이라고 생각합니다.

박근혜가 최근 복지이슈를 강조하고 있는 이유도 이러한 간극을 좁히려는 시도로 해석할 수 있습니다. 그러나 그것이 쉽지 않아 보이는 것이, 하나는 기본적으로 박근혜 지지층에서 중도로 위치 이동을 못하게 견제하는 힘이 있을 것이라는 거고요, 또 하나는 실질적으로 중도로 이동하는 것은 단순히 정책 위치의 변화뿐 아니라 지금까지 형성해온 이념적 정체성이 유연해지는 것을 의미하는데, 그러면 이에 대해 제약하는 힘이 작동할 것이라는 겁니다. 사실 중도로 온다는 의미는 단순한 절충을 말하는 것도 아닌 것 같고 좌우 사이의 산술적인 평균을 내는

것도 아닌 것 같습니다. 제가 몇 년 전부터 주목해온 이론이 상충적 태
도이론ambivalent theory인데요. 상충적 이론은 유권자의 이념태도가 진
보 혹은 보수 어느 한쪽으로 일관되게 나타난다는 양극화 가설과 달리
상충되는 가치가 유권자 태도 내부에 공존할 수 있다는 가정에서 출발
합니다. 전체 유권자 중에서 진보, 보수라는 양극화된 인식체계를 가지
고 있는 층이 대략 60% 정도 되는 것 같고 나머지 40% 정도는 진보와
보수의 양면성을 공유하고 있는 상충적 유권자로 보입니다. 이들은 성
장과 복지가 양자택일의 문제가 아니라 둘 다 찬성하는 태도를 보이고,
경제적으로는 진보성향이면서 대북안보 문제에 대해서는 보수적 입장
을 견지하기도 하며, 대북정책 내에서도 강경한 대북정책에는 반대하는
햇볕정책을 선호하면서도 북한에 대해 일방적으로 퍼주는 것에 대해서
는 반대하는 상호주의적 선호를 동시에 갖고 있습니다.

지식인이나 정치평론가한테는 이상하게 보일지 모르지만 오히려 그
런 유권자의 규모가 상당히 늘고 있는 듯합니다. 이들이 무당파, 중도
성향 유권자들의 다수로 자리 잡아 가는 것이 아닌가 싶고요. 이들은
이념적으로 일관된 위치를 고수하는 것보다 경계를 넘나드는 역동성
과 유연성을 선호합니다. 그렇게 보면 박근혜가 이념적 위치를 중도로
옮긴다고 해도 박근혜의 한결같이 경직된 느낌은 여전히 약점일 수 있
죠. 상충적 태도를 가진 유권자들은 특정 이념의 일관된 관점에서 현상
을 보지 않습니다. 이들은 상반된 이념적 가치와 태도를 동시에 가지고
있다가 상황과 입장에 따라 자신의 입장을 선택합니다. 따라서 차기 대
선지도자는 누가 되든 간에 유연하게 양면적 가치를 잘 소화할 수 있는
사람이 강점을 갖지 않을까 싶어요. 그런 점에서 박근혜는 약점이 있는
것 같습니다.

그러나 지지층 확장성에 대한 우려, 이념적 경직성 문제가 앞으로 걸림돌로 보이기는 하지만 안 교수님 말씀처럼 대선은 상대성 게임이라는 겁니다. 체급이 맞는 상대가 있을 때 이러한 문제들이 약점으로 표출되고 박근혜의 스텝을 꼬이게 할 수 있다는 점입니다. "그럴 만한 사람이 야권에서 있나? 과연 만들어질까?" 이러한 질문에 대해 저는 아직 부정적이어서 확장성 문제가 치명적 약점으로 작용하지 않을 수도 있다고 생각합니다. 그러나 박근혜 입장에서는 2007년 당내 경선 재현을 우려할 수밖에 없기에 이념적 포지션 이동은 불가피한 측면이 있는 것 같고요. 단순한 절충점, 평균점이 아니라 양면적 가치를 포용하고 상황에 맞게 특정한 가치와 태도를 부각하는 역동적인 리더십을 보여줄 필요가 있다고 봅니다. 마지막으로 이런 유연한 이미지를 구축하기 위해서는 이념적 스탠스뿐 아니라 인적구성에서도 변화가 필요할 것입니다. 지금 박근혜 주변이 주로 보수성향의 인물들 일색으로 나타나는데 국민들 눈에 박근혜의 변신이 인지되기 위해서는 2004년 총선에서 박세일을 영입했던 것처럼 보수성을 상쇄시킬 개혁성향의 인물 영입이 필요한 것 같습니다.

이철희　　　음…. 그런데 그게 과연 얼마나 가능할까 하는 부분에서는 논란이 있을 수 있습니다. 박근혜의 기본 스탠스가 보수대표성이고, 더 심하게 말하면 강경보수대표성이기 때문에 과연 얼마나 옮겨갈 수 있을까, 또는 옮겨간다 하더라도 얼마나 대중에게 소구할 수 있을까 하는 것이 고민거리이긴 한데, 어쨌든 정 선생님께서는 크게 보면 옮겨가야 한다는 입장인 거죠.

김헌태   미국의 정치커뮤니케이션 연구들을 살펴보면 관심을 끄는 결과가 있습니다. 바로 정치광고와 관련된 연구입니다. 대개 실증적 연구라는 것이 어떻게 조사하고 실험하느냐에 따라 결과가 워낙 상이해 공통된 결론을 내리기가 어렵습니다. 그럼에도 불구하고 비교적 일관되게 나타나는 현상이 있어요. 즉, 정치광고에서 보수후보는 보수이슈를 내세워야 공감이 높고, 진보후보는 진보이슈를 내세워야 공감이 높다는 것입니다. 다시 말해, 보수후보가 진보이슈를, 또는 진보후보가 보수이슈를 내세우면 호응도가 높지 않다는 것이죠. 사실 보수와 진보가 상대편 이슈를 나의 장점으로 삼겠다며 내세우면, 그것이 자신의 장점이 되는 것이 아니라 오히려 선거에서는 상대방이 집권해야 할 당위성을 강화시켜줄 수 있다는 겁니다. 예를 들면 박근혜가 복지를 내세우면 그것은 복지 아젠다를 중심 가치로 삼는 진보진영이 집권해야 함을 강조하는 모습이 될 수 있어요. 물론 개인적 특성 자체가 유연한 모습을 가지는 것은 좋지만, 정책 아젠다의 경우는 이와 약간 다를 수 있죠. 결론적으로 박근혜의 정체성이란 무엇일까 생각하지 않을 수 없습니다. 박근혜만의 가치, 박근혜만의 아우라는 무엇인지 궁금합니다. 여전히 부모로부터 차용된 이미지가 많다거나, 진보진영의 전통적 아젠다인 복지를 내세울 때 발생할 위험성과 장단점을 깊이 고민했으면 좋겠습니다.

안병진   저는 단지 학자로서 시대적 소명에 대한 무거운 인식을 가졌으면 좋겠다는 생각이 듭니다. 21세기 한국사회에 절실하게 필요한 건 합리적 보수, 개혁적 보수입니다. 그리고 그것을 통해 진보와 서로 상호견제하고 상호혁신해야 하는데, 아직까지 한국은 천민보수가 지배하고 있습니다. 저는 박근혜가 미국의 테오도르 루스벨트 전 보수 대통령처럼 시대인식을 갖고 정치나 재벌의 독점 권력에 대한 비판적 문제의식을 가졌으면 좋겠습니다. 견제와 균형을 추구하지 않으면 미래가 없다는 것을 이해하지 못한다면 대한민국을 파괴하고 자신도 몰락하게 만들 것입니다.

이철희　　제가 쓴 글에서 박근혜가 지향하는 가치를 떠나 승리 전략으로 뭘 해야 될 것 같다는 이야기를 했어요. 하지만 아직 내공이 부족해서 딱 부러진 답은 내리지 못하겠어요. 다만, 국민들의 정책적 지향이 진보로 가고 있는 것은 분명한데, 그렇다고 해서 이 진보가 이념적 진보는 아닌 것 같고요, 생활진보 또는 실용진보에 대한 열망이 큰 것 같습니다. 또 지금 박근혜가 압도적으로 대중적 지지를 누리고 있다고 해서 자신할 만한 상황은 아니라는 점도 지적할 수 있습니다.

중요한 사실은 박근혜가 자신이 만들고 싶은 나라가 어떤 나라인지 분명하게 밝히고 그것을 대중들에게 전하고 과감하게 설득하는 과정이 필요하다는 것입니다. 역사상 어느 지도자나 후보든 간에 자기 것을 제시하지 않고 대중의 정서나 흐름에 맞는 이야기만 던져서 성공한 사람은 없잖아요. 결국 자신의 것을 제시하고 대중들이 수용하는 과정이 기본이기 때문에, 저는 박근혜가 주저 없이 많은 것을 제시했으면 좋겠고, 그걸 꺼린다면 지금 보이는 한계가 더 강화될 것이라 지적하고 싶습니다.

자, 많은 얘기가 나왔네요. 지금까지 우리가 박근혜 현상에 대한 해명 시도를 했는데, 이것이 긍정적 파장을 일으킬지 어떨지는 두고 봐야겠지만 의미 있는 시도인 것만큼은 분명합니다. 이런 시도들이 계속 이어져서 정치현상을 회피하지 않고 과감하게 해석해보려는 노력이 많아지길 바랍니다. 우리가 벌인 모험적 시도가 논의나 실천의 좋은 계기로 작용하길 기대하면서 오늘 이야기를 마칠까 합니다. 장시간 수고하셨습니다.

박근혜 현상

초판 1쇄 인쇄 2010년 12월 15일 초판 1쇄 발행 2010년 12월 24일

지은이 김종욱 김헌태 안병진 이철희 정한울 펴낸이 연준혁

출판 3분사 편집장 김남중
책임편집 박혜진 디자인 이세호

제작 이재승 송현주

펴낸곳 (주)위즈덤하우스 출판등록 2000년 5월 23일 제13-1071호
주소 경기도 고양시 일산동구 장항동 846번지 센트럴프라자 609호
전화 031)936-4000 팩스 031)903-3893 홈페이지 www.wisdomhouse.co.kr
출력 엔터 종이 화인페이퍼 인쇄·제본 현문인쇄

값 13,000원 ISBN 978-89-6086-420-7 03300

* 잘못된 책은 바꿔드립니다.
* 이 책의 전부 또는 일부 내용을 재사용하려면
 사전에 저작권자와 (주)위즈덤하우스의 동의를 받아야 합니다.

박근혜 현상 : 진보 논객, 대중 속의 박근혜를 해명하다 / 김종욱, 김헌태, 안병진, 이철희, 정한울 지음. --고양 : 위즈덤하우스, 2010
p. ; cm

ISBN 978-89-6086-420-7 03300 : ₩13000

박근혜 [朴槿惠]
한국 정치 정세 [韓國政治政勢]

340.4-KDC5
320.02-DDC21   CIP2010004507